안영수 회고록

뒤돌아서서 바라보기

소소리

뒤돌아서서 바라보기

안영수 회고록

1판 1쇄 인쇄/ 2025년 9월 25일
1판 1쇄 발행/ 2025년 9월 30일

지은이 / 안영수
펴낸이 / 우희정
펴낸곳 / 도서출판 소소리

등록 / 제300-2007-21호
주소 03073 서울 종로구 성균관로5길 39-16
전화 / 02)765-5663, 010- 4265-5663
e-mail: sosori39@hanmail.net

값 17,000 원

*잘못된 책은 바꿔드립니다.

ISBN 979-11-5891-222-2   03810

뒤돌아서서 바라보기

안영수 회고록

■ 책을 내면서

　남편이 돌연사한 지 열 달이 지났다.
　처음 몇 달 동안은 지병으로 오랫동안 고생하는 것보다 고통 없이 가서 다행이라고 생각했다.
　문제는 남편이 사망하고 몇 달이 지난 뒤부터 내 기억력의 틈이 벌어지기 시작했다. 어려서부터 총명하다는 소리를 들으며 자랐는데 근래에는 들어도 금세 잊어버린다.
　며칠 전에는 바로 집 가까이 있는 치과병원에 예약을 하고 찾아가는데 길을 잃었다. 갑자기 정신이 아득한 게 어디로 가야 하는지 방향 감각을 잃었다. 할 수 없이 병원에 전화를 걸었더니 직원이 놀라서 연락해주어 딸이 슬리퍼를 신은 채 달려왔다.
　다음 주에 신경과에 가서 인지기능검사를 받을 예정이다.
　건망증보다 더 나쁜 증세로 변할까 봐 겁이 난다. 그래서 부리나케 지난주 아침부터 컴퓨터에 앉아 나의 유년 시절부터 여든이 넘도록 살아온 족적들을 회고하며 입력했다.

  홀어머니 슬하에서 점심을 굶으며 중·고등학교를 졸업했고 대학과 대학원은 독지가의 도움과 장학금으로 마쳤다. 벨기에 유학도 모교의 도움으로 갔었다. 돌아보면 나의 일생은 억세게 재수가 좋은 편이었다는 생각이 든다.

  이 글을 쓰는 이유는 사랑하는 아들과 딸, 그리고 손주들이 내 삶을 한 번쯤 들여다보는 기회가 되기를 바라기 때문이다. 어느 해보다도 무더웠던 금년 여름에 없는 틈을 내어 이 회고록을 만들어 주신 우희정 소소리사 사장께 진심으로 감사드린다.

2025년 9월

석관동 서재에서 **안 영 수**

▷ 차 례

▷ 책을 내면서

내가 걸어온 길 —·11
들어가며 —·12

유년의 기억들 —·18
내성적이고 겁이 많은 아이 —·18
6·25전쟁과 아버지의 피살 —·22
겨울 피난 —·24
초등학교 시절 —·27
중·고등학교 시절: 스카즈데일 장학금과
　　　　　　　도지사 장학금 받다 —·31
미국 집 가사도우미 —·38
존스 씨가 도움의 손길을 뻗다 —·43
대학생활과 연애 —·46

푸른 날의 일기 — · 51

굴곡진 인생길 — · 185
   새 출발 — · 185
   조영식 총장의 비서가 되다 — · 187
   대학원 진학 — · 189
   딸의 출생과 집 장만 — · 191
   벨기에 유학 — · 195
   귀국과 아들 출산 — · 201
   일에 미치다 — · 205
   학위 취득과 수술 — · 207
   제자 관수의 죽음 — · 211
   존스 씨의 별세 — · 215
   안식년 — · 215
   박용주 교수의 별세 — · 218
   시어머니의 뇌경색 — · 223

굿 —·225
국제교육원과 한국어교육 —·228
친정어머니 별세 —·233
문과대학장 시절 —·238
딸 유진 이야기 —·241
아들 구연 이야기 —·247
국제영어대학원대학교 총장 취임 —·255
글쓰기 습작 —·259
수필가로 등단하다 —·260
동남아 크루즈 여행 —·262
남편의 돌연사 —·269

연보 —·279

내가 걸어온 길

들어가며

Ⅰ.

2008년 2월 30여 년간 강의를 하던 경희대학교에서 정년퇴임을 했다.

오랫동안 마음의 준비도 해왔고 실제로 정년퇴직한 선배 교수들의 얘기도 참고하면서 나는 시행착오를 하지 말고 착실하게 새로운 환경에 적응하자고 다짐을 했지만 현실은 그렇지 않았다.

1970년부터 매일 아침 8시면 어김없이 학교에 출근하였던 습관이 그대로 남아 있어 퇴임을 했는데도 한동안 그전처럼 나는 8시에 연구실에 나가고는 했다. 현직에 있었을 때는 강의 부담과 논문 쓰기, 그리고 보직으로 인해 눈코 뜰 새 없이 바빴는데 이제는 오는 전화도 없고 찾아오는 학생들도 없다.

교수생활 동안에 나는 내 직업에 대한 애착과 자부심이 컸다. 그래서인지 마음의 준비를 했는데도 퇴임 후 몇 달 동안 우울증으로 힘들었다.

하나뿐인 아들의 결혼식 직후에는 증상이 더 심해져서 밤마다 잠들기가 힘들었다. 친구들과 밥 먹다가도 느닷없이 울음을 터뜨려서 주변을 놀라게 하였다. 가슴 한복판에 커다란 구멍이 생긴 것 같았다.

다행히 딸 유진이가 2007년 7월에 쌍둥이 손녀들을 낳아서 아기들이 고물고물 자라는 모습을 날마다 보느라 일상의 리듬을 회복했다.

3년 만의 폭설이라는 기록적인 눈폭탄에 서울이 온통 마비된 날 나는 무라카미 하루키의 소설 『상실의 시대』를 읽었다. 서재에서 바깥세상과의 인연을 끊고 혼자만의 세계에 침잠하는 생활에 익숙해지고 있었다. 그런데 문득 현재의 편안한 노후와 반세기 전 젊은 날의 모습이 오버랩 되면서 마음의 평화가 깨졌다.

1959년도 춥고 음습한 냉방에서 일본 작가들이 쓴 소설을 읽던 내가 되살아났다. 당시 우리는 충주읍 버스터미널 바로 뒤 싸구려 술집들이 즐비했던 지저분한 동네의 함석집에 세 들어 살았다. 엄마는 충주 비료공장 세탁부로 일하셔서 새벽 6시에 일을 나가셨고 6남매가 바람만 겨우 막은 냉방에서 이불을 뒤집어쓰고 겨울을 나곤 했다. 전기세 많이 나온다는 호랑이 같은 주인 할머니의 호통에 밤에도 전등을 마음대로 켤 수가 없었다.

방에 있는 걸레와 사발에 담긴 물이 꽁꽁 얼곤 하는 냉방에서 나는 이불을 뒤집어쓰고 헌책방에서 빌려온 일본 작가들의 소설을 읽으면서 현실을 잊으려고 노력했다. 당시의 내게는 가난과 정서적 허기를 메우는 유일한 방법이 독서였다.

그런데 날개 없는 천사가 내 앞에 나타났다. 그분은 엄마가 세탁부로 일하시던 충주 비료공장에 계시던 Mr James Jones였다.

1963년 여름 내가 서울에서 입주 가정교사를 하면서 고생하고 있을 때 Jones씨가 충주로 편지를 보내 나의 대학 입학금과 생활비를 대주겠다고 했는데 그 편지가 돌고 돌아 내가 신경통으로 걷지 못해 충주로 내려와 절망에 빠져있을 때 내 손에 들어왔다. 그때가 1964년 1월이었다.

입시 공부를 하지 못했던 나는 고등학교 성적으로 입시를 볼 수 있는 경희대학교 영문과에 원서를 냈고 장학생으로 입학이 되었다.

나는 4년 동안 성적 관리를 잘해 특대생으로 졸업을 했다. 졸업할 때 전체 수석이었다. 3학년 때 충주에 살던 식구들이 모두 서울로 올라와 나는 학생 신분으로 다섯 식구의 생계를 책임져야 했다.

특대생이 되기 위해서는 해마다 시험에 통과해야 했고 딸린 식구들의 세 끼를 해결하기 위해서 성인 영어 과외지도를 하면서 청춘의 객기나 낭만도 모르고 그저 밥벌이가 우선이었던 학생이었다.

1970년 3월에 지도교수 추천으로 외국 담당 비서로 모교의 총장실에서 일하게 되었다. 결혼까지 한 처지였지만 불임이라는 판정을 받은 탓에 임신의 가능성이 없어 취직이 된 것이다. 그곳에서 나는 혼신을 바쳐 일했다.

그런데 하늘의 도움인지 경희의료원 개원과 주변의 권유로 불임검사를 하였는데 유착된 나팔관이 뚫려 임신이 되어 1974년 3월에 귀한 딸을 낳았다. 꿈같은 일이었다. 그러나 나는 아기와 놀아 줄 시간도 없이 업무에 시달렸다.

1975년까지 열심히 일한 보상으로 총장께서 유학의 기회를 주셨다. 벨기에에 있는 700여 년의 역사를 갖고 있는 루벤대학교였다. 영어를 사용하지 않는 나라인데 왜 그곳으로 가라고 하는지 이해가 되지 않았다. 그러나 영문과에서는 영어로만 강의를 한다고 해서 그 해 9월에 딸을 떼어놓고 혼자 유학을 떠났다.

그러나 돌 지난 딸의 재롱이 보고 싶어 공부가 되지 않았다. 할 수 없이 남편에게 아기와 같이 오라고 졸라서 1976년 3월에 남편과 딸이 왔다. 나는 비로소 안정을 찾고 열심히 공부하여 1977년 6월에 석사 학위를 취득했다.

그러나 총장께서 오셔서 1978년 테헤란에서 개최 예정인 '세계 대학 총장 회의' 준비를 못하고 있다고 나의 귀국을 종용하셨다. 박사학위까지 하고 싶지만 총장님의 권유를 거절할 수가 없었다. 또 나 자신도 루벤대학에서 공부하는 게 너무 힘들었다.

1977년 8월에 귀국했더니 이미 나는 문리과대학 영문과 조교수로 발령이 나 있었다. 그러나 시어머니와의 관계가 최악의 상태가 되었다. 집을 팔고 남은 돈을 시누이가 장사한다고 갖고 가서 다 써버렸다는 것이다. 수유리에 마련한 집은 경매에 나온 것을 샀는데 그 해 말까지 430만 원을 은행에 갚아야 한다고 했다. 더 이상 시집에서는 못 살 것 같았고 주변에서도 이혼하라고 자꾸 부추겼다. 나도 그렇게 하기로 결심을 했는데 운명은 나를 다시 시험에 들게 하였다. 귀국하자마자 임신이 되었던 것이다.

  나는 시어머니와의 갈등을 잊기 위해서 배는 불러오는데도 미친 듯이 일했다.

  1978년 5월에 떡두꺼비 같은 아들을 낳았다. 그러나 아들과 놀아줄 시간도 없이 총장 보좌관 업무와 강의를 병행했다. 건강을 해치면서도 쉬지 않았다.

  그런데 퇴직하여 무라카미 하루키의 소설을 『상실의 시대』 통해 새삼 내 지난날의 성장통을 돌아보게 되었다. 평탄하지 않은 젊은 날들이었다. 출생 후 해방과 6·25전쟁, 4·19혁명과 5·16군사쿠데타 등을 몸으로 겪어야 했던 내 또래의 사람들은 헐벗고 굶주림의 고통을 대부분 겪었을 것이다. 내가 더 특별히 힘들었다거나 고통스러웠다고는 생각하지 않는다. 그러나 이제는 정리를 하고 싶다. 지난 반세기를 돌아보며 몇 십 년 동안 써온 일기를 중심으로 자랑할 것도 없지만 배를 곯으며 지낸 사춘기와 순전히 장학금으로 대학을 졸업하고 비서실에 취직하게 된 굴곡진 나의 삶을 정리하고 싶다.

II.

  마음대로 되지 않는 게 인생사인 모양이다.

  퇴직 후 집 가까이 있는 레포츠타운에 가서 운동을 하고 독서도 하며 가끔은 친구들과 만나 소주잔을 비우며 치열했던 젊은 날의 추억을 되새김질을 했다.

　그런데 오랫동안 괴롭히던 오른쪽 어깨의 회전근계파열 수술을 2014년 6월에 했는데 대학 동창이며 현대영어사를 운영하는 윤균 회장이 2002년 설립한 국제영어대학원대학교 총장을 맡아달라고 끈질기게 부탁하여 2년 동안만 하겠다고 수락한 게 지금 8년째 근무하고 있다. 하루라도 후임자를 찾아 인계하고 떠나야 한다는 게 내 생각이다. 그래서 내 자신의 인생 역정을 정리하는 작업이 자꾸만 지연되고 있다.

　읽어줄 독자도 없고 다만 내 자식들과 손주들이 독자가 되리라는 희망을 갖고 있을 뿐이고 글쓰기가 치매 예방에도 좋다니 조금씩 정리해 보련다. (2022. 7)

유년의 기억들

내성적이고 겁이 많은 아이

나는 겁이 많고 소심했다.
밖에 나가서 또래 아이들과 뛰어 놀았던 기억도 없다.
연년생인 동생들을 돌보아주던 기억 밖에 없다. 거의 매일 내 등에는 동생이 업혀 있었다. 동생이 잠든 시간에는 엄마가 바느질하고 남은 자투리 천들을 가지런히 정리해서 나만의 상자에 정리하곤 했다. 특히 어두워지면 혼자 있는 게 무서웠다.
유일하게 기억하는 엄마와 아버지의 부부싸움의 단초도 내 무서움이 발단이었다.
올망졸망한 연년생 딸들 때문에 외출조차 하지 못하는 엄마를 보러 친구들이 집에 놀러왔다가 해질 무렵에 간다고 엄마는 나와 두 살 터울인 동생을 집에 남겨두고 배웅하러 나갔다. 엄마가 없는 집이 갑자기 무서워진 나는 울기 시작했고 내가 울자 동생도 따라 울었다. 우리의 울음소리는 점점 더 커지고 마침 퇴근해서 돌아오시던 아버지가 동네 어귀에서 들었다. 엄마가 돌아온 것은 아버지의 귀가와 동시였다. 아버지는 왜 애들을 울리느냐고 큰소리로 엄마를 꾸짖었고 엄마는 친구 배웅하러 잠깐 나갔을 뿐이라고 항변하면서 싸움이 시작되었다. 결과는 화가 난 엄마의 눈 흘김과 꿀밤이었지만 나는 이처럼 소심하고 겁이 많은 아이였다.

내가 태어난 곳은 장호원이라 했다. 아버지가 당시 트럭을 운전하셨다.

백일까지는 울보였단다. 그러나 백일이 지나고부터는 순둥이가 되어 울음소리를 듣지 못했다고. 사람들은 내가 웃는 모습이 예쁘다고 "경수야,(어릴 때 나는 경수라고 불렸다) 웃어봐." 하면 어른들이 시키는 대로 잘 웃었단다. 장호원에 물난리가 났을 때 엄마는 나를 업고 허리까지 차오른 물살을 헤치고 친정집이 있는 충주로 오신 후 아주 정착해버렸다.

우리 집은 지곡에 있었고 외가는 빙현동에 있었다. ㄱ자로 된 초가집이었는데 사시사철 땔나무가 사방의 흙벽을 둘러싸고 방은 세 개였다. 외가는 일본 적산가옥으로 양철지붕이었다. 마당이 넓어 청주농고를 나온 큰외숙의 손때가 묻은 화초와 나무들이 많았다. 해마다 앵두와 살구가 많이 열렸다.

우리 집은 지금 충주에 가면 어디인지 모르겠지만 기억 속의 집은 자그만 언덕이 있고 동네 중간에는 연못이 있어 여름이면 연꽃이 소담스레 피어났고 멀지 않은 곳에 개울이 있어 아낙네들은 그곳에서 빨래를 했다.

스무 살에 결혼한 엄마는 그 다음해 언니를 낳았고 생후 8개월 만에 또 임신을 해서 나를 낳았다. 아버지가 6·25전쟁 때 빨치산에 피살되기 전까지 10년 동안에 아들을 낳기 위해 엄마는 줄줄이 6남매를 낳았으니 거의 해마다 배가 불러 있었다. 장녀로 태어난 언니는 외할머니 댁에서 자랐기 때문에 언니와 같이 놀아본 기억이 없다. 나는 언니 대신에 밑으로 태어난 동생들을 돌보아야 했다. 위로 딸만 다섯을 낳고 막내로 아들을 낳은 엄마가 혼자 아이들을 건사한다는 것이 얼마나 힘들었을지 지금은 이해되지만 어린 나도 힘들 때가 많았다.

당시 충주경찰서에 근무하셨던 아버지는 동생들을 잘 본다고 특별히 나를 귀여워하셨던 것 같다. 말썽 한 번 안 부리는 순둥이가 기특하셨나 보다. 아버지가 퇴근할 무렵이면 나는 동생을 업고 먼지가 풀풀 이는 신작로에 가서 기다렸다. 아버지는 그런 나에게 구멍가게에 들어가서 막대 눈깔사탕을 사주셨다. 그리고 참을성이 많았던지 아프다고 말을 안 해서 병을 키우기도 했던 것 같다. 엄마가 준 은반지가 손가락이 굵어지면서 살을 파고 들어갈 때까지 숨기고 있었고, 무슨 병인지 모르지만 아버지가 밤중에 나를 등에 업고 한의원으로 달려가시던 기억도 난다.

동생들 때문에 적령기를 넘겨 아홉 살에 남산초등학교에 입학하였다.

당시는 입학식이 4월이었다. 나는 새로 받은 교과서들을 표지를 싸서 신주 모시듯이 동생들의 손이 안 타는 곳에 숨겨두었다. 늦은 나이에 한글도 미리 깨치고 들어간 탓도 있지만 동생들을 돌보았던 나는 꽤 숙성해보였던지 들어가자마자 반장을 맡았다. 아버지는 그런 내가 대견스러우셨던 것 같다. 날마다 연두색 필통에다가 연필을 가지런히 깎아 넣어주셨다.

가장 행복했던 기억은 생전 처음 굉음을 내며 하늘에서 흰 줄을 그으며 사라지던 비행기를 보았던 날이다. 아버지는 집 근처에 자그만 채마밭을 가꾸셨다. 빈농 출신인 아버지는 생활력이 강하셨다. 어려서 굶기를 밥 먹듯 하여 허리띠를 하도 졸라매어 어른이 되어서까지 그 자국이 남아있었다는 것이 엄마의 말씀이고 보면 올망졸망 육남매의 입성을 대려면 경사의 월급만으로는 힘들었으리라.

초여름의 싱그러움이 가득한 날이었다. 감꽃이 흐드러지게 피어 있었다. 아버지와 엄마는 밭에서 일하고 나와 동생들은 감나무 밑에 떨어진 감꽃을 주워서 실에 꿰어 목에 걸며 놀고 있었다. 어디선가 벌이 윙윙거렸다. 조용하고 평화스러운 공기를 깬 것은 쌩…하는 굉음이었다. 우리는 놀이를 멈추고 하늘을 보았다. 흰 포물선을 그리며 커다란 물체가 푸른 하늘에 흰 줄을 그으며 멀리 사라졌다. 비행기를 처음 본 순간이었다. 미구에 전쟁이 나서 우리 집 뿐만 아니라 전 국민이 비극적 상황에 내몰리라고 아무도 상상 못했던 순간이었다. 그리고 그 이후 나의 행복한 유년의 기억은 끝났다.

6·25전쟁과 아버지의 피살

유복하지는 않았지만 그렇다고 궁핍하지도 않았던 우리 집은 1950년에 북한의 남침으로 쑥대밭이 되었다. 경찰관이었던 아버지는 가족을 남겨두고 동료들과 남쪽으로 피난을 떠나셨다. 올망졸망한 아이들이 여섯이나 되는 엄마는 피난 갈 엄두조차 낼 수 없었다. 다섯 명의 딸을 낳은 다음에 아들이 태어난 지 8개월 만에 터진 전쟁이었다.

괴뢰군이 우리 동네에도 진입하여 반동분자를 색출하기 시작하였다. 엄마는 언니와 나에게 아버지가 멀리 장사를 나갔다고 말하라고 신신당부하고 아버지의 경찰 정복을 땅 속에 묻었다. 그러나 괴뢰군들은 우리 집에 수시로 드나들며 문초를 했다. 다행히 동네 사람들의 인심을 잃지 않아서 아무도 고발하지는 않았다. 그러나 그들은 집에 있던 쌀과 이불 등 쓸 만한 물건들을 걷어갔다. 그때부터 우리는 굶는다는 것이 어떤 것인지 알게 되었다. 세 끼 보리밥도 먹기가 힘들어 하루 한 끼는 감자를 넣고 밀기울로 수제비를 만들어 연명하였다.

괴뢰군들은 어린애들을 동네 정자에 모아놓고 "장백산 줄기줄기…."로 시작되는 노래를 가르쳤지만 나는 가지 않았다. 빨간 완장을 찬 괴뢰군이 집에 와서 나와 언니를 구슬려서 아버지의 소재를 알아내려 했다. 나는 원래 말이 없는 아이였다. 그러나 한 살 위의 언니는 나와 달리 활발해서 말대꾸를 잘 하였다. 그래서 엄마는 항상 언니 때문에 조마조마해 하셨다.

  8월부터 공습이 시작되었다. 공습이 시작된 한여름 어느 날에는 우리 식구들이 안방에 모여 이불을 뒤집어썼다. 그날따라 폭격이 심했다. 장독대의 간장 항아리가 파편에 깨져 간장이 쾅쾅 쏟아지고 집이 무너질 듯이 흔들리며 천장에서 흙이 주르르 이불 위로 쏟아져 내렸다. 동네 사람들은 뒷산 토굴로 피난을 갔는데 오히려 굴이 무너져 많은 사람들이 죽고 동네의 개울에 폭탄이 터져 빨래하던 갓 시집온 새댁이 죽기도 했다.

  전쟁의 막바지에 있던 어느 날 아버지가 산송장이 되어 돌아오셨다. 동료들과 함께 피난을 떠난 아버지는 가족들 다 죽이고 혼자 살면 뭐하느냐고 중도에서 이탈하여 충주로 돌아오시다가 살미면에서 붙잡혔다. 죽을 정도로 구타를 당한 후에 보도연맹과 관련이 있었던 외가 친척 한 분이 간신히 빼내 집으로 데리고 왔다. 아버지는 온몸이 잉크 물을 들인 듯이 퍼랬다. 갈비뼈가 많이 부러지고 운신하기도 힘들어 하셨다. 요를 몇 개 겹쳐 눕혔는데도 엄마가 거들지 않으면 돌아눕지도 못하셨다.

  음력 6월 24일 삼복더위가 기승을 부리던 날이었다.

  햇볕이 쨍쨍 내리쬐는 오후에 나는 연못가에서 아이들과 놀고 있었다. 아버지가 걸어오시는 것이 보였다. 아버지가 전봇대만큼 크게 보였다. 어깨를 웅크리고 느리게 움직였다. 어디 가시느냐고 물었다. 경찰병원에 가신다고 했다. 나도 아팠을 때 경찰병원에 다닌 적이 있었기 때문에 키가 작고 머리카락이 희끗희끗한 인자한 의사의 얼굴이 생각났다. 그것이 아버지와의 마지막이었다. 의사가 아버지를 밀고해서 병원에서 바로 산으로 끌고 가서 총살했던 것이다.

그날 그 시간에 엄마는 놋대야에 받아 두었던 미지근한 물에 남동생 목욕을 시키고 있었다.

폭격기가 하루가 멀다 하고 폭탄을 내리꽂는 어려운 가운데서도 벙긋거리며 웃는 남동생이 엄마의 유일한 위안이었다. 그때 동네 아저씨 한 분이 황급히 대문을 열고 들어오며 소리쳤다.

"경수 어머이! 안 경사님이 호암리 산에서 총살 당했어유!"

졸지에 일어난 비극적 상황에 인간은 얼마나 무력한가!

엄마는 맨발로 그 사람을 따라 뛰어나갔다. 그 후에 일어난 장면들은 지금도 슬로우 비디오처럼 돌아간다. 외가에서 황급히 달려오신 외할머니와 동네 사람들이 이불홑청을 뜯어 들고 산으로 뛰어갔다. 맑고 쾌청했던 하늘이 검은 구름으로 덮이더니 세찬 소나기가 내리기 시작했다. 마당이 금세 내 발목에 찰 만큼 빗물이 고였다. 누가 끓여주었는지 우리는 감자 수제비를 게걸스럽게 먹었다. 그리고 언제 비가 왔냐는 듯이 서쪽 하늘에는 아버지가 흘렸을 피같이 붉은 노을이 비극의 한가운데 놓인 어린애들을 무심하게 비추었다.

겨울 피난

그렇게 우리 가족은 1950년 8월에 아버지를 잃어버렸다. 서른 두 살의 젊은 가장이 여섯 남매를 두고 전쟁의 제물이 되었고 엄마는 서른 살의 꽃다운 나이에 과부가 되었다. 전상국의 소설이나 오래전에 KBS에서 방영한 '그때를 아십니까?'라는 프로그램을 보면서 나의 유년을 떠올리게 하는 많은 장면들이 나를 슬프게 했다. 우리 집은 애들이 많다고 셋방을 구하기도 어려워서 이사를 수도 없이 다녔고 늘 배가 고팠다. 가난의 구렁텅이에 내몰려진 가족들은 가난의 끝이 어디쯤 있는지조차 가늠할 길이 없었다.

제천군 수산면에서 태어나신 엄마는 일찍 아버님이 돌아가셨으나 할아버님 슬하에서 엄격하게 부덕을 쌓은 규수였다. 엄마 친정은 부농이었지만 여자라는 이유로 학교 문턱에도 가보지 못했다. 바느질과 수예, 그리고 음식 솜씨가 뛰어나신 엄마는 스무 살에 중매로 아버지와 결혼한 이후 아들 낳을 일념으로 출산에 매진했지만 연년생으로 딸만 다섯을 낳은 후에야 아들을 낳았다. 아버지 생전에는 바깥출입도 못했다고 한다. 시장에 가는 일도 아버지가 다 해주셨다고 한다. 그러다가 갑자기 가족 부양의 책임이 엄마에게 떨어졌으니 그 당혹스러움은 견디기 힘드셨을 것이다. 엄마의 유일한 버팀목은 외가였지만 큰외숙이 광산을 한다고 야금야금 땅을 팔아 점점 가세가 기울고 있었다.

그해 겨울 중공군이 밀고 내려 왔다. 여름에 피난을 가지 못해 괴뢰군에게 호되게 핍박당한 엄마는 두 살부터 열 살짜리 여섯 남매를 데리고 피난길에 나섰다. 외갓집 일꾼이 고리짝을 지게에 지고 엄마와 외할머니는 머리에 보따리를 이고 나는 네 살짜리 여동생을, 언니는 두 살짜리 남동생을 업고 셋째, 넷째 여동생들은 걸었다. 어린애들이 있으니 하루에 십리 길 가기도 힘들었다. 게다가 그해 겨울은 눈이 유난히 많이 내렸다. 아홉 살짜리가 네 살 동생을 두꺼운 포대기에 싸서 업었으니 뒤뚱뒤뚱 걷기조차 힘들었다. 외할머니는 잘 걷지 못하는 나 때문에 내 등에 업힌 동생을 버리고 가자고 엄마를 닦달했다. 사실 눈이 쌓인 길가에는 버려진 아이들이 많았다. 주로 계집아이들이었다. 엄마는 죽어도 그럴 수는 없다고 할머니와 다투었다. 밤이면 아이들이 많다고 방도 빌려주지 않아 잠자리 얻기도 힘들었다. 결국 우리는 괴산군 청천면에서 주저앉았다. 외아들인 남동생과 그 위 여동생이 홍역에 걸렸기 때문이었다.

우리는 바람이 쌩쌩 부는 청천강 둑 위에 있는 빈 오두막집을 겨우 얻었다.

매서운 칼바람이 밤낮으로 불어오는 강가 언덕에서 내려다보면 시체를 지게에 매고 강변을 따라 걷는 사람들이 보였다. 홍역으로 죽은 어린애들이었다. 방안에는 남동생은 아랫목에, 여동생은 싸늘한 윗목에 눕히고 어른들은 여동생은 죽거나 말거나 밀쳐두고 남동생을 살리려고 페니실린을 구하느라고 동분서주 하였다. 어른들에게 남동생은 존재의 이유였다. 남편과 사위를 보내고 남은 유일한 남자였으니까. 지금도 가끔 나는 그때의 기억이 악몽으로 나타난다. 흉흉하고 매서운 바람에 문풍지가 귀신처럼 울던 소리. 그리고 죽음의 그림자가 어린 내 머리 속에 각인이 되었다.

초등학교 시절

우리 가족의 겨울 피난은 거기서 끝났다. 한동안 엄마는 정신이 나간 듯 그림자처럼 앉아 있었고 살림은 외할머니가 하셨다. 그러나 외가도 외삼촌의 광산 실패로 빙현동 좋은 저택을 팔고 충주 읍내에 있는 일본식 적산 가옥으로 이사를 했다. 해가 전혀 들어오지 않는 음산한 집이었다. 갓 결혼한 큰외숙모의 눈칫밥이 심했다. 영월에서 잘 산다는 양조장집 딸이어서 키가 미루나무처럼 크고 애교라곤 없는 항상 볼이 부은 듯 말 없는 여자였다. 외숙모는 큰외숙이 집에 있지 않고 밖으로만 나도니 시댁에 정을 붙이지 못했다. 게다가 혼자된 시누이가 육 남매를 데리고 들어와 살고 있으니 나라도 큰외숙모처럼 골만 부렸을 것 같다.

더 이상 올케의 눈칫밥을 견디지 못한 엄마는 독립을 결심하였다. 돈 되는 것은 자꾸 팔아먹어서 더 이상 팔아먹을 것도 없게 되자 엄마는 경찰서 옆에 구멍가게를 내었다. 아버지 친구들은 여전히 경찰서에 다니는데 살림만 하던 엄마가 장사를 하려니 자존심은 상하고 생활고에 지쳐 점점 더 표정이 어두워졌다. 아버지 친구들의 유혹으로 마음고생이 더 심했다고 훗날 고백하셨다. 작은외숙은 엄마가 남자들의 유혹에 넘어갈까봐 도끼눈을 뜨고 감시하고 불면증에 시달리는 엄마에게 담배를 가르쳤다고 한다. 가게에 딸린 좁은 방에 육 남매가 엇갈려 잠을 잤다. 어쩌다 밤중에 잠이 깨면 엄마가 벽에 기대앉아 담배 연기를 뿜어내고 계셨다. 엄마는 니코틴

중독이 되어 돌아가실 때까지 담배를 끊지 못하셨다. 서방보다도 담배가 좋다면서.

당시 서른한 살이었던 엄마의 외모는 한마디로 연꽃 같았다. 키가 자그마하고 통통하였다. 삼단같이 늘어진 검은 머리는 쪽을 찌시고 피부는 분화장을 한 것처럼 희었다. 언뜻 보기에는 고생을 하지 않을 관상이라고나 할까. 엄마의 첫 인상은 도도했다. 아무렇게나 입으셔도 품위가 있었다. 감히 범접할 수 없는 카리스마가 있다고나 할까. 큰소리도 내지 않고 말씀도 많이 안했다. 연년생 아이들이 시끄러웠을 텐데도 큰소리치는 법이 없었다. 하지만 우리가 아주 큰 잘못을 저질렀을 때는 기다란 싸리나무 회초리로 아들만 빼놓고 딸 다섯의 종아리를 매섭게 때렸다. 애비 없는 후레자식 소리 들으려고 그따위 몹쓸 짓을 하느냐고 꾸짖으면서…. 그러나 악역은 주로 외할머니 몫이었다. 외할머니가 소리를 지르며 몽둥이로 우리를 내몰았고 엄마는 조용하고 때로는 상념에 사로잡혀 그림자같이 앉아 있었다. 당신이 처한 상황이 하도 엄청나서 반쯤은 혼이 나가셨던 것 같다.

얼마나 막막했을까. 애들은 어리고 어떻게 입히고 먹일 것인가. 할 수 있는 것은 밥하고 빨래하고 바느질뿐인데 무엇으로 먹여 살린단 말인가. 어린 나이에 청상과부가 된 따님을 보는 외할머니의 속도 까맣게 타들어갔다. 할머니는 애꿎은 우리들에게 화풀이를 하셨다. 특히 다섯째 동생이 화풀이의 대상이 되곤 하였다. 지금도 동생은 외할머니 얘기만 나오면 눈물을 글썽거린다.

당장의 끼니 걱정을 해야 하는 엄마는 자식들을 보듬어줄 마음의 여유가 없었다.

우리는 방목된 짐승 같았다. 아무도 간섭하지 않았다. 내게 유년은 없다. 또래 아이들과 어울려 뛰어다니고 놀던 기억이나 어리광을 피운 기억도 없다. 내가 유일하게 열중한 것은 공부였다. 학교 건물이 파괴되어 여름에는 나무 그늘을 찾아 칠판을 걸고, 겨울에는 어느 집 헛간에서 학교 공부를 했다. 나는 모범생 소리를 들으며 반장을 맡아 담임선생님의 잔심부름을 하고 우등상을 받는 것이 유일한 기쁨이었다.

군것질이 궁하던 시절이었다. 동네에 사탕 공장이 있어 나이 많은 아이들을 따라 비과 공장에 가서 비과를 종이에 마는 작업을 한 적이 있다. 그 언니들은 작업이 끝나면 팬티(당시는 무명으로 만들어 고무줄로 조인 것이었다.) 속에 빵빵하게 비과를 훔쳐 넣어 가지고 나오는 것이었다. 나도 조금씩 훔쳤지만 겁이 나서 그만 두고 말았다. 또 학교에서는 가루우유를 배급받아 끓는 물에 타서 먹거나 양은 도시락에 넣어 밥솥에 쪄서 돌처럼 딱딱한 것을 입에 넣어 우물우물 녹여서 허기를 달래곤 하였다. 선생님을 도와 반 친구들에게 나누어주고 나면 교실 바닥에 분유 가루가 쏟아지기도 했다.

우리 반에 정영자라는 아이가 있었다. 아버지가 은행 지점장이라고 했던가.

항상 긴 머리를 두 갈래로 땋아서 늘이고 양단 치마저고리에 두루마기까지 차려 입은 잘 사는 아이였다. 내가 바닥에 흘린 우유를 손가락으로 찍어 먹는 것을 본 그 아이가 나를 가리키며 거지라고 했다. 누구와 다투어본 적이 없었던 나는 그 아이의 머리채를 잡고 늘어졌다. 유일한 몸싸움의 기억이다.

4학년 때부터 웅변을 시작했다. 웅변대회가 유행이었던 시절이었다. 반공 웅변대회를 비롯하여 일 년에 서너 번은 대회가 열렸는데 선생님들이 나를 발탁하시곤 했다. 나는 점차 사람들 앞에 서는 것에 익숙해졌고 나가면 입상을 했다. 상품은 대개 공책과 연필, 필통 같은 학용품이었다. 특히 반공 웅변대회는 아버지를 죽인 북한 괴뢰군에 대한 원한이 사무치는 내게는 가장 호소력 있는 주제여서 우수상을 받았다. 충주 대표로 뽑혀 충청북도 대회에 출전하여 3등에 입상하기도 하였다.

글짓기 대회에 나가서도 입상을 하였다. 날씨가 쌀쌀한 추석 무렵에도 입을 옷이 없어 민소매로 등하교 하는 자매들의 이야기를 쓴 산문이었다. 초등학교 졸업할 때까지 나는 엄마의 치마. 저고리를 뜯어 만든 한복을 입고 다녔다. 남들이 입는 셔츠나 스커트는 언감생심 생각조차 못했다. 겨울에도 솜을 넣은 한복 외에 방한복이 없었다. 이런 환경이 나를 자꾸 외톨이로 만든 게 아닌가 싶다. 초등학교 4학년 때인가 충청북도 주최 글짓기 대회에서 입선을 했는데 제목이 「추석」이었던 것 같다. 심사위원들이 수필 내용이 너무 어린애 같지 않아 특선을 줄 수 없었다고 하는 심사평을 들었다.

이렇게 웅변대회와 글짓기 대회 등에 학교 대표로 나가 상품을 타왔기 때문에 학용품은 사지 않아도 될 정도였다. 엄마와 외할머니는 그런 내가 사내아이라면 얼마나 좋겠느냐고 한탄하시곤 하였다. 나 자신도 남자가 되고 싶었다. 어른들이 장래 희망을 물으면 변호사가 되고 싶다고 하였다. 아마 사람들이 말을 잘한다고 칭찬을 해서 그랬던 것 같다.

나는 친구들과 어울려 노는 대신에 손에 잡히는 책들이나 잡지를 읽었다. 당시 통속잡지였던 야담과 실화, 아리랑뿐만 아니라 김내성, 박화성, 정비석 씨의 소설들을 읽었다. 책을 읽다 보면 배고픈 현실을 잊을 수가 있었다. 도랑 옆 오두막집은 창문이 없어 일 년 내 빛이 들어오지 않았다. 우리 집은 제재소에서 나온 톱밥과 쭉정이를 얻어와 땔감으로 썼는데 대개 생나무여서 불이 잘 붙지 않아 부엌은 연기로 찼다. 어른들이 안 계시면 어린 우리들이 밥 당번을 했다. 내가 당번이 되어 아궁이 앞에 쪼그리고 앉아 불쏘시개로 얻어온 종이 쪼가리를 읽다 보면 밥이 타는지도 몰랐다. 밖에서 돌아오신 외할머니가 부지깽이를 들고 "소 잡아먹고 죽은 귀신이 붙은 저년, 저년" 하며 치아가 다 빠진 입을 악무시고 부엌으로 달려 들어오실 때도 있었다.

중 · 고등학교 시절 : 스카즈데일 장학금과 도지사 장학금 받다

초등학교를 졸업하고 충주여중에 2등으로 합격하였다. 언니는 여고에, 나는 여중에 입학이 되어 입학식에 참석하러 학교에 갔다.

비가 추적추적 내리던 날이었다. 양초를 칠해 반들반들 윤이 나는 강당의 마루에 내 발자국이 찍혔다. 찢어진 고무신 때문에 빨간색 양말의 물이 배어 나온 것이었다. 그러나 나는 입학금을 내지 않았다고 참석을 거부당하고 뒤돌아 나와야 했다. 가난의 낙인이 어린 가슴에 주홍 글씨처럼 찍혀지던 순간이었다.

아무도 없는 빈 집으로 오기가 싫어서 나는 비를 맞으며 호암지 저수지로 발길을 돌렸다. 넓은 호수는 바람에 휩쓸리며 출렁거렸다. 세찬 비바람은 빠져 죽고 싶다던 내 마음은 두려움으로 출렁였다. 할 수 없이 집으로 돌아온 나는 구석진 뒷방에서 종일 울었다. 다음날 엄마가 학교에 찾아가 사정을 해서 납부 연기를 신청해서 입학이 허가되었다.

이런 환경 탓인지 나는 조숙하였고 사춘기를 호되게 겪었다. 집이 싫었고 사람들도 싫었다. 내가 유일하게 쉴 수 있는 곳은 책 세상이었다.

학교에는 교실보다도 작은 도서실이 있었다. 내가 숨을 수 있는 유일한 곳이었다. 점심 도시락이 없었던 나는 점심시간을 도서실에서 보냈고 방과 후에도 우중충한 집에 가고 싶지 않아서 늦게까지 그곳에 남아서 책을 읽었다. 책 내용을 이해하고 못하고가 문제가 아니라 그냥 현실을 잊기 위한 방편으로 책 속으로 숨었다.

집에서는 육 남매가 단칸방에서 꽁보리밥에 멀건 된장국을 놓고 아침과 저녁 두 끼를 해결하였다. 다행히 내가 중학교 2학년 무렵 엄마가 충주 비료공장에 세탁부로 취직이 되어 새벽 6시에 나가시면 밤에 귀가하셨다. 새벽마다 점심을 싼 도시락을 들고 십 리도 넘는 목행리 공장까지 걸어 다니셨다. 우리를 챙겨주고 잔소리하는 이 하나 없는 집이었다. 나는 집안일을 하기 싫어해서 주로 내 밑에 동생이 많이 했다. 나는 공부 잘한다는 핑계로 방에 틀어박혀 책에 파묻히거나 공부를 했다. 공부가 나의 유일한 취미였던 셈이다.

독서의 영향이기도 하고 집안 형편 때문에 나는 내 또래의 여학생들과 많이 달랐던 모양이다. 친구들과 어울려 다니지도 않았고 사춘기의 특징이라는 이성에 대한 호기심도 없었다. 그냥 우울했다. 돌이켜보면 조증과 울증이 번갈아 나타났던 것 같다. 항상 앞에서 큰소리로 학생들을 리드하기를 좋아했던 반면 우울해지면 혼자 많은 시간을 보냈다. 다행히 공부를 잘했고 백일장이라든가, 웅변대회에서 상을 타 와서 학교 선생님들이 나를 인정해주셨다. 편모슬하에서 청소년기의 방황을 막아준 것은 선생님들의 관심과 격려라고 해도 과언이 아니다. 선생님들이 나에게 무엇이든지 잘할 수 있다는 자신감을 심어주셨던 청소년기였다.

이승만 대통령이 집권하던 자유당 시절이었다. 고등학교 1학년이었던 나는 청주지방 시찰을 하는 대통령을 연도에서 환영하기 위해 동원되었다가 빈혈로 쓸어졌다. 그 이후로 운동장 조회 시간에도 넘어지고 무용 시간에도 졸도를 했다. 선생님들은 직원 조회에서 내 건강 문제를 논의했고 결국 당시 유지였던 충주 시내의 유명한 외과 의사네 집에 입주 가정교사로 보내기로 결정을 하였다. 충주 시장 한복판에 병원과 살림집이 붙어 있던 그 집에는 큰딸은 서울로 유학을 갔고 그 아래로 아들 삼형제가 연년생으로 있었다. 안주인은 드물게 뚱뚱한 인상이 별로 좋지 않았다. 하여튼 입주 가정교사라는 명목으로 들어간 나는 먹을 것들이 지천인 데 놀랐다. 여기저기 먹다 남은 군것질들이 굴러다니고 그 위에 파리 떼들이 득시글거리는 모습을 보면서 집에 남은 동생들의 허기진 얼굴들이 떠올랐다. 세상이 너무 불공평하다는 사실을 그때 느꼈다.

남을 가르치는 데 익숙하지 않은 내가 공부와는 담을 쌓은 사내애들과 매일 씨름하는 게 버거웠다. 차라리 배가 고파도 집이 편하다는 생각이 나를 사로잡았다. 게다가 나는 빈혈이 심했다. 그 집의 2층 계단을 오르내리는 것이 힘들 정도였다. 항상 계단의 난간을 잡고 내려가고 올라가야 했다. 어느 날인가 주인 의사가 그런 내 모습을 본 모양이었다. 안주인에게 말해서 나를 진찰하자고 하였다.

생전 처음 병원 진찰대에 누웠다. 의사는 극심한 빈혈 이외에 복부 왼쪽에 조그만 혹을 발견했다. 결혼한 여자라면 임신 2개월쯤 되었다는 것이다. 주인 여자는 나를 의혹에 찬 시선으로 내려다보며 고향에서 중절 수술을 받을 수 없으면 청주 가서 하라고 친절하게 가르쳐 주었다. 당시에 나는 그것이 무엇을 의미하는지조차 몰랐던 숙맥이었다. 나는 짐을 싸서 집으로 돌아왔다. 두 달 만이었다. 엄마는 시집도 안 간 처녀가 난소에 웬 혹이냐고 펄펄 뛰셨다. 돈이 없어서 병원에 가서 다시 진찰할 수도 없었다.

난소의 혹은 자랐다. 생리가 있을 때면 통증이 심했다. 엄마는 나를 한의원에 데리고 가서 혹을 없애는 한약을 지어왔다. 그러나 의학 상식이 전무한 엄마는 처녀는 죽어도 수술해서는 안 된다고 고집하셨다. 시험 때가 되면 생리통으로 뒹굴면서도 누워서 공부를 했고 길을 가다가도 통증 때문에 길에 쪼그리고 앉아 한참을 기다려야 했다. 그렇게 1학년이 끝났다. 엄마는 커지는 혹과 심해지는 통증을 지켜보고 더 이상 미루어서는 안 되겠다는 생각하신 모양이었다. 그러나 돈이 없었다. 엄마는 공장에서 일하는 근로자들에게 하소연하셨고 그들은 십시일반으로 성금을 모아 수술을 시키라고 건네주었다. 엄마는 산부인과가 아닌 외과병원에 가서 사정을 하였고 1961년 2월 22일 수술대에 올랐다.

수술실 넓은 창으로 보이는 2월의 하늘은 유난히 파랬다. 척추마취를 해서 의식은 있어서 둔탁한 메스의 움직임이 복부에서 느껴졌다. 그러나 발가락조차 움직이지 못하는 내가 동물처럼 생각되었다. 수술이 끝났지만 입원비를 다 지불하지 못한 탓에 링거를 맞지 못했다. 가스가 나올 때까지 바싹 타들어 가는 입술을 엄마와 할머니는 젖은 수건으로 계속 적셔주셨다. 그렇게 난소의 혹을 떼어내고 봄 학기에 학교에 갔더니 칠판 글씨가 보이지 않았다. 여고 졸업 후 투병기를 여원사에 투고해서 입선을 하였다.

나는 여고 재학 중에 도지사 장학금을 받았다. 그리고 영어시험을 통해 스카즈데일 장학금의 수혜자가 되었다. 이 장학금은 전쟁으로 폐허가 된 한국 학생들에게 뉴욕 주의 스카즈데일 시민들이 모아 보내준 것이라고 했다. 충청북도에 배정된 숫자는 두 명이었다. 선발 방식도 당시로는 독특했다. 영어 필기고사와 함께 영어 면접 점수가 당락을 정했다. 웅변을 한 덕분인지 나는 면접관들 앞에서 주눅 들지 않고 당당하게 영어 질문에 대답을 하였기 때문에 합격하였다. 청주여고를 제치고 충주여고가 합격했다고 학교의 명예를 높였다고 떠들썩했다.

이를 계기로 나는 영어공부를 더 하고 싶었다. 엄마는 두 개의 장학금을 모아 계를 들어 나의 대학 학자금을 마련한다고 하셨다. 한층 고무된 나는 당시에 충주에서 이름난 영어회화 학원에 등록을 했다. 두 달이 지났을까. 그 학원의 원장이 나를 불러 내 실력이 다른 학생들과 경쟁이 안 되니 같은 돈으로 개인 과외를 해주겠다고 제안했다. 그가 우리 집 식구들과 악연을 맺으리라고는 당시에는 생각조차 못하고 기뻐했다. 겨울방학 동안에 7시에 학원에 가서 영어회화를 배웠다. 암기에는 자신이 있어서 회화 실력이 향상되는 것을 느꼈다. 반기문 전 UN사무총장을 알게 된 것도 이 학원을 통해서였다. 그와 같이 수강한 적은 없지만 학원 원장이 그와 내가 영어를 최고로 잘하는 학생이라고 수강생들에게 공개적으로 말하곤 했기 때문이었다.

반기문 총장과 개인적으로 가까워진 것은 충주 비료공장의 고문으로 온 미국인 가정에 일주일에 한 번씩 가기 시작하면서부터이다. 내가 주도적인 역할을 해서 주선했을 것이다. 나는 고3이었고 반 총장은 충주고등학교 2학년이었다. 반 총장 외에도 정지형, 허문영, 그리고 김공 등 키가 껑다리처럼 큰 학생들과 함께 십 리가 넘는 목행리 미국인 사택을 방문하면 미국 할머니들이 생전 처음 맛보는 초콜릿 쿠키와 오렌지 주스를 주었다. 나이가 두 살이나 많은 나는 그 모임에 앞장을 섰다. 반 총장은 나서는 타입은 아니었지만 자기 차례가 오면 할 말을 또박또박 대답하는 모범생이었다.

그러나 학원 원장과의 개인과외는 두 달도 가지 못했다. 어느 쌀쌀한 2월의 이른 아침에 원장이 내게 성추행을 했기 때문이다. 그 일이 있은 뒤 나는 학원을 갈 수가 없었다. 그러나 원장은 매일 영어로 편지를 써서 중학생을 시켜 학교로 보냈다. 그것도 매일. 그러니 소문이 날 수밖에. 어려서부터 나는 이성에 대해 생각을 해본 적이 없었다. 당시에는 고등학교만 졸업하면 결혼을 하는 것이 관례여서 친구들이 선을 본다, 남자 친구와 놀러간다 했지만 나는 관심도 없고 부럽지도 않았다. 그런 것은 나와는 상관없는 일이라고 생각했다. 이 대목에서 우리 집에 비극을 가져다준 언니의 얘기를 해야겠다.

연년생이었던 언니와 나는 엄마에게는 집안을 일으킬 두 개의 기둥이었다. 언니는 공부보다는 친화력이 뛰어났고 예뻐서 학교 다닐 때 남학생들에게 인기가 많았다. 자고 일어나면 담장 안에 연애편지가 한두 개 떨어져 있었고 언니는 그것을 즐기는 듯하였다. 엄마는 언니와 나를 공부시키면 우리가 동생들을 가르칠 것이라는 희망을 갖고 있었다. 나와 한 살 차이지만 외가에서 자란 언니는 일곱 살에 초등학교에 입학했고 나는 동생들 돌보느라고 아홉 살에 초등학교에 입학했기 때문에 내가 고3일 때 언니는 이미 대학생이 되어 있었다. 엄마는 빚을 내서 언니를 수도 의과대학 간호과에 진학시킨 것이다. 나는 예쁘고 사교적인 언니에게 열등감을 갖고 있었다. 내가 잘할 수 있는 건 공부 밖에 없었고 친구도 많지 않았다. 나는 원장의 편지 공세를 언니에게 편지로 하소연하였다. 혼자서 감당하기에는 너무 힘들었기 때문이었다.

여름방학이 되어 고향에 내려온 언니는 그가 어떤 사람인지를 알고 싶어 했다. 그래서 혼자 학원에 갔던 모양이었다. 이 사실은 그녀가 가출한 다음에야 알게 되었지만 나는 편지가 끊긴 것만 다행이라고 생각했고 대학 입학 자격 국가고시 준비에 여념이 없었다. 입학자격 시험에 합격이 되었지만 대학 진학은 어렵게 되었다. 엄마가 장학금으로 든 계돈을 다 떼었다는 것이다.

1962년 2월에 충주여고를 수석으로 졸업했지만 대학 진학을 하지 못했다. 설상가상으로 수도 의과대학 간호과에 재학 중이던 언니가 기숙사에서 사라졌다는 연락이 왔다. 큰딸에게 많은 기대를 걸어 대학 입학금도 빚을 얻어 보냈던 엄마는 절망과 배신감으로 치를 떨고 언니와 절연하셨다. 내가 믿고 따르던 언니가 나를 성추행한 학원의 원장과 도망을 가서 임신하고 살림을 차렸다는 사실을 받아들이기가 쉽지 않았다.

미국 집 가사도우미

당시에는 강당이 없어서 운동장에서 졸업식을 했는데 나는 도지사상을 비롯하여 서너 개의 상을 받았다. 영어회화 지도를 해주시던 미국 할머니들이 추운데도 불구하고 졸업식장에 오셔서 내가 상받는 모습을 카메라로 여러 장 찍어주었다.

　졸업의 기쁨은 그날 하루로 끝났다. 언니의 가출로 인해 나의 대학 진학은 물거품이 되었고 엄마는 화병이 나서 몸져누우셨고 그 화풀이 대상은 나였다. 나 때문에 그놈을 만났을 뿐만 아니라 사범학교에 진학하여 초등학교 선생이나 하다가 시집을 가라고 강요하던 엄마의 명령을 거역하였기 때문이었다. 중학교 담임선생님도 사범학교 입학금까지 책임지시겠다고 나를 설득하셨지만 나는 고집을 꺾지 않았다.

　집에서 빈둥거리며 비료공장의 세탁부 일을 접으시고 삯바느질로 생계를 꾸려가는 엄마를 보는 일은 고문이었다. 당시에는 일자리도 드물었지만 젊은 여자들은 대개 친척이나 친지를 통하여 알음알음 취직이 되었는데 내 주변에는 도와줄 사람이라곤 없었다. 그러던 9월 어느 날 여학교 음악선생님이 나를 불렀다. 비료공장 사택에서 가사 도우미(당시는 '하우스 걸'이라고 불렀다)를 구하고 있다고 했다. 조건이 집주인이 한국어를 배우고 싶어 하니까 내가 적임자라고 하면서 선생님은 그 집에 가면 영어를 계속 배울 수가 있지 않겠느냐고 권하셨다. 결국 식모살이하러 가라는 거였다. 며칠 동안 고민하였지만 선택의 여지가 없었다. 엄마의 한숨과 원망의 눈초리를 견디기가 어려워서 결국 나는 시내에서 4㎞ 떨어진 목행리의 나지막한 산등성이에 미국인 엔지니어들이 모여 사는 사택의 하우스 걸로 들어갔다. 세 살짜리 아들을 둔 존슨 씨 댁이었다.

　공부한다는 핑계로 집안일은 거의 하지 않았던 내가 양옥으로 된 큰 집을 청소하고 빨래하고 다림질하는 것 외에 저녁 설거지까지 하는 것은 중노동이었다. 게다가 저녁이면 존슨 씨를 상대로 한국어를 가르쳐야 했다. 가르친다기보다 서투른 그의 한국말 상대가 되었다. 그럴 때면 생전 처음 맛보는 버본 위스키나 꼬냑 같은 독한 양주를 내게도 권하였다. 내 얼굴에는 여드름 꽃이 피어났다. 세 살짜리 아이를 돌보는 것도 힘들었다.

그렇게 몇 달이 흘렀다. 그런데 나와 친했던 친구가 내 이야기를 대한일보 충주지사 기자로 있던 오빠에게 말한 게 빌미가 되어 우리 집에 가서 사진을 얻어 충청일보와 대한일보 지방판에 실렸다. 고등학교를 일등으로 졸업한 재원이 미국 집 도우미가 되었다는 사실이 이슈가 된 모양이었다. 자존심에 상처를 입은 나는 더 이상 고향에 머무를 수가 없었다. 나를 아무도 모르는 곳으로 가야겠다고 결심했다. 초등학교 다닐 때 나를 귀여워해주셨던 선생님이 당시 문교부(지금의 교육부)에서 근무하고 있었는데 그분과 연이 닿아 입주 가정교사 자리를 소개해주셔서 1963년 2월 식모살이 다섯 달 만에 도망치듯이 서울로 왔다.

소개받은 집에 가보니 말이 입주 가정교사이지 사실은 보모였다. 부부가 초등학교 교사였는데 북한에 부인을 두고 월남한 나이 지긋한 선생님이 노처녀와 재혼해서 늦둥이 아들을 낳았는데 그 아이가 초등학교에 입학한 것이다. 내가 할 일은 그 아이의 등하교를 도와주는 일이었다. 그 아이의 부모는 좋은 선생님들이었는지는 모르지만 자녀 교육은 빵점이었다. 일곱 살짜리 남자애가 무엇이든지 자기 뜻대로 안되면 가정부를 마구 때렸고 책과 공책도 찢고 연필도 두 동강이를 냈다. 그런데도 퇴근한 부모는 꾸짖기는 고사하고 그저 귀여워만 했다. 그런 아이를 돌본다는 것은 육체노동보다 더 힘들었다. 그렇다고 어디 갈 곳이 있는 것도 아니어서 죽고 싶다는 생각이 자꾸 들기 시작했다.

　서울로 무작정 상경할 때는 낮에는 일하고 밤에는 야간대학이라도 다닐 계획을 갖고 있었는데 밤낮으로 꼬마에게 시달리며 허송세월을 보내고 있는 내 자신이 역겨웠다. 더구나 저녁에는 용돈을 마련하기 위해 주인이 소개한 과외를 하러 충무로까지 전철을 타고 다녀야 했다.

　다람쥐 쳇바퀴 같은 서울 생활에 지쳐 나는 절망의 나락으로 떨어지고 있었다. 불면증이 심해지고 왼쪽 무릎이 아파서 걷기가 힘들었다. 전철을 타면 바닥에 주저 앉아야할 만큼 통증이 심해졌다. 그렇다고 시골로 돌아가기는 죽어도 싫었다. 자리 잡히기 전에는 절대로 돌아가지 않기로 하지 않았는가. 그럼 어디로 가나? 자살 외에는 탈출구가 없었다. 나는 조금씩 수면제를 사 모으기 시작했다.

　나처럼 재능 있는 사람에게 기회조차 주지 않는 세상을 원망했다. 1963년 여름은 자살의 유혹으로 무더위조차 느끼지 못했다. 그즈음 나를 비료공장 도우미로 추천했던 음악선생님이 상경해서 만나자는 연락이 왔다. 그 선생님은 용산에 머물고 있었다. 서울역 대합실 다방에서 선생님을 만나자 눈물을 쏟으며 나는 하소연했다. 세상이 나를 받아주지 않아서 죽을 수밖에 없노라고. 선생님이 그런 나를 동정을 하셨다면 아마도 약을 삼켰을지도 모르겠다. 선생님은 벼락같이 화를 내시며 네가 어떻게 엄마를 두고 그런 생각을 하느냐고 서슬이 퍼렇게 꾸중을 하셨다. 그 말을 듣는 순간 번개처럼 스치는 엄마의 얼굴! 청상과수가 되어 오로지 자식들만을 바라보고 사시는 우리 엄마! 그런 엄마에게 나는 희망의 끈이었는데….

 자살하리라는 결심이 흔들렸다. 그동안 엄마라는 존재를 까맣게 잊고 있었다는데 생각이 미쳤다. 이럴 수가! 게다가 내가 과외지도를 하러 간 사이에 나와 한 방을 쓰던 가정부 아주머니에게 그 약병을 들키고 말았다. 어느 날 돌아오니 그녀가 약병을 화장실에 던져버렸다고 하였다. 한편으로는 야속하고 다른 한편으로는 마음이 놓였다. 그러나 나의 불면증과 무릎의 통증은 점점 더 심해졌다. 결국 상경한 지 열 달 만에 패잔병처럼 고향으로 돌아왔다.

 엄마는 여전히 삯바느질을 하셨다. 때로는 은행에 가서 밥해주고 남은 밥을 갖고 오기도 하였다. 엄마의 소망대로 사범학교를 갔더라면 최소한 극빈자 생활을 면했을 텐데…. 밤늦게까지 재봉틀을 돌리는 엄마를 보면 후회가 나를 더 괴롭혔다. 혼자 서울에서 외로움과 소외감에 휩싸여 있을 때보다 견디기가 더 힘들었다. 불면증 때문에 밤에는 자지 못하고 낮에는 방구석에서 웅크리고 자는 두더지 같은 생활이 서너 달 계속되었다. 나는 카프카의 『변신』에 나오는 벌레가 되어가고 있는 듯했다.

 겨우 오두막을 면한 우리 집은 외풍이 세서 겨울에는 방안에 있는 걸레도 꽁꽁 얼었다. 온기가 있는 안방에서는 엄마가 앉은뱅이

재봉틀로 바느질을 하시다가 잠이 들었고 미닫이로 연결된 뒷방에서 나는 소리죽여 울었다. 그런데 주무시던 엄마가 잠이 깨어 미닫이문을 열고 벼락 치듯 소리를 질렀다. "이년아, 무엇 때문에 밤중에 청승맞게 울고 지랄이야? 내가 너 같았으면 어떻게 조무래기들을 데리고 살았겠냐?"

다음 날 엄마는 꿈 얘기를 하셨다. 꿈속의 나는 예닐곱 살이었단다. 나는 가본 적도 없는 충주 비료공장의 계단식 강당의 층계를 깡충깡충 뛰어 올라가다가 중간쯤 가더니 힘에 부쳐서 주저앉아 울기 시작하더란다. 깨어보니 내가 우는 소리가 들리더란다.

1963년의 겨울은 춥고 암울했다.

존스 씨가 도움의 손길을 뻗다

나의 불면증과 신경통은 점점 더 심해졌다. 무릎이 붓고 아파서 걷기도 힘들었다. 병원에 갈 형편도 되지 못해서 엄마는 사람들이 민간요법을 알려준 대로 신경통에 좋다는 가시나무와 소주를 가마솥에 넣고 삶아 마시게 했다. 그것을 한 대접 마시면 취해서 잠에 골아 떨어졌다. 돌이켜보면 당시의 나를 괴롭혔던 우울증과 불면증과 신경통은 일종의 심인성 질환이 아니었나 싶다. 그렇게 마음의 지옥 속에 머물러 있을 때 기적 같은 일이 일어났다.

내 운명을 바꾼 미국 할아버지의 편지를 받은 것이다. 발신자는 존스(James Jones) 씨라는 분이었다. 그와 나는 아무런 개인적 친분도 없었다. 그가 충주 비료공장에서 근무하는 동안에 세탁부로 일하시는 엄마가 특히 그분의 시선을 끌었단다. 다른 노무자들과는 달리 엄마의 깨끗한 옷차림과 항상 말없이 다림질만 열심히 하시는 모습이 눈에 띄었기 때문이었다. 남편을 6·25전쟁 중에 잃고 어린 6남매를 키우고 있으며 그중에 둘째 딸이 공부를 잘 한다는 얘기를 들었단다. 내가 여학교 졸업하고 비료공장에 취업 면접을 본 적이 있었는데 그가 면접관의 한 사람이었다고 한다. 내가 떨어진 이유가 당시의 처녀들처럼 얌전하고 다소곳하지 않고 건방질 정도로 자신감이 넘쳐나서 한국인 면접관들이 나를 탈락시켰다고 말해주었다.

존스 씨는 한국 근무를 마치고 다른 직업을 찾아 그린랜드에 가서 일하고 있었다. 내가 서울에 있는 동안에 그분은 지인을 통해 나의 충주 주소를 알아내서 내가 대학에 합격하면 도와주겠으니 입학금과 등록금 액수를 산출해서 알려달라는 편지를 1963년 여름에 받았었다. 당시 나는 반신반의하면서 답장을 보냈지만 나와 아무 연관이 없는 미국인이 도와주리라는 희망은 전혀 없었다. 그런데 추위가 매섭게 몰아치는 1964년 1월에 그의 편지가 돌고 돌아 내게까지 온 것이다. 학비를 도와줄 테니 공부를 하라고. 이런 행운이 찾아올 줄을 꿈도 꾸지 못했었다.

그러나 졸업한 지 2년이 넘었고 대학입시 준비하고는 거리가 먼 생활에 지칠 대로 지친 내가 어떻게 진학을 한단 말인가. 당황스러웠다. 그때 이웃에 살던 이상화 선생이 경희대의 무시험 전형을 알려주었다. 성적이 상위 3% 안에 들면 입학시험을 면제받고 면접만 본다는 것이었다. 선택의 여지가 없이 나는 경희대에 응시하였다. 영어영문과에 지원한 나는 면접도 최고점수를 받았다. 왜냐하면 면접을 영어회화로 진행하였기 때문이었다. 면접을 한 교수님들은 나의 영어회화 실력에 놀라셨다고 했다. 당시에는 발음이나 악센트 등 원어민 수준으로 말하는 사람들이 흔치 않았기 때문에 미국인 가정에서 도우미로 일한 경력이 돋보였던 모양이다.

1964년 2월 나는 미용학교에 들어간 동생과 같이 상경해서 하왕십리동에 움막을 겨우 면한 월세 방을 얻었다. 대학생활은 신천지였다. 마치 뭍에서 숨을 헐떡이다가 물로 돌아간 물고기처럼 나는 의욕과 생기를 찾았다. 당시의 신입생들은 경희대가 3류대학이라고 부끄러워했다. 그들은 당시의 교칙이었던 교복과 배지 착용을 싫어했지만 나는 교복을 맞추어 입었고 배지도 달고 다녔다.

대학생이 되었다는 사실만으로 나는 하늘을 나는 기분이었다. 외모에 한창 신경 쓸 나이였지만 나는 남의 시선 따위는 상관없이 긴 머리를 틀어 올리고 어두운 색깔의 옷을 입고 다녔다. 같은 동급생들은 나보다 두세 살 어려서 같이 어울릴 생각은 하지 않았다. 그들도 웬 나이 많은 여자가 강의실 맨 앞줄에 앉아 교수들의 질문에 주저하지 않고 대답하는 모습이 잘난 척하는 것 같아 나에게 '안박사'라는 별명을 붙였다는 사실도 후에 알았다. 1학기 말쯤 그들과 어울리게 될 무렵 한일 협정 반대 데모로 인해 6월 초에 모든 대학이 문을 닫는 바람에 긴 여름방학에 들어갔다. 가을 학기가 시작되어 대부분 리포트로 성적을 내었는데 나는 체육만 제외하고 전부 A를 받았다.

대학생활과 연애

대학 다니는 동안 성적 관리가 내게는 제일 중요했다.
당시 경희대학에서는 특대생 제도가 있었다. 설립자 조영식 박사는 우수 학생 유치를 목적으로 등록금 면제뿐 아니라 매달 용돈까지 지급하는 파격적인 장학제도를 도입하여 전국에서 가난하지만 공부하려는 학생들이 응시했다. 이 시험은 해마다 11월이 되면 성적 좋은 학생들이 시험을 쳐서 최고점수를 받은 학생들이 특대생으로 선발되었다. 내게는 성적 관리만큼 중요한 것이 없었다. 친구들은 시험기간이 되면 흡사 전쟁터에 나가는 병사처럼 변하는 내게 '암사자'라는 별명을 지어주기도 했지만 나의 노트는 그들에게 최고로 인기가 있었다. 그 당시에는 교재가 거의 없어서 교수들의 강의를 필기하여 시험공부를 해야 했다. 항상 강의실 맨 앞에 앉은 나는 교수들의 강의를 꼼꼼히 받아 적어서 시험 때만 되면 학생들이 너도나도 노트를 빌려달라고 부탁하였다. 그래서 차츰 그들과 어울려 막걸리 집에 가서 술을 마시기도 하였다. 그러나 나는 학생 신분인 동시에 가족을 부양해야 하는 가장이었다. 학교에서 나오는 용돈과 존스 씨가 보내주는 매달 30$의 생활비로는 시골에 있는 동생들의 학비를 보내는 것이 빠듯해서 어른들에게 영어회화를 가르치는 등 아르바이트를 계속하였다. 그럼에도 불구하고 대학생이 되어 읽고 싶은 책을 마음껏 읽을 수 있는 자유가 있어서 행복했다.

돌이켜보면 나는 정말로 운이 좋았다.

우선 영문과 박용주 교수님이 내 인생의 멘토가 되었다. 선생님은 4학년 강의실에 들어가서 학생들에게 "여러분들 열심히 공부해야겠어요. 신입생 중에 아주 우수한 여학생이 들어왔거든…." 하고 말씀하셨다는 것을 내 정년 기념식 때 선배였던 박태화 교수가 말해서 알았다.

선생님이 1988년 예순 살도 되기 전에 타계하셔서 너무 가슴이 아프다. 박 교수님이 나를 조영식 총장님의 외국 담당 비서로 추천해주셨고 내가 힘들 때마다 도움의 손길을 내밀어 주신 분이다. 그 외에도 주요섭, 박경화 교수가 특별히 나를 아껴주셨던 것 같다. 그러나 누구보다도 황순원 선생님과의 교분은 내게는 큰 자랑이고 기쁨이었다. 1학년 때부터 선생님 강의를 들었다. 강의 자체는 별로 기억에 남지 않았지만 나는 열심히 선생님 주변을 맴돌았다. 1학년 때부터 국문과 학생들과 같이 강의를 듣는 것이 다반사였기 때문에 그들과 어울려 선생님과 술자리를 같이 하게 된 것이 선생님과 가까워진 동기가 되었던 것 같다.

회기동 파전집 같은 데서 막걸리 파티가 열리면 나는 취하지 않고 끝까지 선생님과 대작을 하였다. 그래서 선생님이 나를 기억하셨던 것 같다. 나는 선생님의 관심을 끄는데 성공을 하였고 그 후로는 가끔 선생님과 독대하여 술을 마시게 되었다. 선생님은 나를

'안 군'이라 불렀다. 작품을 못 쓰는 대신 선생님과의 친분을 쌓아 대리만족을 하고 싶었던 게 아니었나 싶다.

생활이 안정되자 내면으로 깊숙하게 억압하였던 여성성이 고개를 들었다. 표면적으로는 여자이기를 거부하고 살아왔지만 나는 애정 결핍으로 마음의 문을 닫고 겉으로는 씩씩한 척했다. 지난해 11월에 타계한 남편이 나의 첫사랑이다. 그를 소개해준 분은 충주여고 2학년 때의 가사선생님이었다. 선생님은 자기의 친척이며 문학청년이라고 하며 팬레터를 가져다준 것이 시작이었다. 그는 경복고등학교 학예부장으로 시로 곧 등단할 정도로 실력이 있다고 했다. 그의 아호는 청암(靑庵)이라고 했다. 그는 서라벌예대 문예창작과를 2학년까지 다녔지만 등록금을 내지 못해 중도 탈락하고 학생들 과외를 하면서 생활을 꾸려가고 있었다.

나는 대학을 가지 못한 1963년 봄에 상경하여 버스정류장에 나온 그를 처음 만났다. 반듯한 이마와 창백하고 깊은 눈을 갖고 있는 목소리도 걸음걸이도 사색하듯이 조용한 남자였다. 그의 아버지도 월북 당하여 어머니가 신당동에서 삯바느질을 하여 5남매를 부양하였다. 그와 나는 사정이 너무 비슷하여 동질감을 느꼈다. 내가 공덕동에서 입주 가정교사 할 때 우리는 가끔 만나 클래식 음악다방인 「르네상스」에서 차 한 잔 놓고 종일 시간을 보내곤 했다. 그와 내 주머니가 비었기 때문에 점심도 굶으면서.

차츰 그는 내게 이성으로 다가왔고 우리는 가난이라는 공통분모를 갖고 서로를 보듬었다. 그러나 한 편으로는 그와 나의 미래가 너무 불확실하고 암담하여 도망가고 싶었다. 그래서 나는 대학 진학과 함께 그와 결별했다. 나의 미래를 누구와도 엮이고 싶지 않았다. 그리고 엄마의 소원이 내가 혼자 사는 것이어서 독신으로 살기로 마음먹고 유학을 꿈꾸었다. 나의 후원자인 존스 씨도 강력하게 나에게 유학을 권했기 때문이다.

그런데 2학년 때 한 남자가 강하게 어필했다. 조용하고 사색적인 청암과는 달리 검은 피부와 큰 키, 그리고 세상을 다 살아버린 듯한 냉소적인 눈빛을 가진 같은 과 남학생이었다. 그는 나보다도 나이가 많았다. 친구들 사이에서 그는 광주에서 무슨 조직에 연루되어 감옥살이한 경력을 갖고 있다는 소문도 있었다. 그도 특대생이었다. 그는 강의실보다는 술집에서 보내는 시간이 많은데도 성적은 잘 나왔다. 독서량이 많은 것 같았다. 흔히 그 나이의 여자들이 그렇듯이 보호본능을 일으키는 남자들에게 끌리듯이 나도 그에게 관심이 갔다. 생전 처음 느껴본 감정이었다.

그와 나는 몇 개월간 남의 시선을 피하며 데이트를 하였다. 데이트라고 하지만 알콩달콩한 만남과는 거리가 멀었다. 그와 나는 우리들이 평범하지 않은, 아니 다른 젊은이들과는 다르다고 생각하던 문제적 젊은이들이었다. 그럼에도 불구하고 나는 그에 대한 관심이 커지는 걸 느껴 공부에 전념할 수가 없었다. 그가 손을 내밀면 지구 끝까지라도 가고 싶었다. 나는 고민했다. 대학에 온 목적과 가족을 부양해야 한다는 부담에서 자유롭지 않은 자신을 슬퍼하며 그와 헤어지기로 했다. 장학금을 놓치면 학업을 계속하는 게 힘든 처지에 연애에 전념할 때가 아니었기 때문에 고통스러워도 참았다.

그와의 결별로 힘들어하던 1965년 여름에 헤어졌던 청암을 버스에서 우연히 다시 만났다. 그는 우리 사이에 아무 일도 없었던 듯이 다가왔다. 언제나처럼 조용하고 사려 깊었다. 그 무렵부터 대학 진학과 함께 접은 일기를 다시 쓰기 시작하였다. 묵은 일기장을 꺼내 다시 읽어보았다.

당시의 나를 정신신경과 의사들이 진단한다면 무슨 병명을 붙일까 하고 생각해본다.

나는 정상이 아니었다. 조증과 울증이 번갈아 나타났었던 것 같다. 아니면 정서불안 증후군의 종합 세트 같은 증상이라고 하지 않았을까? 개천에서 용 난다는 믿음을 동반한 일등에 대한 강박증, 외모 콤플렉스, 그리고 이성의 관심에 목말라 하면서도 표면적으로는 사내처럼 처신하는 이중적 성격 등으로 내면의 나는 질풍노도의 과정을 지나고 있었다. 그러면서도 요즘 젊은이들의 용어를 빌리면 어장 관리도 잘한 것 같다. 치기어린 젊은 날을 기록한 일기장을 다시 읽어보니 맨 몸을 드러내는 것만큼 부끄럽다. 그래도 이것이 나의 젊은 날의 초상이다.

푸른 날의 일기

- 1966년 8월 1일

달빛이 쏟아진다. 달빛 아래 이브처럼 나는 발가벗고 섰다.

이대로 사라지고 싶어라. 부끄럼 없이 가고 싶어라. 첫 번째 입에 댄 맥주 맛처럼 밤공기가 짜릿하다. 나는 정말 바람을 멋있게 일으키며, 잡으며, 피우며 사는 여인인가? 부끄럽다고 느낀 이유는 몸에 대한 관심 때문이 아닐 게다. 가슴 아린 이별도 아니었다. 배신감이었다. 나에 대한 타인의 배신. 타인에 대한 나의 배신.

동생은 내가 즐기며 산다고 한다. 며칠 전 술집에서 남자친구들과 어울리는 나를 본 동생 친구가 그렇게 말했단다. 모르겠다. 그들이 멋있다고, 즐긴다는 의미를. 남자들과 같이 다닌다고 즐기는 건가?

몸에 밴 불안감. 즐겁다고 생각하는 순간에도 나는 불안하다. 불안은 내 생리다. 불안한 연기자다. 나를 미화하고 모가 나게 보이도록 신경을 쓴다. 언제 어디서나 불안과 함께 숨 쉬고 방황한다. 달, 맥주 맛, 목욕 후에 오는 여름의 감촉, 모기의 축제, 나는 마땅히 행복해야 한다. 마땅히 즐거워야 한다. 남들이 말하듯이 멋있게 말이다. 그러나 한 가지 사실만은 변함없이 간직하리라. 시간과 더불어 모든 것은 덧없이 사라져가는 것이라는 허무한 진리를.

- 10월 6일

"수야! 내 모든 것, 내 전부를 너에게 줄게. 나에게 안심하고 기다리라는 말을 해줘. 너만은 내 일생을 통해서 사랑할 수 있을 거야. 너는 아직도 내 맘을 몰라. 얼마나 깊이 너를 마음에 두고 있는지를…. 내가 좋다고 말할 때는 그건 내가 최고로 좋아한다는 표시인 거야. 겉으로 나타나는 것은 마음의 몇 분지 일도 안 되는 거야. 영수야.

네 모든 것을 빼앗고 싶다. 빼앗는다는 것은 내 것을 그만큼 주겠다는 거야. 위로하고 싶고 위로 받고 싶다. 내년에 결혼할까?"

우리는 다방에 앉아서 위스키 티를 홀짝이고 있었다.

그는 더블로 주문하였다. 영화 '셰난도'를 보고 중국집을 거쳐 바로 집으로 가자는 나의 제안을 받아들이지 않고 다방에 온 것이다. 나를 만나면 보내고 싶지 않아서란다. 따뜻한 강물이 흐르는 느낌이었다.

그러나 왜 자꾸만 슬퍼지는 것일까? 둘이서 돌아오는 택시 안에서도 그는 자기가 마음 놓고 나를 기다려도 좋다는 대답을 들려달라고 강요했지만 나는 말할 수가 없었다. 지금 느끼는 즐거움이 언제 또 달아나버리고 말지도 모른다는 의구심 때문일까? 아니면 한

편에 남은 미련 때문일까? 나는 그에게 최소한 나만의 세계는 만들어주어야 한다고 말했다. 그는 그것을 내 스스로가 만들어야 한다고 대답했다. 나는 그에게 내 전부를 걸고 싶다. 그렇지만…. 아직도 나는 나를 모른다. 내가 정말 신부가 되어 웨딩드레스를 입고 제단에 설 수 있는지조차 모르는 것이다. 그는 뜨겁기보다 따뜻하다. 늘 내게는 온수처럼 따사롭다.
"내게서 무얼 원해요?"
"네 마음."
"그것에 그치지는 않을 거예요. 만약 같이 살게 된다면 서로 소홀해질지도 몰라요."
나는 푸념처럼 지껄였다.
"그런 면이 있을지도 모르지만 다른 면에서는 더욱 친밀해질지도 모르잖아."
그는 아기를 갖고 있는 친구들이 부럽다고 한다. 그는 가정적이다. 내가 그를 모르듯이 그도 나를 완전히는 모를 것이다. 완전히 상대방을 안다는 것은 불가능한 것이다. 이렇게 둘이 있어도 외로울 때가 있다고 내가 말하니까 자기도 그렇단다. 특히 피곤이 겹치고 마음에 맞지도 않는 장사에 시달리다 보면 정말 인간적으로 대할 수 있는 사람이 그립다는 것이다. 그러면서 항상 자기 곁에 있어달라고 한다.
그 앞에서는 나약해져감을 느끼게 되는 것이 신기하다. 남자에게 항상 갖게 되는 도전 의식이 그 앞에서는 사라진다. 어쩌면 나는 그의 폭 넓은 사랑 속에서 만족할 수 있을지도 모르겠다. 그는 나를 여자 이상의 인간적인 관계를, 그의 친구로서, 동생으로서 등등의 모든 것을 원하고 있다고 했다. 무턱대고 나를 빼앗아버리려 하던 사내보다는 그의 품 안이 더 안전할지도 모른다. 행복해져야겠다. 과거는 잊어버리고.

- 10월 9일

지미(Jimmie)와의 데이트는 사치스럽다.

인천까지 갔다가 돌아왔다. 그를 만날 때마다 비가 온다. 반도호텔에서 점심 식사, 르네상스에서 서너 시간 앉아 있었다. 유니폼을 벗고 사복을 입은 그는 핸섬하다. 그는 학교와 자매결연을 맺은 2사단 사병으로 캠퍼스를 방문했을 때 내가 안내를 해주던 미군 병사다. 그와 같이 다니는 것이 즐거운 이유는 그가 아주 다정하고 내게 기가 막힌 찬사들만 늘어놓기 때문인 것 같다. 택시를 타고 남산에 갔다. 비온 뒤 시커먼 구름 사이로 해가 지고 있는 광경이 아름다웠다. 온통 빨간 원과 그 둘레의 진홍빛 구름들. 그것들을 배경으로 카메라 셔터를 눌러주는 지미. 경계심과 동시에 느끼는 흐뭇함. 나는 교활한가?

- 10월 11일

J와의 마지막(?) 대화. 처음부터 끝까지 희화(戲畵)였다.

그가 여전히 미련이 있음을 느꼈다. '무관심한 축복'을 보내줄 수 있다는 그의 말. 그의 냉소에 소름이 돋았다. 나를 누이로 부르겠다는 젖비린내 나는 학생과 막걸리를 마시고 돌아오는 길에 앞서가는 J를 보았다. 나는 그를 앞질러서 집으로 와서 벨을 눌렀다. 뒤를 돌아보니 그가 내 곁에 서 있지 않은가.

"왜 오셨죠?" 싸늘한 물음에 "아무것도 아닙니다."라고 대답하며 가버리는 그의 뒤를 따라가 마지막 정리의 말을 나누고 싶다면서 곁에 섰다. 역시 그는, 그리고 나는 후회를 하고 있다. 그도 막걸리를 세 되나 마셨다고 했다.

"숙녀님께 묻겠는데 이제 가도 좋습니까?"

"네, 가셔도 좋습니다."

성큼성큼 멀어져 가는 그의 구두 소리가 내 가슴을 짓밟는 것 같았다. 얼마쯤 앉았다가 미친 듯이 나는 허공에 대고 소리를 질렀다.

"즐겁게 살아야겠어." 그리고 비닐우산을 허공에 내던졌다. 우산살이 두 개가 부러져 너덜거렸다. 흡사 현재의 나와 같다고 생각했다. 즐겁게 살아야지. 이런 생각으로 눈물을 삼키며 골목을 들어서는데 그가 환한 전깃불 밑에서 담 벽에 몸을 붙이고 눈을 딱 감고 서 있었다. 그저 지나치려고 했다. 그러나 나는 그러지 못했다.

"먼저 가세요. 내가 먼저 가버린 일은 없잖아요."

그러나 이번에는 내가 먼저 집으로 왔다. 두 번이나 뒤를 돌아보 았는데도 그는 돌부처마냥 꼼짝 않고 있었다.

"행복해질 거예요. 괴로워도 나는 다시 일어납니다."라는 내 말에 자기도 같은 생각을 갖고 있다고 했다. 의식적으로라도 내가 행복해지리라는 확신을 얻고 싶다. 청암과 헤어진 이래 소식이 없다. 화가 났을까? 나는 점차 그에게 다가가고 있다. 그는 내게 안주할 곳을 줄지도 모른다. 영원히 숨어서 살 수 있는 곳을. 편지를 써야겠다. 오래 망설인 편지를. 경희대학 학원제 날은 늘 비가 오게 마련인가 보다.

- 10월 16일

이 책을 들었다 팽개치고 다른 책을 들었다 다시 밀친다. 마음을 한 곳에 집중시킬 수가 없다. "그는 정말 육욕을 초월한 사랑이 아닐까. 내게 향한 마음이 말이야." 나는 경자에게 조리 없는 말을 주워 넘겼다. 내가 미국에 가게 된다면 자기는 다시 혼자 슬퍼야한다고 말하면서도 꿈은 버리지 말고 부딪혀보라고 그는 권고한다.

"오늘은 정말 네게 오지 않으면 견딜 수 없었을 피로를 참고 견뎠어. 너를 생각하면서 말이야. 네가 떠나기 전까지는 너는 내 곁에 있고 나는 네 곁에 있는 거야."

엊그제 내 편지를 받고 고마워하는 그에게 나는 조용히 얘기했다. 청암과 결혼하겠다고. 확신은 없지만 여기서 결혼하게 된다면 상대는 그 사람일 거라고. 다방 '심원'에 앉아서 얘기하는데 나는 다른 시선을 생각하고 있었다. 다방에 들어서자 눈에 띈 J의 모습이 나를 괴롭혔다. 더 있고 싶어 하는 그를 재촉해 다방을 나왔다. 나는 어떻든 청암의 사랑 속에서 숨 쉬고 있음을 다행이라고 생각하고 싶다.
 어제, 오늘 내 머리 속에는 일감으로 꽉 차서 아침부터 저녁까지 빨래하고 풀하고 다듬이질을 하고 이불감을 박았다. 오늘 낮에는 시장에 가서 닭을 사서 백숙을 만들었다. 청암이 여섯시 경에 온다고 했으므로 반찬을 준비하고 있었다. 가을비로 인한 한기가 살 속으로 파고들었다. 그러나 나는 여느 때처럼 한기를 느끼지 않았다. 그만큼 분주하게 여러 생각을 했고 즐겁게 지내고 싶은 일념에서 다듬이질 하는 동안에는 여성다움을 느끼고 있었다.
 그러나 편지함에서 Mr. Jones에게서 온 편지를 발견해 읽은 후부터 다시 마음이 흔들리기 시작하였다.
 "Go to the U.S. It's not merely a desire, but a reality to go to the U.S."
 무슨 수단을 강구해서라도 길을 뚫어보라는 그분의 충고에 내 가슴은 다시 뛰기 시작한 것이다. 청암 곁에서 안주하겠다는 단순한 행복 추구는 흔들리기 시작한다.
 오후 4시쯤 동생 경자와 둘이 얘기하고 있는데 노크소리가 났다. J였다. 뜻밖이었다. 우리는 너무도 여러 번 마지막 대화를 나누었는데⋯. 나는 선뜻 그를 따라나서지 않고 망설이고 있었다. 나를 찾아온 진의가 궁금했지만. 그는 들어오지 않고 나가자고 했다.
 두 시간 동안 다방에 앉아서 시시한 얘기들만 했다. 엊그제 밤 얘기는 조금도 언급하지 않았다. 아마 그는 내 표정을 읽고 싶었는지도 모르리라. 그날 밤 청암과 둘이 있는 것을 본 이후에 내가 어떻게 대하는가를. 그러나 나는 그가 진짜 우리들의 얘기를 하지 않아도 그를 이해할 수 있을 것 같았다. 그래서 시시한 얘기에 익살을 가끔 부리며 경청하고 웃었다. 그를 긴장시키고 나도 괴로워하고 싶지 않다. 그와 웃음을 나누면 기쁘다. 비가 쏟아진 후 햇살이 다방의 창문을 통해 벽에 눈부시게 비치고 그 창을 통해 전깃줄에 물방울이 다이아몬드처럼 반짝이는 것을 보면서 '찬란한 슬픔'이 주는 젊음과 J와 나의 사랑의 줄다리기를 회상했다. 그래서 나는 그와 저녁을 먹으면서 불쑥 "눈이 생쥐 눈 같아요."라고 지껄였다. 어떤 때는 아기의 정기 어린 눈 같기도 하고 또 어떤 때는 가장 교활하고 음울해 보이는 눈이다.

그와 헤어져 들어와 청암을 발견했을 때는 나는 다른 여자로 돌아와 있었다. 경자의 친구 미스터 리도 있었다. 넷이 식사를 하고 경자가 친구를 바래다주러 나가고 둘만이 남았을 때 청암에게 미국인 병사인 Jimmy의 편지를 읽어주었다. 엊그제 그에게서 온 편지는 아름다운 꿈으로 가득 차 있다. 질투를 느끼는 그에게 나는 재미있게 큰소리로 웃었다.

"질투할 성질의 것이 아니잖아요."

경자도 그의 사랑에 감동하고 있다. 나는 두렵다. 지금 이 사랑이 다시 내 허영심 때문에 물거품이 될까봐. 그러나 그는 내가 시도(미국에 가서 공부하고 싶다는)도 해보지 않고 단념하면 영원히 후회할 거라고 하고 싶은 데까지 해보라고 권했다. 그가 돌아가고 난 후 경자는 나더러 욕심꾸러기라고 골렸다. 청암을 만나면 그를 사랑하고, J를 만나면 그를 좋아하고 지미에게도 친절을 베풀고….

"그래 나는 J를 바라보고 있으면 전율 같은 것을 느낀다. 그의 코, 입, 눈을 만져보고 싶어. 그리고 청암 곁에 있으면 조용히 눈 감고 잠들고 싶어."

공부하자. 더 많은 것을 잃어버리기 전에 눈을 뜨자. 아, 절망하기는 쉽고 일어서기가 그보다 쉽다면 인간은 아마도 절망을 자기 피부처럼 사랑하게 되리라. 내 나름으로는 절망과 동시에 반발을 느낀다. 일어서라. 절망을 딛고 일어서라. 그리고 가면을 써라. 남들에게 절망했다는 것을 숨겨라. 그러면 네 자신도 속으리라. 절망하고 있다는 사실을 부인하리라.

- 10월 20일

입술이 타들어간다. 머리 뒤쪽은 얻어맞은 것처럼 아프다. 아침부터 아니 어젯밤부터 아픈 머리는 처음 겪어보는 종류의 아픔이다. 오른쪽 뇌 속에 무엇이 들어가 콕콕 찌르는 것 같다. 스물 네 시간 그러는 것이 아니라 무엇에 열중해 있지 않을 때 아픈 것 같기도 하고 너무 아파서 열중할 수 없는 것 같은 그런 아픔이다. 일종의 노이로제일까?

『테스(Tess of the D'Urbervilles)』를 읽으면서 느끼는 긴장감이 나를 아프게 하는 것일까? 테스가 느끼는 사랑과 속죄와 순수한 정신과 숙명에서 오는 작가의 잔인한 묘사에서 나는 헤어날 수가 없다. Hardy를 증오한다. 왜 고결하고 천사 같은 테스를 잔인한 운명 속에 집어넣고 말았는가. Angel은 가분수의 인간이다. 정신인 두뇌는 크고 육체인 사지는 볼 품 없이 가느다란 불균형의 인간. 그런 인간에게 속죄한 테스야말로 숙명적인 - 용서받을 수 없는 Angel에게 탄원했던 - 비극의 히로인이다.

　테스가 당하는 고통 때문에 입술이 타들어가는 초조와 불안을 맛본다. 나는 테스를 안다. 그네는 내 일부이다. 내 전부가 그네의 일부분에 지나지 않는다. 테스는 순결을 빼앗긴 뒤에 Angel을 사랑하는 숙명적인 고통을 겪는다. 그네의 고통이 순결한 정신의 소산이라면 내 괴로움은 무엇의 소산인가.

　낮부터 끊임없이 나를 누르는 공포의 원인은 두터운 장벽을 사이에 두고 두 개의 자아가 다툼을 하기 때문이다. 문을 걸고 외계를 외면하려는 나와 길거리에 서서 오가는 사내들에게 웃음을 던져 주고 싶은 나와의 싸움은 승산이 없다. 늘 무승부이다. 경자는 울다가 옆에서 때 묻지 않은 숨소리를 내며 자고 있다. 그런 경자가 부럽다.

　H선생님을 만나서 얘기한 것들이 그대로 소멸하고 아무 데도 날아가 버리지 말았으면 좋겠다. 그렇다고 후회할 것은 없다. 나의 영리함(?)을 언어로 욕되게 하지 말라. 언어란 애매하고 사기성이 있기 때문에 받아들이는 그릇에 따라 변모하는 묵과 같다. 침묵. 침묵. 내가 원하는 건 침묵뿐이다. 일주일만 아무도 만나지 않고 말하지 않았으면…. 그러면 머리의 통증도 사라질 것 같다. 그러나 수다스러움은 나의 못다 한 정열의 찌꺼기이다. 곁에 있는 사람에

게 나를 줄 수 있는 가능성이라도 발견하지 않고서는 설 수가 없다. 존재할 수가 없다. 아무래도 신경과민인가 보다. 얼마 동안 정리해보자.

- 10월 22일

오후 4시 지미는 호텔 정문 앞에서 기다리고 있었다. 20분 지각을 했다. 그는 내가 안 올까 봐 불안해하고 있었다. 인파 속에 끼어들어 서먹서먹하게 동화하면서 덕수궁에 갔다. 나는 차츰 그가 두려워지고 있다. 우리는 허니문 카를 타고 공중으로 올라갔다. 그리고 덕수궁 안에서 낙엽을 쓰는 청소부, 시골에서 수학여행 온 국민학교 학생들, 그리고 숱한 커플들을 내려다보았다. 허니문 카는 빙빙 돌아가고 그는 해가 지고 있는 모습을 보라고 손짓했다. 석양은 황홀했다. 하얗게 바랜 반달이 보이고 지미는 내 손을 쥐고 있었다. 나는 가만히 있었다.

거기서 나와 반도호텔 sky-lounge에 갔다. 9층까지 엘리베이터 안에서 옛날(?)을 생각했다. Mrs. Johnson과 같이 왔던 때를. 지금은 지미의 정이 담긴 시선을 느끼며 푸짐한 미소를 보내는 나이지만 그때는 얼마나 초라했던가. 오스카 와일드의 'Salome'의 대사를 연상케 하는 수의를 입은 죽은 여인 같은 달을 바라보며 그는 내 귀에 속삭인다. 무언가를 자꾸만. 그의 접근에 비례해서 나는 불안해지고 어서 집에 가고 싶었다. 머리가 간헐적으로 쑤셨다. 내일 약속을 하고 일찍 헤어졌다. 무척 섭섭해 하는 눈치였다.

- 10월 23일

어젯밤 세르피아 신경안정제를 먹고 아침 9시까지 잤다. 여전히 머리가 무겁다. 지미의 약속이 귀찮게 생각되던 참에 청암이 왔다. 그는 나를 보챘다. 나를 빼앗고 싶지는 않다고 했다. 한 시쯤 같이 나가 영화 '哀情(Emily Bronte,의 Wuthering Height)'을 보았다. 다방에서 서로 미워하는 말을 했다. 그는 짜증을 냈다. 여행을 가자고도 했다. 왜 자기를 진한 피로에서 회복시켜주지 않느냐고 했다. 그가 지금 원하는 건 부드러운 말이 아니라는 걸 잘 알고 있다. 나는 점점 난처해지고 있다. 어떻게 해야 하나? 이러다가는….

그의 여자가 되어버리고 나면 나는 어떻게 될까? 집에 오지 말라고 선언을 하고도 씁쓸하게 돌아가는 그가 안쓰러웠다. 그는 내게 얼마나 곰살궂게 해주는가. 집에 돌아와서도 불안이 가시지 않고 뭔가 아쉽고 동시에 속이 뒤틀리는 메스꺼움을 느낀다. 밤마다 내 꿈을 꾼다는 그에게 나는 사실로 그렇게 되어간다면 무섭다고 말했다. 나를 안고 잔다는 것이 비현실적일 수밖에.

- 10월 24일

사흘간 연거푸 상대를 바꾸어 만났다. 어렴풋이 내가 이제는 연애의 고수로 변해가고 있다는 것을 느꼈다. 그들이 나를 좋아하게끔 교태를 부리고 스스로 놀랄 정도로 의식적으로 웃을 때가 있다.

H선생님과 종로에서 버스를 타고 인천으로 드라이브를 갔다. 돌아오는 차 속에서 나는 녹음기가 된 것처럼 나의 심리적 변화를 고

해성사하듯이 선생님에게 풀어놓는다. 술을 많이 마셨는데도 돌아오는 길에 끄떡없었다. 나는 그분 곁에 있는 것만으로 만족한다. 인천의 낯선 거리를 거닐다가 일식집에 들어가서 눈물을 짜며 초밥을 먹었다. 그리고 다시 서울로 와서 비어홀에서 맥주를 마시고 푸념을 한다. 또 두통이 난다. 나는 당당히 서야한다. 누구에게도 의지하지 말고.

- 10월 28일

낙선의 쓴 잔이 이렇게 통쾌할 줄이야.

얻은 것도 없고 잃은 것도 없는 심정일 때의 담담함을 느낀다. 개표할 때는 애석한 생각이 들기도 했지만 나는 당연히 떨어져야만 했다. 여학생 회장이라는 자리가 공연히 하고 싶어져서 준비도 없이(하긴 며칠 간 망설이긴 했지만) 마감일에 서둘러 등록을 부탁했었다. 내가 자신감을 갖는 게 싫었다. 어쩌면 운이 좋아 여학생들이 찍어 줄지도 모른다고 막연한 기대를 갖긴 했다. 그러나 운은 통하지 않았다. 선거운동도 하지 않고 또 당연히 거쳐야 할 인사치레도 없었다. 어제 H선생님께 쓴 편지에도 차라리 떨어지기를 바란다고 썼었다. 아마도 선생님 말씀대로 내가 때로는 자학적인 모양이다.

0도로 내려간 기온 때문에 마음이 삭막하다. 청암이 어젯밤 몰아치는 바람 속으로 비닐우산을 펄럭이며 사라져 버린 다음 나는 한동안 서서 아무것도 생각하지 않고 있었다. 무엇인가 머리에서부터 발끝으로 흘러내리는 것을 느꼈다.

- 10월 29일

『차타레 부인의 사랑(Lady Chatterley's Lover)』을 아침부터 읽기 시작해서 100페이지는 나갔다. 어젯밤에는 수면제 세레피아를 먹고 잤더니 아침까지 별로 고통 없이 잤다. 밤 2시쯤인가 깨어 잠이 안 올까봐 무서웠다. 그러나 어느새 잠이 들었고 깨어보니 아침이었다. 어제보다 날씨는 풀렸으나 바람이 센 편이다.

Lady Chatterley의 애정 행각이 요즘의 내 방황과 믹스되어 내 옆에 누가 있었으면 하는 생각이 들었다. 마음 속 깊이 숨겨둔 일들이 되살아난다. 그러나 하늘을 보면, 그리고 싸늘히 식어가는 기온과 가을 잎들을 바라보노라면 그 어느 것도 확인할 수 있는 것은 없다고 단정하게 된다. 가끔씩 비가 뿌리는 오후 로렌스의 대담한 'dark god'의 추구에 마음을 뺏겨가면서 그가 필사적으로 성을 통해 현대기계 문명을 파괴해보려 시도했던 것에 얼마쯤 공감하면서도 그의 관점에 전적으로 수긍이 가지 않는다. 그의 노력은 높은 철근 콘크리트 위를 기어 올라가는 한 마리의 작은 메뚜기의 시도와 같다. 성은 인간의 전부가 될 수는 없다. 그것을 통해 완전한 사랑을 느낄 수 있다는 것은 과장이다. 나는 J와 청암 앞에서 여자다움을 원하면서도 동시에 그것에서 벗어나고 싶은 충동을 느낀다. 이것만이 내가 찾는 전부가 아니다.

저녁에 계희가 남자친구를 데리고 경희대학교 캠퍼스 구경을 시켜 달래서 채비를 차리는데 청암이 나타났다. 낙선했다니까 섭섭한 표정을 지어서 도리어 내가 우스웠다. 넷이 캠퍼스를 돌아다녔다. 곳곳에 새겨진 사연들 때문에 약간 고통스러웠다. 눈물을 뿌리던 바위에 서서 그날의 허탈한 웃음이 공기 속에 녹아 들어갔을까. 지금은 그 허탈이 용해되었을까. 숲 속에 누워서 보던 하늘의 별들과 숨소리. 그리고 심장 깊숙이 솟아나던 뜨거운 욕망들.

내 옆에서 조용히 걷던 청암은 사려가 깊었다. 내가 야위어가는 것이 불쌍해 못 견디겠다면서 한일관에 가서 불고기 백반을 사주었다. 나는 그에게서 남자보다는 보호자 같은 것을 느낀다. 그런데 그가 날 갖고 싶어 하는 것은 날이 갈수록 심해진다. 그가 고통스러워하는 모습 때문에 쉽게 동의할지도 모르겠다. 그를 골리고 싶은 것이 아니다. 그러면서도 냉담하게 그를 주시하게 된다. 그는 정말로 여자로서가 아닌 진짜 나를 원하는 것일까. 그를 믿지 못 하는 것이 아니라 내 자신을 더 믿을 수가 없지만. 계속해서 읽고 있는 로렌스의 소설은 하루 종일 신비 속에 있게 했다. Connie와 Mr. Mellors는 현대 기계문명과 싸우는 전사들이다. 그러니 피부와 피부에서 튀기는 불꽃이 공감되지 않는다. 음력 9월 보름달이 푸른빛을 내며 비추었다. 청암은 나를 안고 싶어 했다. 그러나 나는 슬쩍 빗겨나서 웃음으로 무마했다. 이런 일이 언제까지 계속될 것인가?

- 10월 30일

하루의 고요함이 나를 살찌게 한다. 이렇게 가끔 혼자 있게 되면 즐겁다. 하늘이 푸르고 햇볕이 따뜻해서 즐겁게 생각되는지도 모른다. 방을 치우고 꽃을 새로 꽂아보고 어항의 물을 갈아주고 방문을 닫고 누워 감성(sensibility)으로 가득한 책을 읽는다. 초조하지도 않고 담담하게 모든 것을 받아들일 것 같은 기분이 드는 것은 이런 때이다. 모든 게 다 귀하고 사랑스럽게 느껴진다. 슬픔이 깃든 단단한 피부를 가졌던 그 사람에게도 넉넉한 마음이 생긴다. 후회하지 말자고 마음을 먹는다. 내가 사랑하는 것은 정신과 육체 모두다.

오후에 문영이가 카메라를 갖고 왔다. 택영이와 함께 학교로 사진 찍으러 갔다. 새삼 느껴지는 가을의 소리. 낙엽은 언제나 나를 미치게 만드는데 나는 작년처럼 아픔을 느끼지 않고 이 가을을 보냈다. 무엇인가 끊임없이 내 속의 것들이 변모되고 있다. 내가 바라던 대상도, 되기를 원하던 형태도, 살아가는 방법도, 그리고 모든 언어와 생활의 압력에서 받는 고통도 변해가고 있는 것이다.

슬퍼하지 않으리라. 누가 뭐래도 나는 나답게 살아가고 싶다. 낙심 때문에 자멸하는 여인은 안 되리라. 속물이 되어간다. 남자를 알고 싶고 그들의 사랑을 원한다. 그렇다고 옛날처럼 비정상이라고 두려워하지도 않는다. 이제 나는 무엇이고 받아들일 준비가 되어 있다는 생각이 든다. 내 운명이라면 무엇이든지 모두 오려마!

- 11월 2일

한 시가 가까워 온다. 방안 공기가 싸늘하다. 가슴이 뭉클해지는 초조감 때문에 이불을 가슴까지 끌어올린다. 멍하니 벽을 바라보다가 아직도 10월 달력이 그대로 넘겨지지 않고 있어 일어나서 달력을 넘겼다. 마지막 남은 한 장의 얄팍함이 가슴을 섬뜩하게 했다. 그리고 달력의 사진, 두 어린 소년과 소녀가 두 손을 가슴에 모으고 기도하는 자세가 나를 소스라치게 했다. 아! 어느새 이 해도 이 한 장 안에 차 있지 않은가. 날마다 지루하고 무료해서 외면하고 싶었던 시간들이 나를 비웃으며 어느 한 곳으로 몰려가버리고 난 후 이 씁쓸한 맛을 뱉지도 삼키지도 못하고 있다.

바람이 불면 나뭇잎마다 이상한 소리를 내며 한꺼번에 떨어지는 광경을 볼 때, 손바닥만한 햇살 때문에 그늘을 피해 자리를 찾을 때 여름의 환영은 어쩌면 그렇게도 싱그럽고 풍성한 것인지. 요즘 강의는 엉망이고 선거와 겹치는 휴일 때문에 책가방만 갖고 왔다갔다 하다 보면 짧은 해가 저문다.

지우고 싶은 나의 영상은 변색한 나뭇잎처럼 혼란과 무질서 속에 이지러지고 있다. 나는 왜 이렇게 사는가? 내게 남은 길은 어느 것인가? 혼자라는 슬픔. 누구보다도 성실하고 아껴주는 청암이 있는데도…. 결국 나는 자신이 없어서 어느 쪽으로도 발을 내디딜 수 없는 것인가? 엊그제 뚝섬에서 같이 돛배를 타고 둑을 거닐고 경자를 불러내어 식사를 했다. 그는 내가 건강하게 보이지 않는다고 걱정한다. 그의 보호만으로 만족할 수 없을까? 나를 갖고 싶어하는 그에게 나는 왜 선뜻 내키지 않는 것일까? 아직도 나의 내부에 도사리고 있는 망설임 때문일까?

요즘 내게 퍼부어지는 J의 시선이 아직도 부담스럽다. 지워버리고 싶은 많은 일을 간직한 채 이처럼 가을 잎들이 수런거리는 밤에는 울고 싶어진다. 지금 TBC 1시 30분 감상 시간에 슈베르트의 미완성교향곡이 흐르고 있다. 본래부터 범속한 자신을 발견한 뒤의 두려움으로 음악을 듣는다. 외롭다. 외로움 그 자체는 평범에서 벗어나려는 순수한 상태가 아닌가?

- 11월 9일

입동이 엊그제였다. 가을이란 계절이 겨울로 바뀐다는 의미겠지. 느지막하게 일어나 창문으로 들어오는 햇살이 너무도 밝게 보여 빨간 경자 투피스를 입고 힐을 신고 학교에 갔다. 무엇인지는 모르나 밝아지고 싶고 돋보이고 싶은 마음에서였다. 가을빛은 이제 더 이상 지탱하지 못하고 퇴색하였다. 하늘은 유난히 파랬다. 그것이 멋을 내고 싶은 단 하나의 이유였다. 밝은 빛깔의 립스틱을 칠하면 병자가 아닌 기분이 든다.

매일 밤 허무를 느끼며 잠이 든다. 이 며칠 간 외출도 하지 않고 어스름이 오는 것을 지켜보든가 쌀을 씻거나 뒷마당의 낙엽들을 쓸어 모아 불에 태우며 시간을 보내고 밤이면 방문을 모두 잠그고 경자가 올 때까지 조용하게 외계와 단절된 데서 오는 안정감을 맛보면서 의욕을 동시에 상실해 가고 있다. 상실된 의욕은 깊은 잠 속에서 재생이 되고 재생되는 숱한 꿈들이 아침까지 계속된다.

지난 수요일 백운학관상소에 갔었다. 백운학 씨는 내게 청암과의 결혼이 좋다고 말했다. 유학 가는 것보다 그와 결혼하면 남편 덕과 자식 덕도 좋고 부유하게 살 것이라고 했다. 기분 나쁘지는 않았으나 허전했다. 한 점에 고정되어서 어느 땐가는 뿌리를 내리고 스스로 움직일 수도 없이 정착이 되고 또 움직이려고도 하지 않으리라는 생각이 들었다. 어떤 일정한 패턴에 맞추어서 속된 의미의 안정과 만족을 얻으려는 여자에 불과하다.

오늘만 해도 그렇다. 영문과 2학년 학생과 같이 찾아온 그는 K씨 당선 모임에 초대한다는 말을 전했다. 버스 안에서 그의 싸늘한 태도 때문에 또 상처를 입었다. 그도 내 얼굴 표정이 달라져서 외면하는 것을 눈치 챘으리라. 표면적인 나는 안 여사. 미스터 안. 안 선생이라 주위에서 불릴 만큼 거칠고 활달한 말괄량이다. 아마도 나의 이중적인 마음가짐이 상대방에게 혼란을 주기도 할 것이다. 어떻든 나는 다가오는 시험 준비를 해야 한다.

- 11월 12일

어제 H선생님과 학과 친구들과 '진주집'에서 막걸리를 마신 탓으로 오늘 아침까지 머리가 아프고 속이 쓰렸다. 반 되는 마신 모양이다. 나는 술이 들어가면 말이 없어진다. 그래서 좀 더 술을 좋아할 수 있을 것 같다. 무한히 밑으로 꺼져 들어가는 것 같은 기분으로 주위 사람들을 둘러볼 때면 비현실감을 느낀다.

청암이 내 취한 모습을 보고 아마 불쾌했으리라. 나는 술좌석에서 선생님께 얘기하던 P를 얼마쯤은 이해하면서도 서글펐다. 인간에게는 감정 이입이 어렵다. 반드시 거기에 따르는 반동이 있으니까. 그러니까 멀리서 지켜보며 이해하는 것으로 족할 것이 아닌가?

청암은 왜 나를 살뜰하게 챙기는가? 하마터면 내던질 뻔했다. 이성은 마비되고 자학적인 마음 때문에. 언젠가는 느끼게 될 비참함이라도 관계없다고 생각했다. 그러나 청암은 그런 나를 조용히 지켜보았다. 그가 내게 품고 있는 호감의 강도나 빛깔이 무섭도록 초조할 때가 있다. 차라리 아무렇게나 취급받는다면 마음 편할 것 같다.

나는 울었다. 그런 것이 주정의 일종인가 보다. 눈물을 닦아주며 맹세코 나를 행복하게 해주겠다고 속삭이는 그에게 아! 나는 조금쯤은 감동했어야 한다. 오히려 나는 미워해야 할 사람이 무뚝뚝하게 "그렇게 추워"라는 한마디에 감동하고 있으니….

이가 마주치는 싸늘한 엊그제 밤 시사영어사에서 D씨와 학회일 때문에 늦게까지 얘기를 하고 같이 돌아올 때 P는 본의였는지 모르나 꽤 다정하게 굴었다. 그런 것이 그의 몸에 배어있지 않아서 감동한 것일 게다.

학기말 시험과 장학생 시험이 닥쳐오는데 준비는 하지 않고 넋두리만 하고 있다. 자는 시간만 빼고 지껄이는 내가 싫어져서 우리 집에 아무도 오지 않았으면 좋겠다. 그런데도 오늘 세 차례의 방문이 나를 지치게 했다.

- 11월 16일

다시 혼돈 속에 머물게 된 나. 몇 시간의 차이 밖에 없는데 두 사람의 절실한 넋두리와 열기 속에 말려들어갔다. 차디차다고 할 정도로 본능이 하얗게 표백되었나? 청암에게는 미소로 그의 열정에 동조하고 그에게는 따뜻한 강물이 내 마음에 남아있다고 말했다. 참 이상한 일이다. 두 사람을 동시에 좋아하고 있다니…. 그러나 좋아하는 데 모양과 빛깔이 있다면 분명히 그 둘은 구별해야 할 것이다.

오늘은 내 24번째 생일이다. 한국 나이로는 스물다섯 살이다. 아침에는 어이없게 찬밥과 김치만 갖고 먹었다. 그런 생일 밥을 먹는데 기문이가 왔다. 아무리 돈이 없어도 정말 너무하다고 말했다. 어제 청암이 오후에 온다고 말하며 생일 선물로 핸드백을 놓고 갔기 때문에 어차피 미역국을 끓여야겠다고 생각했었다. 비가 추적추적 내리는데 과 소풍을 갔을 P의 애매한 태도가 마음에 걸리기는 했으나 기문이와 같이 존스 씨에게 보내는 소포를 선편으로 부치고 시장에 들러 반찬거리를 샀다. 싸늘한 초겨울 비가 마음에 젖어들었다.

오후 네 시쯤 청암이 왔고 경옥이가 장만한 음식을 들여왔다. 기문, 청암, 그리고 때마침 찾아온 문영이 같이 식사를 했다. 청암은 공부하라고 여덟 시에 갔다. 그는 오늘 내가 예쁘게 보인다면서 "내 아내"라고 가만히 내 귀에 속삭이고는 대문 밖으로 사라졌다. 그런데 그가 간 지 얼마 안 되어서 벨이 울렸다. 뜻밖에 P가 술에 만취된 채 날 찾는다는 것이었다. 조금 두려움을 느끼면서 나갔다. 싸늘한 밤공기에 떨고 있는 내 어깨에 자기의 무거운 가죽점퍼를 덮어주면서 널 위해서는 집에 찾아와서도 안 되고 말도 걸지 않았어야 했을 것이라고 서두를 꺼내면서 오늘도 네가 보고 싶어서 이렇게 늦게 찾아오긴 왔는데 그런 자기 행동에 아무런 의미도 붙이지 말라는 것이었다.

비틀거리는 걸음으로 담 벽에 기대서서 우리는 얘기를 주고받았다. 자기와 나는 언제든지 탈출구를 준비하면서 살고 있다고 말했다. 그리고 또 살기 위해서는 바보가 되어야 한다면서 나는 벌써 바보가 되어 있어 편리할 거라고 했다. 다리가 아팠다. 그리고 추웠다. 그와 나 사이의 일로 괴로워했지만 지금은 평정된 마음으로 그를 대하고 있다고 자부했는데 그가 내 어깨를 감싸서 우리 집 옆 나무 많은 집 계단에 앉히고 자기도 앉아서 얼마나 자기가 괴로워하고 있는가를 얘기했을 때 나는 다시금 내 마음이 출렁이는 것을 느꼈다. 영혼과 육체 중에서 그 어느 것에서도 절대성을 찾을 수는 없는 것이라고. 자기는 나와 결별하고 거리의 여자를 산 일이 있고 그래서 더욱 짙은 회의에 빠져있다고 했다.

집으로 들어오려고 했을 때 그는 나를 불러 세우고 말했다.

"나는 영수를 분명히 좋아했고 네게서 원하는 것을 발견하지 못했다."

"무엇을 구하고 있는지도 모르는 것이 아닌가요?"라고 나는 말했다.

"그럴지도 몰라. 아니 그것이 명백하다고 해도 죽을 때까지 어느 여인에게서도 못 찾을 거야. 그러나 나는 지금도 널 좋아하고 있어."

이 말을 마치자 그는 자기가 한 말에 놀라기라도 한 듯이, 아니면 자기 말을 확신할 수 없다는 생각이 되살아나 후회하듯이 재빨리 돌아서서 총총 사라졌다. 나도 뒤를 보지 않고 얼른 대문을 걸었다.

꿈에서 깨어난 듯한 생소함이 나를 엄습했다. 경옥이, 경자, 그리고 나 셋이 둘러앉아 자질구레한 남자 얘기를 나누고 잠자리에 들어서도 흥분 상태에 있었다. 내 생일을 축하해준 사람 수를 손꼽아 세어본다. 청암, 기문, 지미, 그 외의 사람들. 기문이는 나무로 조각한 네크 레이스를 나 몰래 책상에 두고 갔고 지미는 어제 긴 편지와 예쁜 생일 카드를 우편으로 보내왔다. 부담 없이 사랑을 표현하는 외국인의 마음에 흐뭇하기도 하지만 연민이 간다. 땅을 딛고 선 것이 아니라 공중에서 얇은 발판을 딛고 정을 찾아 목을 길게 빼고 서 있는 나는 불안하다. 그 어느 것도 잃고 싶지 않기 때문에….

- 11월 20일

첫눈이 왔다. 첫눈답지 않게 함박꽃 같이 내렸다. 눈의 소용돌이(turmoil of snow)다. 아침에 창을 열자 눈에 들어오는 모습이 바로 눈의 소용돌이였다. 갑자기 기온이 내려가 방안에서도 추위를 느낀다. 이불 속에 누워 고개만 내놓고 눈이 쏟아지는 모습을 정신없이 바라보았다. 무언가 잃어버렸던 나의 소중한 것이 돌아와 주어서 울고 싶은 그런 느낌이었다. 눈과 함께 얽힌 기억들은 원하지도 않는데 생생하게 떠오른다. 30일에 장학생 시험이 있는데 책을 들고 앉아서도 집중되지 않는다. 애써 얻고 싶어 해도 안 되는 것이 있는 것처럼 내 의지도 가끔 내가 원하고 있는 것을 거부한다. 아니 의지라기보다는 허망한 욕심이라고 할까.

최저기온이 영하 8도를 내려가자 안집에서는 김장 준비에 바쁘다. 배추 값이 껑충 뛰어올라 한 접에 4천 원이 넘는단다. 코트의 단추를 사려고 우산을 받고 나섰다. 눈이 녹아 길이 미끄럽고 지붕과 나무 위에 쌓인 눈들이 '백설부'의 묘사처럼 태초의 순수성이 되돌아와 주어서 한결 풍성해진 것 같았다. 그러나 춥다. 방안에서도 아랫목만 남겨놓고는 앉을 곳이 없다.

- 11월 21일

한 시가 넘는다. 어깨가 시리다. 단편적인 상념들이 펜을 들게 한다. 올해 들어 처음 밀어닥친 한파는 내게 반성을 촉구한다. 지나간 날을 그립게 한다. 그러면서도 내일을 생각하면 울고 싶다. 봄날 옥상 강의실에서 내려다보던 캠퍼스 뒷산의 붉게 물든 진달래가 그리워지고, 여름날 어스름한 저녁에 그와 꼭 붙어 앉아 헛된 다짐을 하며 가슴의 빗장이 풀어지던 시간이, 그리고 며칠 전 임간 교실에서 낙엽 위에 꿇어 앉아 한 아름 나뭇잎을 긁어모아 하늘에 뿌리며 "올해는 많이 울지 않았어."라고 중얼거리던 내가 오늘은 31 강의실에서 코트 깃을 올리고 뒷산에 쌓인 눈을 보니 멀리 여행을 떠나와서 보는 생소함을 느꼈다.

집에 돌아와 누워서도 책이 안 읽힌다. 이 책 저 책 뒤적이다 문득 "이러다 졸업하면 어떻게 될까?" 하는 의문에 손놀림을 멈추었다. 유학은 고사하고 취직도 못하면 어떻게 될까? 존스 씨의 송금은 중단될 것이고 나는 아무 데나 일자리를 구하기 위해서 동분서주하겠지. 올드미스가 되어서 처량하게 방황하고 있을 내 모습이 영하로 내려간 기온으로 싸늘해진 방 안을 가득 채워서 고개를 흔들어 쫓아야 했다. 아! 나는 내일을 생각하지 않으려한다. 이 해 아무런 부자유 없이 젊음을 만끽하지 않았느냐고 자위하면서. 그러나 내일이 무섭다. 현재는 어제와 내일의 경계선(demarcation)인 까닭에.

학생 신분이어서 즐겁게 놀아도 좋다는 방만함이 지배했던 한 해였다. 후회막급이다. 그러나 내일도 모레도 미지일 바에는 조용한 자세로 받아들이자. 검소하고 성실하게 내 힘으로 살 수만 있다면 좋겠다.

- 12월 12일

시험이 끝났다. 어젯밤 소복하게 내린 눈이 나를 황홀한 세계로 안내했다.

아침에 등용문을 들어섰을 때의 설경은 마치 내가 다른 세계에 온 것 같은 착각이 들었다. 나뭇잎들이 다 떨어져 앙상하게 뼈가 드러난 숲이 일시에 화려한 무대처럼 채색이 되어 한 치의 허허로움도 남기지 않고 충만한 숲이 되어 있었다. '눈'이 변화시켜준 아름다운 광경으로 인해 마음이 들떴다.

교직과목 두 개 남은 시험도 들 뜬 마음으로 보았다. 시선이 닿는 곳마다 하얗게 이고 있는 백설과 오늘부터 긴 겨울방학이라는 게 더욱 들뜨게 했다. 같은 과 동기생들이라고 해도 정다운 인사 한마디 나누지 않고 헤어지는 서먹한 사이들이라 미련 없이 강의실을 나섰다. 장학생 발표가 나 있었다. 나는 다행히 특대생에 붙었지만 J는 장학생으로 강등되었다. 그에게 들를까 하고 생각하다가 어제 일을 생각하고 집으로 발길을 돌렸다. 생각하지 말자. 어느새 나는 이렇게 두꺼운 가면을 쓰고 타인과 격리된 곳에 있게 되었는가? 내가 무슨 말을 꺼내려 하면 "또 되풀이야. 왜 나를 한시도 쉬지 못하게 하지?" 하며 못마땅해 한다. 지금도 나는 어제의 일 때문에 힘들다.

오후 4시쯤 J가 찾아와서 막 점퍼를 벗고 앉는데 벨이 울렸다. 경옥이 들어와서 청암의 방문을 알렸다. 언젠가 부딪히리라고 예상은 했었다. 서로 인사를 얼버무리고 J는 리포트에 관해서 두서없이 지껄이다가 돌아갔다. 예리한 눈초리로 청암을 흘깃흘깃 쳐다보았다. 그가 가버린 뒤 나는 짜증을 감출 수가 없었다. 청암은 짜증내는 이유가 시험 끝난 피로감 때문일 거라면서 사과를 사서 들려주고 일찍 돌아갔다. 지금의 딜레마는 청암의 성실성보다 J의 교활함에 더 이끌리고 있다는 사실이다. 경자와 경옥이와 의논해도 그들도 같은 대답이다. 지금 동생들의 마음을 끄는 이는 J이지만 장래를 생각하면 청암이 더 나을 거라고 한다. 내가 청암의 성실성을 또 묵살한다면?

- 12월 13일

방학이라고 벌써 늑장이다. 청암과 경옥과 함께 영화 'Lord Jim'을 구경하고 돌아왔다. 나는 냉담하고 무감동하다. 그를 내 생활 속에 개입시키지 않고 있다. 그 앞에서는 피곤한 웃음을 지으며 냉담을 덮어버린다. 낮에 장학사에 가서 다섯 명이 난로 앞에 앉아 있을 때 나타난 N의 출현은 나를 자극했다. 나는 아직도 J를 놓치고 싶지 않은 것이다. 'Lord Jim'의 눈이 나를 견딜 수 없게 만든 것은 아마도 그의 시선에 담긴 속죄의 고뇌 비슷한 것을 느끼기 때문이 아니었을까?

- 12월 17일

왜 이렇게 울고 싶어지는 걸까? 선생님 댁에서 나오면서도 나를 짓누르는 우울을 털어버릴 수가 없었다. 묵묵히 걸어 급행 버스를 탔다. 두통이 났다. 겨울날씨 치고는 꽤 푸근한 밤이었다. 초승달이 보였다. 날짜가 어떻게 가는지 모르고 있었다.

집에 오니 옥이가 부산하게 가방을 채기고 있었다. 춘천에 간다고 했다. 속에서 끓어오르는 분노 때문에 잠시 말문이 막혔다. 망할 계집애. 명순이라는 애하고 같이 간단다. 아침에 누가 찾아왔다고 하더니 그와 같이 외출했다가 그가 무슨 말을 한 모양이다. 경옥이를 말없이 노려보다가 눈물이 나올 것 같아 시선을 돌렸다. 선생님에게 지껄인 말이 생각났다. "우리 다섯 자매 속에 흐르는 피가 무서워질 때가 있어요."

청암도 13일 이후 소식이 없다. J도 그렇고. 아무도 만나고 싶지 않다. '나는 누구인가? 청암과의 관계는 어떤 것이고 J와는 무슨 인연인가? 모두 먼 거리에 사는 사람들 같다. 생전 이름도 못 들어본 그런 생각이 퍼뜩 든다. 나는 혼자다. 아무도 없다. 나와 같이 갈 사람은…. 경옥이가 없는 방이 을씨년스럽다. 그녀가 이 방에서 차지한 부분이 이렇게 컸던 것일까?

마음 한 구석이 텅 비어 있다는 두려움이 엄습할 때는 그 누구라도 곁에 있어 주기를 갈망한다. 그러나 주위에 몇 사람이 있어 선택하여야 한다는 부담감이 생긴다면? 그것은 피하고 싶다. 청암이 며칠 안 올 때 못 올 만한 사정이 있을 텐데 편지해달라는 그의 청을 냉담하게 거절하는 자신이 밉기도 했다. 어떻든 이 빈 마음, 채울 그릇은 있는 데 채워질 대상이 없다는 그런 허망함. 아마 낮에 누가 왔을지도 모르지….

H선생님 댁에 두 시쯤 방문했다. 신춘문예 심사하시느라고 원고 뭉치를 앞에 놓고 계셨다. 지울 수 없는 거리감을 실감하며 담담하게 있다가 인사를 드리고 나왔다. 나는 너무 쉽게 마음의 창을 열어주는 약점이 있다. 충동적 감정을 가라앉히고 12월 마지막 날까지 조용하게 지내자고 다짐한다. 타인에게 비중을 두지말자. 나는 아무도 사랑하고 있지 않다.

- 12월 27일

하루 종일 한 것이 없다. 12월 12일 이후 시작된 겨울방학 이후 그동안 한 것이 무엇인가? 해야 할 것을 찾아서 하자고 마음먹으면서도 그 어느 것에도 집중할 수가 없다. 책도 읽을 수 없고 나가기도 싫다. 일기 쓰는 일조차 귀찮아져서 먹는 일과 꿈꾸는 것으로 하루를 충당하고 있을 뿐이다.

잠자는 시간이 길어서 꿈도 많아지는 것일까? 어젯밤 꿈에는 신발을 잃어버려서 애태우다가 깼다. 사내들을 생각하는 것도 우습다. 그리고 이 지루하고 단조로운 생활에 적응하지 못하는 내가 불안하다. 왜 요즘은 살아가는 일이 두려워지고 걱정이 되는 것일까? 곧 4학년이 되어 특대생으로 공부를 했다지만 머리는 텅 빈 졸업생이 되어 일자리를 구하지 못해 쩔쩔 맬 것 같은 불확실한 미래가 나를 괴롭힌다.

경옥이가 속을 썩인다. 그녀는 거의 하루 종일 누워서 지낸다. 아침에는 11시쯤 눈을 뜨고 머리를 헝클인 채 웅크리고 있는 꼴이 보기 싫다. 남자 문제 때문에 집안 식구들조차 경원하는 눈치를 보이니 말 못하는 속이야 얼마나 탈까? 게다가 공부를 많이 못했으니 일자리도 쉽게 얻을 수도 없고, 적극적으로 보살펴줄 사람도 없으니…. 아무래도 내가 그녀를 위로해주어야 하고 보살펴주어야 할 입장인데 나는 너무 표현에 인색하다.

기온이 영하 15.2도로 금년 들어 최저기온이다. 얼어붙은 이 세상에 마음 붙일 곳이라고는 없구나. 청암도 얼굴을 안 보인다. 24일 오후 6시 GQ에서 만났을 때 그는 돈 준비가 안 되었다는 사실에 무척 상심하고 있었다. 차를 마시고 내가 기분을 풀어주려 하는

데도 여전히 찌푸리고 있었다. 오늘 밤은 무슨 일이 있어도 나를 놔두지 않겠다고 하던 그가 마음먹은 대로 되지 않은 자기 자신에게 화가 난 모양이었다. 저녁을 같이 먹고 동대문까지 걸어서 합승을 탔다. 우리 집에는 안 들어오겠다고 했다. 갑자기 내려간 기온으로 거리의 행인들은 모두 총총 걸음으로 지나갔다. 합승에 앉은 승객들의 무릎 위에는 선물꾸러미가 놓여 있었다. 그날 이후 오늘까지 아무 소식이 없다. 경옥이 혼자 쓸쓸히 있는 게 안 되어서 군고구마를 사 들고 들어왔는데 아침에 J가 선물로 받았다는 캔디상자를 먹다가 가져왔다면서 놓고 갔단다. 상자가 예뻤다. 그에게 그런 마음의 여유가 있었던가? 조용하고 무의미하게 보낸 X-mas이지만 내게는 미련도 후회도 없다. 모든 것이 심드렁해진다. 나는 곧 스물여섯 살이 된다. 나이를 먹는다는 것이 이처럼 짐스럽고 두려운 것인가?

- 12월 31일

섣달그믐 아침이다. 내년 1967년에는 어떻게 될까?

나이는 26세. 이제는 올드미스 소리를 듣게 되겠지. 담담하다고 표현한다면 거짓말이 될게다. 어젯밤에도 나는 J앞에서 울면서 푸념을 했다. 그의 표현대로 요즘 나는 계속 업셋(upset) 상태이다. 미국 집 도우미 시절에 비하면 하고 싶은 공부도 하고 연애하면서 편안하게 살고 있는데도 불구하고 왜 이렇게 불안한가?

며칠 동안 단식을 한다고 누워있는 그 앞에서 서너 시간 푸념을 늘어놓다가 같이 집으로 왔다. 그는 나흘을 굶고 있는데도 견디고 있다. 열흘 예정으로 단식을 한다니 아무튼 무서운 사람이다. 자기 호적 관계 일만 잘 처리되면 법과로 전과해서 고시 공부를 하겠다고 한다. 마음먹기까지가 문제이지 마음만 먹으면 무엇이든지 할 것 같다는 게 그의 소신이다. 나도 그의 능력만은 높이 평가한다.

그런데 참 이상하다. 나는 J와의 유대감을 잊지 못하면서도 청암을 기다리고 있는 것을 발견하고 놀랐다. 동생 경자도 도대체 내 마음을 모르겠다고 말했다. 24일 이후 화가 나서 돌아간 뒤 소식이 없으니까 기다려진다. 정말 토라진 것일까? 나를 단념하려고 작정한 것일까? 별 생각이 다 든다. 이건 분명히 나의 이중성 때문이 아닐까? 청암과 J를 동시에 사랑하고 있는 것은…. 그 어느 쪽으로 저울눈이 기울어지는지 나 자신도 모르니까 말이다. 그러나 나는 둘 다 거짓 없이 좋아한다. 그래서 지금 편지를 썼다. 나무람과 넋두리의 짧은 사연을.

푸근한 기온 때문인지 금세 눈이 올 것 같은 날씨 때문인지 아침부터 나는 들떠 있었다. 아니 그보다도 생활비와 장학금을 한꺼번에 찾아서인지도 모르지만 후암동에서 집에 돌아왔을 때 공연히 기다려졌다. 박 선생님 댁에 갔다가 왔더니 J가 어제 약속한 대로 와 있었다. 어제보다도 눈이 푹 꺼지고 금방 무덤에서 나온 사람처럼 초췌해보여서 단식 끝나거든 구경 가자고 해도 굳이 괜찮다고 했다. 오후 세시 반쯤 경옥이와 J, 그리고 나 셋이 골목길을 가고 있는 데 청암과 딱 마주쳤다. 이렇게 될 줄이야! 그동안 충주에 갔었단다. 청암은 자기와 같이 나가자고 했다. 나는 안 된다고 거절했다. 구경 끝나고 저녁에 다시 만나기로 하고 셋이 을지로 2가에서 내렸다.

눈이 내리고 있었다. 그의 팔을 끼고 걸었다. 파라마운트 극장에서 상영되는 리차드 위드마크, 윌리엄 홀덴 주연의 '알바레스 케리'를 보았다. 다방에서 잠깐 앉아 있는 사이에도 마음속에서 갈등했다. 내가 온전히 사랑하고 있는 이 사람. 저 거무스레한 얼굴과 고집스럽게 우뚝 선 콧날. 암팡지게 다문 입. 그리고 사람의 마음을 꿰뚫는 날카로운 시선. 나는 그를 보면 전율과 동시에 불안하고 초조하다.

서부극인 영화 - 술, 돈, 여자를 인생의 전부로 삼는 켈리(윌리엄 홀덴)의 대사 중에 "소 다룰 때에는 여자를 다루듯이 어떤 때에는 궁둥이를 슬슬 두들겨주기도 하고, 혼내주고, 어떤 때는 노래도 불러주어야 한다." "그녀는 여승이 아니라 여자다."라는 말이 마음에 남는다.

영화가 끝나고 바깥으로 나오니 제법 굵은 눈이 내리고 있었다. 그가 지켜보는 가운데 저녁을 먹었다. 청암을 7시 반에 만나기로 했다는 얘기를 했다. 그는 표정이 없었다. 2년 전 겨울 함박눈이 오던 날 그와 정릉에 갔었던 일을 기억하냐고 물었더니 귀찮다는 듯이 고개를 흔들었다. 경옥이와 그는 합승을 타고 떠나고 나는 혼자 을지로를 걸었다. 눈물이 나올 것만 같았다. 1966년의 마지막 날에 나는 청암의 다정한 시선과 J의 냉담한 시선 사이에서 방황하고 있다.

청암은 다방에서 나와 선물할 곳이 있다고 시장으로 갔다. 그는 내 장갑과 자기 것을, 경옥이와 경자 몫으로 스타킹을 샀다. 눈이 그친 거리는 미끄러웠다. 대한극장 옆 - 어느 사장 집에 선물을 전하고 택시를 타고 종로로 갔다. 일식집에서 저녁을 먹고 '명'다방으로 갔다. 눈물이 거침없이 흘러내렸다. 실내장식이 잘 되어 있는 다방의 복잡한 소음을 누비는 음악을 귓등으로 넘기며 나는 마음의 갈등을 어떻게 해야 할지 혼란스러웠다.

두 시간 반만 있으면 스물 여섯이에요. 고등학교 여학생이었을 때 내 꿈은 거미줄 같이 사방으로 뻗어 있었다. 무엇이고 원하면 가능할 것 같았다. 졸업을 하고 2년 동안 절망 속에서 꿈의 실현을 위해 몸부림치며 방황했다. 나는 많은 여자들과는 다른 길을 가리라고 생각했다. 집안에서 애들과 남편 틈바구니에서 볶이는 여인이 아니라 나만의 세계와 보람을 찾는 여인이 되리라고. 대학에 입학해서 청암과 결별한 이유도 그런 꿈 때문이었다. 나는 속박 받기가 싫다. 자유롭게 학문을 탐구하면서 더 넓고 차원 높은 세계에서 호흡하고 싶다는 열망으로 가슴이 부풀었다.

그런데 오늘의 나를 돌아보라. 곧 졸업반이 되고 이제 한 시간 반만 있으면 26세의 올드미스다. 지난 3년을, 아니 금년을 돌아보라. 나는 위성처럼 떠돌아다니다 3년 동안 결별했던 청암과 재회를 했고 지금 그는 내 옆에서 돌아오는 봄에는 약혼을 하자고 조른다. 하…. 땅이 꺼질 듯 한숨만 쉰다. 결국 나는 내 앞서 살았던 여인들의 길을 답습하고 있을 뿐이 아닌가. 청암은 내 손을 꼭 쥐며 왜 우느냐고 물었다. 나는 아무 말도 하지 말라고 했다.

다시 하나 둘씩 흩날리는 눈발. 이제 40분만 있으면 새해다. 화신 앞 종각 앞에는 열두 시에 울리는 종소리를 녹음하기 위해 방송국 차가 대기하고 있었다. 집에는 경옥이 혼자 운 얼굴로 나를 맞는다. 경자는 돌아오지 않았다. 옥이는 술을 마셨단다. 동생에게 J와의 관계를 얘기했다. 동시에 나의 고뇌를….

새해다. 새벽 한 시를 알리는 초침. 약을 먹은 것처럼 쓰디쓴 입 안. 시간은, 세월은 해마다 한 겹씩 나를 조여오고 있다. 그리고 시간의 때를 묻힌다. 나는 눈물 흘리지 말고 살자고 생각한다. 스물여섯 살에 남자의 애정에 운명을 거는 속물이 되지 말자고 다짐한다. 승산이 없다는 것을 알면서도 세상과 싸울 것이다. 속화와 승화의 중간. 현실과 비현실의 중간에서.

- 1967년 1월 5일

Mrs. Johnson한테서 소포가 왔는데 관세가 1,911원이 붙었다. 내게는 긴 가운을 보냈다. 청암 동생 혜용이에게 회화 지도를 어제부터 시작했는데 나를 1시 반까지 중앙다방으로 나오라고 했다. 친구를 보내고 서둘러 나갔더니 자기 누이 네 집에 가자는 것이었다. 잠시 동안 거절하다가 할 수 없이 그의 뒤를 따라 갔다. 그의 누이 네 집에서는 그의 어머니와 누이가 수사관의 눈초리로 나를 흘깃흘깃 쳐다보는 통에 당황해서 얼굴이 빨개졌다. 떡국을 끓여서 튀김과 같이 내놓았다. 누이 네 집을 나왔을 때는 한숨이 저절로 나왔다. 청계천 책방에 들렀다가 집으로 왔다. 그는 내가 아주 얌전하게 굴더라고 놀렸다.

– 1월 9일

청암 어머니가 나를 잘 봤다고 말했다. 그는 무척 즐거운 모양이다. 자기가 선택한 사람인데 허술할 리가 있느냐면서…. 은근히 심술이 나서 성질을 냈다. 내가 나쁜 점도 많지만 좋은 점도 많아서 사랑한다나.

이상한 일은 그의 태도(나와 언젠가는 결혼하리라는 기대에 찬)가 소원하게 느껴지면서도 동화해 가고 있다는 사실이다. 이런 것이 여자일까? 요즘의 나는 먹고 자는 일 외에 J와 청암을 기다리는 것밖에 없다. 나는 속되고 게으른 여자가 되고 있다. 칼 메닝거의 『인간의 마음』을 읽고 있다.

– 1월 11일

"올 것이 오고야 말았네요. 청암. 우리가 처음 알게 된 것은 7년 전 고등학교 2학년 때죠. 사랑한다고 생각했지만 나를 지킬 자신이 없어서 도망쳤었죠. 언제까지나 나의 순결을 지켜준다고 약속했었지요. 그러다가 우리 지난 9월에 재회했죠."

나는 눈물과 한숨과 한탄을 그에게 쏟아냈다. 어쩌면 오래전부터 나는 갈등과 망설임이 끝나기를 기다리고 있었을지도 모른다. 무의식적으로 내 본능은 기다리고 있었을 것이다. 그도 역시 너무 오랫동안 참아 왔을 테고. 충동적이라는 말, 그리고 미안하다는 사과의 표현은 행위의 당위성을 변명하는데 정말 필요한 것인가? 도덕적으로 비난받을 짓이라도 충동에서 비롯되었다면 그의 인격은 훼손되지 않은 것처럼 들리고 어떠한 잘못에도 미안하다는 사과 한마디로 용서받을 수 있다니….

"미안해. 그렇지만 절대로 후회하지 않고 하지도 말자. 서로 노력하자. 오늘이 괴로운 기억이 안 되도록."

의식은 흐릿했고 몸뚱이는 메밀묵처럼 흐물거렸다.

"이렇게 되면 어차피 청암에게 매달려야 되겠죠?"

"진부한 말을 하는군. 나와 너는 서로 마음 속 깊이 존경하고 사랑하는 거야. 육체는 아무것도 아닌 거야."

나는 나를 사랑하고 있지 않다. 자신에게 잔인하다. 나를 이렇게 쉽게 내던질 만큼. 내던진 것이 아니지. 서로 원했기 때문이지. 언어란 참으로 우유부단한 소통 방법이다. 누가 먼저 원했느냐에 따라 상대방에게 피해를 입힌다. 내장이 뒤틀리는 아픔은 내 몸의 변명이다. 운명을 기다리고 있었던 것처럼 나는 침착해지고 있는 것이 아닐까. 이제 더 이상 방황하지 말고 그와 함께 나의 길을 닦아 가는 것이 현명한 것이 아닐까. 비극적인 선택으로 고민하기보다 체념으로 받아들이는 것이 낫지 않을까.

죄의식이 이성에 주는 고통은 예리하지 않다. 이미 오래전부터 내 마음 속으로 예감하고 있었으니까. 본능은 정신적인 쾌감의 일부분에 지나지 않는다. 지나치게 자학할 필요는 없다. 나는 지금

처해 있는 곤경에 적응하고 있지 않은가. 그는 무슨 생각을 하며 돌아갔을까? 책임감? 아니면 홀가분한 안도감? 우리는 얼마나 오래 서로를 자제해 왔던 사이인데….

- 1월 12일

우울해서 일찍 돌아왔다. 박 선생님의 딸 정혜 양을 가르치러 다닌 지 사흘째다. 아침 9시 반부터 12시 반까지 세 시간을 과외지도를 하러 8시 10분에 집을 나선다. 정혜 양은 소아마비로 두 다리를 못 쓰는 6학년 소녀다. 지루하지만 선생님이 집에까지 찾아오셔서 부탁을 해서 참고 다닌다. 하루 다섯 시간의 소비다. 오후에는 또 혜용의 회화지도, 몸이 쑤시고 아파 고문하는 것 같다.

복현이가 보낸 편지에 언니에 대한 표현(쌍벌죄, 고소, 콩밥, 이혼)들이 새삼스럽게 충격을 준다. 그렇게 될 줄 알면서 함정에 빠지는 사람은 없으리라. 어쩌다보니 그렇게 되어버렸겠지. 언니의 일생에는 누가 나쁜 사람인가? K? 임 선생? K는 다른 여자하고 동거생활을 하면서 언니를 죽이거나 고소할 양심이 있을까? 그런 것도 충동이지 순전히…. 복현이 말대로 지켜보는 수밖에.

- 1월 15일

열두 시를 치는 시계 소리에 입김을 후 하고 불고 배를 깔고 누워 펜을 든다. 사방이 꽁꽁 얼어붙는 강추위에 심신도 경직된다. 『여원』을 뒤적이며 가슴에 번져오는 기억을 묵살해 버리려 하는 데 문득 짙은 5월의 라일락 향기가 그리워진다. 너무 추워서일까? 어항의 물도 꽁꽁 얼어 그 조그만 공간에 갇힌 붕어가 측은하다. 겨울 들어 최하로 내려간 수은주라고 라디오에서 떠들어댄다. 그들은 너무 과장적이고 수다스럽다.

옥이는 라디오를 제 애인이라고 껴안고 하루 종일 다이얼을 돌린다. 어떤 때는 짜증이 난다. 일요일이고 춥다고 종일 세수도 하지 않고 이불 속에서 뭉개다 보면 왜 이렇게 허전해지는지 모르겠다. 특히 바깥의 밝음에 노쇠한 늙은이처럼 맥을 못 쓰고 기진해질 무렵 덧창문을 닫고 전등의 스위치를 눌러 창백한 형광등이 방안을 비추면 가슴이 선득해지는 것은 웬일일까?

Karl A. Menninger의 『Human Mind』 하권을 며칠 동안 붙들고 질질 끌어오다가 읽고 나니 새삼스럽게 인간의 성적 충동과 마음 상태에 무한한 신비를 느낀다. 요즘의 내 마음의 방향과 같은 것을 발견하니까 서글퍼진다. 반면에 체념 비슷한 안도감을 느끼는 것도 사실이다. 13일 청암과 르네상스에 앉아서 사랑이 담긴 언어와 태도에 마음을 풀어놓고 기대고 있을 때 나의 안정된 자세에 스스로 놀랐었다. 이제는 정착한 것이 아닐까?

그래도 오늘 밤처럼 잠이 안 오고 『여원』의 신인 단편소설 당선작을 읽고 난 후 전날의 꿈이 아직도 내 깊숙한 곳에서 동요하고 있음을 발견할 때는 절규하고 싶어진다. 이렇게 살아서 되는가? 현대 정신 위생에서 가장 중요한 것은 인간의 행위(behavior)와 그 반응이라고 했다. 나의 행위와 거기에 따르는 환경에의 적응과 자극에서 받는 반응. 눈길이 걷고 싶어진다. 술을 마시고 싶다. 아니 사내의 팔에 기대고 싶다. 잘난 척하고 싶다. 아첨 비슷한 칭찬도 좋다. 이러한 무질서한 욕구 같은 것들을 짓씹어버릴 만큼 나는 아직도 정리되지 않았던가?

 대학 3년을 어떻게 보냈는가? 그보다 금년에는 어떻게 살아야 하나? 청암에게 기대어 살아야 하는 걸까? 나를 자기의 분신으로 생각하고 있다는 그의 고백에 행복을 느끼면서도 어디로든지 날고 싶다. 그냥 시간에 나를 맡겨야 하는가? 아니다. 나는 누구에게도 나 자신의 키를 줄 수는 없다. 청암도 내가 나약해지기를 원치 않고 있다.

 우선 그동안 놓았던 소설 공부를 시작할까? 사실 나는 요새 너무 편하다. 과거의 나와 너무 비교가 될 정도로. 우선은 빵 걱정이 없고 사랑으로 감싸주는 시선이 늘 곁에 있고 누구에게도 구애받지 않는 시간이 있다. 나는 충분히 행복하고 즐거웠다. 정말 그랬다. 후회해서는 안 된다. 바보처럼 지난날을 후회하다니. 앞으로가 문제다. 어리석게 마음 아파하지 말아야 하는 건데 왜 가버린 날들이 그리워지는 것이냐.

 - 1월 19일

 한밤중에 눈이 떠졌다. 방이 너무 뜨거워서였을까. 방이 비었다는 생각 때문이었을까. 경옥이는 어젯밤에 돌아오지 않았다. 그녀의 남자가 등장한 것이 분명하다. 청암이 있어서 굳이 누구냐고 물을 수 없어 일찍 들어오라고 부탁했는데도 그녀는 무슨 일이 있어도 외박하지 않는다는 불문율을 깨뜨리고 있다. 새삼스럽게 그녀의 비행을 추궁할 권리도 없다. 잠은 다시 올 것 같지 않다.

어젯밤 청암은 더 이상 너를 놓아주고 싶지 않다고 말했다. 그는 괴로워하고 있었다. 전날 밤에는 나를 안은 꿈을 꾸었다면서 몸으로 나를 찾고 있는 것을 역력히 나타냈다. 나의 본능도 그를 찾고 있다. 그가 나를 사랑하고 있다는 확신 때문에 그의 따사로운 촉감을 느끼고 싶어 하기 때문이 아닐까. 터질 것은 언제고 터진다. 분출구의 발견은 쉽지 않지만 발견되기만 하면 속에서 타는 욕정을 부끄러움 없이 뿜어낸다. 그러나 그것을 충동에 의해서였다고 변명하는 내가 된다면 자신을 경멸하리라. 나의 욕구는 이성과 자제에 의해서 좌절되지만 내가 선택한 이상 나는 스스로 합리화하면서 서서히 나를 동화시킨다.

나는 옛날처럼 내 여성성에 대하여 수치와 자학을 느끼지 않는다. 그만큼 나는 성장했고 어른다워졌다. 그리고 이성의 체취도 그리워진다. 그것이 정상이라고 씁쓸한 긍정을 하지만 나의 속물근성이 역겨워지기도 한다. 이렇게 제 자리에 서서 가까이 다가오는 한 남자에게 팔을 벌린다. 그러나 결코 내 모든 소망을 포기한 것이 아니다. 그런데도 왜 나는 공부에 소홀해지고 있는가? 요즘 발을 뚝 끊은 J를 가끔 생각한다. 그가 생각나면 여전히 가슴이 저리다. 그를 잊어야지. 마음속으로 몇 번이고 다짐한다. 방에 칩거하며 책만 읽고 있을 그를 더 이상 따라가려는 경쟁의식을 버려야 한다.

- 1월 21일

　겨울답지 않게 포근한 날이다. "In the midwinter there is always a day when one has the first foretaste of spring." 이라고 쓴 작가가 있다. 오늘이 그런 날이다. 영상 6.7도가 되는 날이었다. 자신이 싫어질 정도로 포만 상태에 있다고나 할까. 너무 단조롭고 무기력하다. 청암 곁에서만 존재감을 실감하는 여인으로 전락해버렸다는 착각이 든다. 그냥 담담하게 현재의 나를 긍정하게 된다. 그의 입김과 뿌연 담배 연기 속에서 나는 가면을 쓰고 현재의 상황을 긍정하게 된다.

- 1월 23일

　책도 읽히지 않는다. 너무도 많은 소음 속에 시달리다가 혼자서 있게 되어서일까. H선생님께 편지를 쓰고 싶다. 늘 마음속으로 쓰고 있으면서도 망설이고 있다.

　오늘 밤 청암이 왜 안 올까. 아니 어쩌면 왔다가 문이 잠긴 걸 보고 가버렸을지도 모른다. 내일 충주에 가는 줄을 알고 있을 텐데. 경옥이의 취직 건과 언니의 돌연한 상경으로 어수선했다. 언니가 어제 KBS-TV 출현한다고 상경했다. 문제의 남자와 같이. 울적하고 화난 표정을 숨기고 싶지 않았다. 남편과 이혼 중이라지만 어떻게 공개적으로 어울려 다닐까. 언니는 숨기려고도 하지 않았다. 남편에게 찾아가지도 않는다. 그 남자의 소개로 반도 조선 아케이드의 어느 회사 전무에게 소개장을 갖고 올라온 언니는 경옥에게 그것을 갖고 가보라고 했다. 오후에 경옥이를 데리고 갔었다. 6층에 사무실이 있었다. 일자리는 Cake-Corner라는 Bakery의 점원. 숙식은 주인집에서 하고 월급은 2천 원이란다.

불안하고 슬퍼져서 돌아왔다. 몇 해 전의 내 모습이 되살아나서였다. 옥이도 집을 떠난다고 생각하니 공연히 눈물이 난다고 말했다. 우리 집은 언제나 가난에서 벗어날 수 있을까? 그러나 비굴해져서는 안 된다고, 남에게 업신여김을 받지 않도록 옷차림에 신경쓰라고 동생에게 말하고 돌아왔다.

언니는 방송국 출연 턱을 받는다고 바람처럼 휙 가버렸다. 내일 나와 같이 갈 줄 알았는데…. 모두 점점 멀어지는 기분이다. 제 각기 살길 찾느라고 옆을 돌아볼 여유가 없는 것이다. 마음을 가다듬어야겠다. 요즘 너무 시끄럽고 어수선했다. 조용히 혼자 있고 싶어진다. 복현이가 입시 때문에 나와 같이 상경하게 되면 발표 날까지는 긴장 속에서 살게 될 것이다. 아! 이 허전함! 방학을 아무 소득도 없이 낭비하고 있다.

- 1월 29일

잠이 깼다. 겨우 한 시간 반을 잤다. 속이 쓰리다. 견딜 수 없는 허탈감 때문에 다시 잠들기는 힘들 것 같다. 일어나서 일기장을 편다.

시골에서 경숙이와 복현이를 데리고 상경한 이래 며칠 동안 정신없이 지냈다. 어제 마신 술 때문에 아직도 머리가 아프다. 우리는 술이 취한 채 충정로 뒷길을 걸었다. 싸늘한 겨울 공기가 탄력성 있게 부딪쳐 왔다. 뉴스타일양재학원이라는 간판이 눈에 띄었다. 옛날 송자가 학원에 다닐 때 할 일 없이 그 앞에서 서성대던 내 모습이 오버랩 되었다. 택시를 타고 오는 동안 명멸하는 밤거리의 불빛들이 나를 일깨웠다. 동시에 허탈감이 수액처럼 전신에 침잠해왔다. 내가 정말 잘 살고 있는 것일까?

오늘 아침 열시 반에 작은 소동이 있었다. Jim이 일본에서 돌아와 의정부에서 택시를 타고 세 시간 동안 우리 집을 찾아 헤매다가 마침내 운전수가 내가 자취하는 집을 찾아주었다. 나는 세수도 하지 않은 채 누워있었다. 주인아주머니가 문을 두드리며 누가 나를 찾아왔다고 해서 나갔더니 Jim이었다. 당황스러웠다. 그러나 그는 나를 보자 마침내 찾았다고 함박웃음을 웃었다. 그의 행복해하는 모습이 낯설었다.

할 수 없이 나는 옷을 갈아입고 그와 함께 시내로 나가 '르네상스'에서 두 시까지 음악을 들었다. 그는 내게 빠진 듯하다. 그리고 연민이 느껴질 정도로 다정다감하다. 그러나 부담이 되는 것도 솔직한 심정이다. USO에서 점심을 먹고 선약이 있다고 말하고 그와 헤어졌다. 솔직히 Jim과의 만남은 영어회화 연습을 위해서일 뿐이다.

문득 청암이 보고 싶었다. 내게는 그와 있는 것이 휴식이다. 그가 기다릴까 봐 조바심하면서 돌아왔는데 그는 오지 않았다고 동생들이 전해준다. 대신 J가 와서 내일 입학시험을 보러 연세대에 가는 복현이와 동행하겠다고 말했단다. 그를 어떻게 대하나? 잠이 안

올 것 같다. 내가 얼마나 피폐되고 있는가.

- 1월 30일

내 안에서 서식하고 있는 곰팡이 같은 퀴퀴한 의식이 나를 괴롭힌다. 인간의 나약하고 감성적인 면에서 본다면 그것은 나를 24시간 주시한다. 어쩌다 나는 이렇게 무감각하게 되어 버렸을까. 차라리 타인 앞에 드러내 보일 수 있었으면, 그래서 더 철저히 괴로워할 수 있다면 좋겠다. 화장실에서, 버스 안에서, 그리고 가르치면서도 자의식은 머리에서 떠나지 않는다.

복현이 시험이 시작된 날 J가 아침 일곱 시쯤 와서 동행을 해주어서 고마웠지만 저녁 때 청암과 마주 앉아 바둑을 두는 술기운으로 불그스레한 그의 얼굴은 나를 혼란스럽게 했다. 청암은 그를 모르지만 그는 나와 청암 사이를 알고 있다. 나는 엄숙하리만큼 공손히 인사하고 돌아가는 그의 뒷모습을 멍하니 바라보았다. 내일은 안 오리라. 어쩌면 그는 나를 경멸하면서 자기의 행위에 일말의 슬픔을 느낄지도 모른다.

- 2월 9일

음력 정월 초하루. 복현이가 태어나서 처음으로 입시의 고배를 마신 날이다. 표면적으로는 침착함을 유지하는 동생이 믿음직스럽다. 남자는 어디가 달라도 다르구나. 마음속으로는 울고 싶겠지만 겉으로 표현할 수가 없겠지. 문화방송의 합격자 발표를 들을 때 입안의 침이 말았다. 지난 30일 이후 지속되어온 불안이 오늘 확실한 결말이 난 것이다. 차라리 마음이 가라앉는다. 다시 시작해야 한다.

오늘 청암 어머니께 세배를 갔었다. 청량리의 꼬불꼬불한 골목길을 따라 있는 초라한 셋집은 방이 두 개였다. 그의 방에서 둘이 있으니 기분이 이상했다. 겸상을 해서 떡국을 차려왔다. 식혜, 약식, 수정과가 곁들여 있었다. 당황스러웠다. 새색시처럼 다소곳이 앉아서 들어오는 상을 눈을 내려 깔고 지켜보았다. 그는 곰살궂게 이것저것 집어다 주었다. 그는 올 11월에 약혼을 하자고 했다. 그의 따사로움 속에서 어쩌면 오래오래 숨어서 기대고 살 수 있을 게다. 그의 폭 넓은 이해는 모든 핸디캡을 극복한다. 나는 그에게 매달리고 싶다. 그가 안 오면 기다려진다. 그가 어제도 길에서 지키고 있었을 때 예기치 못한 만남으로 해서 얼마나 즐거웠던가. 르네상스에서 늦게까지 음악을 들으며 그의 시선 속에 묻혀 있으면 현실감이 사라진다. 둘만 있고 싶다는 욕망이 머리를 든다. 그 또한 둘만 지낼 수 있었으면 한다.

- 2월 12일

선생님이 잡아주신 택시를 타고 집에 오니 여덟시였다. 청암이 예상대로 기다리고 있었다. 명동에서 30분이나 선생님을 기다린 때문인지 감기가 목을 침입한 것 같다. 동생들과 청암의 익살은 곧 내가 그와 결혼한다는 것을 인정한다는 식이다.

선생님과 다방에서 나눈 대화가 나를 괴롭힌다. 말을 하지 말 것을… 그러나 평정을 회복하였다. 오후에 후암동에 가서 등록금을 수령했다. Jones씨에게 편지를 해야지. 허나 요즘 내 생활은 평범한 여자의 일상일 뿐이다. 어서 정리해야겠다. 정착하려는 마음가짐과 질서를 찾아야지.

- 2월 14일

밤이 찬 2월 중순. 헤어지는 길목에서 청암과 나는 따뜻한 밤 인사를 주고받는다. 집 대문까지 바라다 주고 멀어져가는 발자국소리에 가만히 귀 기울일 때면 마음속에 따뜻한 강이 흐름을 느낀다. 내게 들려준 소설 같은 얘기. 아니 우리는 다방에서 서로 얘기를 엮어간다. 꿈을, 사랑을 예쁘게 채색한다. 둘의 화제는 결혼과 결부된다. 아까는 찻집에서 약혼 선물은 무엇으로 했으면 좋겠느냐는 질문에 어리둥절했었다. 이상하게도 그런 일은 내게 아주 멀게 생각되는 것이었는데 그의 말이 새삼스럽게 나를 돌아보게 했기 때문이다.

그의 야윈 옆얼굴을 지켜보며 그와 내가 지고 있는 짐의 무게를 서로 인정하면서 기대고 앉았던 시간을, 그의 부드러운 말을 되살리며 잠을 못 이루고 있다. "일 걱정, 집안 걱정 때문에 혼자 있을 때는 늘 불안하고 짜증이 나는데 네 곁에 있으면 마음이 푹 놓이거든." 그는 야윈 얼굴을 내게 돌리며 말했다. 그리고 또 "남자들의 사랑은 아마도 주로 주는 것인지도 몰라."라고도 했다. 그의 애정을 받아들이는 나는 남자의 그늘에서 숨 쉬고 싶어 하는 단순한 여인과 다를 게 없다.

지금의 어려운 처지를 거울로 삼아 좀 더 알차게 미래를 살아가야한다는 그의 말에 응어리지는 현재의 불만들이 머리를 숙인다. 내 욕심을 그가 감당할 수 있을까? 그는 어렴풋이 아니 깊이 느끼고 있다. 내 꿈과 욕망이 불처럼 뜨겁다는 것을. 이제 나는 그의 곁에 머물리라. 서투른 곡예는 멈추리라. 그의 조용하게 불타는 눈 밑에서 나는 물기 어린 눈으로 전부를 주리라. 그에게 다가가는 마음. 아마도 나는 누구보다도 살뜰하게 살고 싶어 하리라. 서로 존경하면서 사랑은 익어간다는 선생님의 말씀이 떠오른다.

그의 앞에 있으면 나는 작아진다. 그의 처지에 비하여 지나친 낭비를 한다. 오늘도 세 잔의 차를 마셨다. 사업상의 일로 손님과 얘기하는 그의 옆에 앉아서 남자만이 가진 사업 수완에 대해 겸허해졌다. 저이는 저렇게 애쓰며 살고 있구나.

명동 입구 노점상에서 예쁜 저금통을 샀다. 조그만 동전을 모아서 그의 선물을 사줘야지. '패션' 찻집에서 위스키 티를 주문했다. 그곳은 바로 그 전에 내가 그에게 결별을 선언했던 곳이다. 양장점 쇼 윈도우를 그와 함께 구경하면서 맛보는 즐거움. 내일 옷감을 사기로 약속하고 헤어진 오늘 밤 시간은 열한 시였다.

- 2월 22일

어제부터 싸락눈처럼 소리 없이 내리더니 오늘은 제법 빗줄기가 굵어져 있다. 봄이란다. 며칠 전 우수가 지났으니 이제 정말 봄의 서곡이 비로부터 시작했나 보다. 기온도 영상으로 올라가서 9도가 넘는다. 그렇지만 짜증이 난다. 엉뚱한 도피행각까지 꿈꿔본다. 비가 뿌리는 창밖의 풍경은 부옇다. 촉촉이 젖어있는 기와지붕에 뽀얀 김이 서려있는데 궤도에서 벗어나고 싶다는 충동을 누르고 있다.

엊그제 밤 송문정 생일에 초대받아 갔다가 몇 잔의 술기운으로 얼굴이 상기되어 집에 돌아왔을 때 기다리던 청암에게 짜증을 냈다. 불확실한 나의 미래 때문이었을까. 종일 멍한 상태를 면하기 위해 어떻게 무엇을 해야겠는가? 내일 청암을 만나면 아무렇게나 나를 데려가라고 애원해볼까? 그러나 일시적인 변덕으로 뱉어내는 내 말 때문에 피해를 입은 사람도 있는 것이다. 욕망을 억제하며 이 평범하고 무미건조한 생활을 꾸려가야 하다니. 학생 신분이면서도 살림을 해야 하는 나는 가계부를 기록할 때마다 짜증이 난다. 그리고 지금의 단조로운 생활이 힘들다.

- 2월 23일

해빙을 알리는 비가 내린 뒤 햇살이 한결 따사롭다. 아침 열시 반. 청량리에서 청암과 오래전부터 별러오던 약속의 이행을 위해 만났다. 15분 지각했으면서도 시침을 뚝 떼고 버스에서 내렸다. 우리는 시청 앞에서 서울-인천 간의 한진 버스를 탔다. 제2한강교를 거쳐 고속도로로 접어드니 몸에 묻은 때가 씻기는 듯한 상쾌함이 물결을 이룬다. 그는 한 달에 한 번쯤은 이런 기회를 갖자고 제안한다.

송도에 도착한 것은 오후 두시가 넘어서였다. 바닷바람이 거세게 불었으나 매운 기운은 없었다. 유원지 둑에는 두서너 쌍의 연인들이 거닐었다. 여름을 위해 만들어 놓은 유원지의 시설은 곡마단이 떠나간 뒤처럼 쓸쓸하기만 했다. 마침 바다는 밀물이 들어오고 있는 시각이었다. 바람 속에 몸을 맡기고 걷노라니 바람이 정답게 볼에 닿았다. 추위도 사라졌다. 길이 끝나고 바위가 많은 곳으로 내려가 둘이 꼭 붙어 앉아 있었다. 조개와 게를 줍는 아이들이 서너 명 가물가물한 데까지 나가 있었다. 물소리와 바람소리가 하모니를 이루었다. 청암의 등에 머리를 기대고 눈을 감았다. 바람은 자듯이 조용해지고 음향으로만 들렸다. 겨울과 봄의 중간에 선 하늘과 바람과 바다. 그는 담배 연기를 가슴 깊이 빨아들였다가 뿜어내곤 했다. 마치 속의 묵은 찌꺼기라도 털어내려는 듯이. 우리는 바람에 얼얼해진 얼굴을 맞대고 웃음을 터트렸다. 젊다는 것이 가슴 가득히 실감이 되어 번져왔다. 어떤 남녀는 바닷물이 들어오는 갯벌에 유리병을 세워두고 돌 맞추기 내기를 하고 있었다.

그리고 약속 이행도 끝났다. 따끈한 방에서 둘만의 시간을 갖자던 그의 간절한 소망이. 오늘이 마침 정월 대보름이다. 합승을 타고 인천 시내를 돌아오는 길목에는 불놀이 하는 아이들의 모습이 여기 저기 눈에 띄었다. 눈을 감고 솜처럼 풀어진 자신을 가누며 씁쓸한 뒷맛을 씹었다. 짜증을 내는 나를 안 되었다는 듯이 지켜보는 그의 눈길을 피해 차창 밖을 내다보았다. 긍정하기에는 아집이 용서하지 않는다. 바다에서 주운 조개처럼 힘에 굴복해 입을 벌리자 저항도 못하고 짜고 탁한 바다 물속에 휘말려 들어가 버린 것이다. 이 긍정. 사뭇 아픈 긍정.

- 2월 26일

이 선생과의 약속이 깨지는 바람에 J와 같이 있게 되었다. 만나지 않은 시간이 많이 흘렀다. 이제는 정리 단계에서 서로를 주시하고 있다. 그는 미움 없이 이별할 수 있다는 것을 알았다고 하였다. 오히려 먼 거리에서 객관적으로 보니까 역겹던 나의 타산성이나 현실성이 내 환경에 비추어 이해가 간다고 했다. 나는 동생 문제 때문에 눈물을 보였다. 그로 인한 상처들로 괴로워한다고도 했다. 자기도 그 속에 끼일 거라고 했다. 나를 사랑한다고 믿으려 했기 때문에 자기를 속인 것이 되지만 앞으로는 다른 여자에게 내게 주었던 정도의 affection 조차 느낄 것 같지가 않다고 했다. 가능한 한 내 앞에 나타나지 않겠노라고 하면서 자기가 괴물인지도 모른다고 했다.

그렇다. 나는 안일하게 살고 싶어서 그에게서 도망친 것이다. 청암의 이야기를 비쳤다. 그에게 기댈지도 모른다고. 현재는 거의 확정적이라고. 나는 가슴이 저린 듯한 아픔을 느끼며 돌아왔다. 청암이 있었다. 안도의 숨을 쉰다. 나는 그에게 숨을 곳을 찾고 있다. 그는 내게 밤새 잘 자라고 위로해주고 갔다. 달이 밝다.

- 3월 13일

이 보름 동안에 많은 일들이 일어났다. 우선 복현이가 경희대학 경영학과에 입학했다. 경옥이가 브라이드 홈에 일자리를 얻고 출퇴근을 하고 있다. 3월 5일 충주에 갔다가 8일 상경했고 엄마가 돈

5만 원을 마련해서 11일 상경하셨다. 어제는 언니가 이혼한다고 애들을 전 남편한테 데려다주고 울면서 돌아왔는데 저녁 때 애들 없이는 못살겠다고 다시 쫓아갔다. 언니와 동행했던 나도 아무것도 모른 채 철없이 아빠 손을 잡고 나가는 애들을 보니 가슴이 미어졌다. 통곡하는 언니를 택시 안에 밀어 넣고 나도 울었다. 임신을 했다는 그 남자의 계집이 길 건너편에서 지켜보고 있었다. 언니는 그년을 보니 이혼하고 싶은 생각이 사라졌다고, 다시 시골로 내려가겠다고 했다.

9일에 개학을 했으나 학교는 어수선하고 강의는 시작도 안했다. 오늘은 입학식이 있었다. 봄 햇살이 제법 따습다. 오후 네 시 청암을 찻집 '샘'에서 만나 엄마에게 선을 뵈러 같이 집으로 왔다. 그가 엄마에게 큰절을 하자 엄마는 아무 소리 안 하시며 담배를 피워 물었다. 어색한 분위기를 수습하여 엄마를 모시고 복현이, 주경이와 택시를 탔다. 예정대로 스카라 극장에서 상영하는 '네 자매'를 보았다.

'진고개'에서 불고기 백반으로 식사를 대접했다. 긴장감을 감출 수가 없었다. 택시로 엄마를 집에 모셔놓고 둘이 찻집에 갔다. 피로감이 한꺼번에 몰려와 어깨가 욱신거리고 목구멍이 뜨끔거린다. 엄마의 평이 어떨까 궁금해 하는 그는 어두운 골목에서 내 목에 도장을 찍으며 "이제 내 아내가 되는 거지?" 하고 물었다. 그럴 거라고 고개를 끄덕이면서 그의 어깨에 얼굴을 묻었다. 더 이상 발뺌하고 싶지도 않고 할 만한 자신도 없어졌다. 엄마의 총평은 신체가 너무 가냘프고 약하다는 것. 생각보다는 키가 크고 얼굴 생김새도 괜찮은데 입이 못생겼단다. 성격이 깐깐해 보이고 화가 나면 말을 안 할 성질일 거라고 말씀하신다. 엄마의 표정을 보아 과히 싫지는 않으신 모양이다. 학력이 나와 기울어서 걱정이라고 하시며 어떻게 해서라도 대학에 복학하도록 하라신다. 청암과 그런 문제로 다툴까봐 걱정이다. 이처럼 숱한 소용돌이 속에서 나는 안정을 되찾으려 얼마나 싸우고 있는가? 이 좁은 방에서 다섯 사람이 잔다. 짜증이 나고 서글픈 생각이 든다. 어서 개학과 더불어 마음을 잡아 공부를 해야지.

- 3월 23일

그의 어깨에 머리를 기대고 골목길을 걸었다. 환한 달빛. 시력이 약한 내 눈어림으로 이 밤은 베일에 덮인 낮과 같았다. 불이 꺼진 어느 집 담에 기대어 그의 시선을 받는다. 내 가슴 속에서는 현란하지도 맹렬하지도 않은 불꽃이 조용히 그리고 서서히 타기 시작한다. 그리고 언제부터인가 이 요란하지 않은 은밀한 사랑에 익숙해지고 있다. 전날에는 불꽃같은 사랑을 원했었다. 나는 한 번쯤 탔고 그 여파는 씁쓸한 회오로 남았다.

청암은 조용한 몸짓으로 나를 감싼다. 긴 입맞춤은 열을 보태주지 않지만 그 자체만으로 완성된 사랑의 표현이다. 나는 그의 팔에 기댄다. 그리고 하늘은 본다. 싸늘한 봄밤이다.

"청암, 지금이 행복한 거지?" 나는 귓속말로 묻는다.

"싫어. 이것으로 행복하지 않아. 그냥 납치해버렸음 좋겠어."

나는 웃었다. 이 사랑의 대화가 요즘의 나를 지탱해주는 유일한 버팀목이다. 그가 오면 나는 가슴을 연다. 이 불만에 가득 찬 생활에서 탈출하는 유일한 교감이다. 그는 기회 있을 때마다 사랑의 표시를 하고 나는 거기에 목숨을 건 것처럼 매달린다. 네 식구가 복작거리는 생활의 불편에서 오는 짜증. 어디로든지 도망가고 싶다고 그를 만날 때마다 뇌까린다. 며칠 째 소화가 안 되어서 소화제를 장복하고 있다. 오늘 밤도 그와 함께 약방에 갔다. 그는 제발 몸이 나 건강했으면 좋겠단다. 나더러 '맹추' 아니면 '여덟 달 반'이라고 놀리지만 자기도 지독한 갈비씨면서 뭘 그러냐고 핀잔을 준다.

엄마가 20일 시골에 가실 때 그와 함께 역에 갔었다. 엄마가 버스에 오르시고 둘이 돌아설 때 맘이 이상했다. 엄마는 점괘 때문인지 모르지만 별로 언짢게 생각하지 않으시고 얘기도 그와 함께 잘 하셨다. 그가 장래 내 남편감이라고 생각할 때 어쩐지 오싹하는 긴장이 든다. '부부'란 정말 어떻게 살아야 하는 것일까? 아마도 오늘 밤 그와 함께 달밤을 누비는 그것만이 전부는 아니리라. 얼마나 어려운 일들이 있을까?

먼 미래 때문에 잠 못 이루는 밤이 있어서는 안 된다. 아까 그는 내 뺨을 쓸어주며 약 먹고 잘 자라고 했다. 모레 오겠다면서. 그와 함께 밤을 지내는 날은 언제쯤 올까? 피식 웃으며 돌아섰다. 며칠 동안 집 문제 때문에 걱정했었다. 결국 어제 전셋돈 6만 원에서 3만 원을 보증금으로 두고 월 2천 원의 사글세로 바꾸고 그냥 이 집에 남기로 했다. 나머지 3만 원은 그가 가져다 쓰고 집세를 물어주기로 했다. 안집 사모님은 그를 어느새 내 약혼자라고 부른다. 일기 쓰는 날이 많지 않다. 그에게 의지하려는 의식적인 노력 때문이다. 매일 혼자 학교 갔다 왔다 한다.

- 3월 29일

　Mr. Jones의 편지를 받으니까 다시 마음이 술렁댄다. 유학을 가려는 계획은 단념하고 있었다. 유학의 꿈은 나이와 건강을 핑계로 차츰 잊히고 있다. 그래서 청암을 가까운 장래의 반려자로서 받아들인 것이다.
　존스 씨는 이제부터 시작할 때라고 썼다. 'Study Abroad'를 보고 내가 원하는 대학에 application을 신청하고 미국대사관에도 알아보라고 한다. 어떻게 하나? 거의 포기하고 있었는데…. 그분은 지금부터 서둘러야 한다고 나를 격려한다. 자기도 도와준다고 약속 하지 않았느냐고 썼다. 문제는 얼마나 노력해야 이것을 성취할 수 있느냐다. 스물여섯의 내가 남의 아내가 되어 평탄한 길을 갈 것인가, 아니면 먼 나라에 가서 외롭고 괴로운 생활을 시작하느냐? 어쩌면 이 갈등은 허영에 가득 찬 여인의 상투적인 꿈에서 비롯되는지도 모른다. 무엇보다도 존스 씨를 실망 시키고 싶지 않다. 또 해외 유학은 나의 오랜 숙원이기도 하다. 그런데 무엇 때문에 망설이는가? 이유는 단지 나 자신에게 있다. 엄마가 보신 점괘를 핑계로 공부를 감당할 수 없을지도 모른다는 사실을 두려워하고 있는 것이다. 사랑하는 사람들을 떠나서 먼 곳에서 방황하는 자신을 지레 겁내고 있다. 지금까지 시도 해온 만큼 앞으로도 하면 되는 것이 아닐까?

내일 강의를 빼먹고 아침에 그와 만나 'Cleopatra' 70밀리 영화를 보기로 약속했다. 그를 만나서 이야기해 보리라. 그리고 점괘에 나온 대로 내가 외국 가면 죽는다든가 앓는다는 그런 미신을 믿지 말기로 하자. 요즘은 매일 시간에 쪼들린다. 시내 나가는 일은 극히 드물다. 반찬 걱정에 머리가 센다. 식구가 늘고 나서는 정말 귀찮을 만큼 일이 많다.

- 4월 6일

설거지, 방청소, 옷 정리를 하고 밀렸던 빨래를 하고 나니 오후 1시 40분이다. 강의가 없는 날은 오히려 짜증이 난다. 집에서 책을 읽으려던 마음은 아침에 어수선하게 버려둔 채 매일 나가는 계집애들 때문만도 아니겠지만 아무튼 뒷설거지는 모두 내 차례니 치우다 보면 하루해가 저물고 만다. 저녁이 되면 또 반찬 걱정에 시집살이 못지않게 속이 상한다. 요새는 학교와 집 외에 외출이라고는 없다. 어떻게 이처럼 단조로운 생활을 견디고 있는지 나 자신도 의문스럽다. 그러나 어떻든 나는 적응하고 있잖은가.

오늘은 내의를 벗을 정도로 포근하다. 뒷담 너머 수양버들이 푸른 기운을 띠더니 오늘은 잎이 파르라니 돋아 나무 태를 갖추었다. 학교에도 개나리가 봉오리를 열었고 진달래도 막 피려는 몸짓을 한다. 계절의 감각을 상실한 것일까? 나는 여전히 두터운 스웨터에 몸을 감싼 겨울 여인으로 남아 있다. 마음이 메마른 것일까? 일상의 여인으로 정착하려는 것일까? 빨래를 하면서, 콩나물을 다듬으면서 그리고 부엌에서 파를 까면서 나는 차츰 자연스러운 내 궤도에 들어선 것처럼 태연해지고 무관심해지고 게을러진다.

이제는 폭삭 가라앉거나 펑 소리를 내면서 터질 열띤 가스가 없는 모양이다. 친구와의 열띤 대화도, 문학적인 감수성도 사라진 모양이다. 이 좁은 방과 부엌에서 방황할 의무만 있다. 이따금 찾아와 내 여성을 일깨우는 청암이 유일한 탈출구이다. 단조로운 숨소리, 맥박, 그리고 계절의 순환. 스파크를 일으킬 불씨는 없는가? 봄이란 계절도 지금은 무의미하다. 내게 진한 열정이 필요하다.

어머니 같은 관용의 눈으로 사랑을 배우는 것도, 성숙한 여인의 몸짓으로 천장을 향해 어설픈 웃음을 흘리는 것도, 비 오는 날 팔짱을 끼고 뚝섬까지 찾아가는 때늦은 낭만 같은 행위도 나를 열에 들뜨게 하지 못한다. 나는 빈 항아리다. 수용하는 데만 적당한 그릇. 모험의 시대는 끝났다. 절망의 늪 같은 오늘을 받아들이는 태도. 신통할 정도로 적응을 잘 해가는 나 자신을 반쯤은 놀라움으로, 나머지는 혐오감으로 주시한다.

- 4월 7일

먹장 같은 구름이 다시 내 위로 드리운다. 대학생활의 마지막이 가까워 오니까 옛날의 불안이 다시 머리를 드는 것일까? 명동에서부터 종로2가까지 걸었다. 선생님과 약속한 시간에서 15분 늦게 '巨象'에 도착해서 4시까지 기다렸다. 그러나 선생님은 나타나지 않으셨다. 혹시 정각에 오셨다가 가신 것은 아닐까. 댁에 세 번이

나 다이얼을 돌렸으나 신호만 가고 받는 사람이 없었다. 홍차를 마시고 나와 공중전화 박스에 들어가서 후암동에 전화를 걸었다. 그러나 아직 존스 씨에게서는 연락이 없었다. 불안이 엄습한다. 멋을 내려고 주홍빛 투피스를 입고 하이힐을 신은 내 모습이 쇼 윈도우에 비친다. 혐오스럽다. 거리의 화사한 옷차림을 한 여인들에게 시선이 간다. 그들의 헤어스타일, 손에 낀 반지, 비싸게 보이는 핸드백을 든 여인의 내면세계가 궁금해진다. 지금 저 여인은 걸으면서 무슨 생각을 하고 있을까?

좌석버스에 올라 눈을 감고 절벽처럼 암담해지는 앞날에 대해 불안해지면 죽고 싶다는 생각이 문득 침범한다. 존스 씨에게서 송금이 끊어진다면 어떻게 하나? 학교에서 문학과 인생에 대한 갖가지 접근 방법을 배우지만 가장 기초적인 의식주 문제를 해결하지 못하는 내게 가난을 극복하는 것이 가장 큰 숙제로 남아 있다. 남 보기에는 문학을, 학문을 그리고 멋을, 낭만을 구하는 탐구자 같이 허세를 떠는 내가 역겹다. 외부로 통하는 문을 닫아 버리자. 그들과 나와는 거리가 멀다. 너무도 오랜만에 시내의 외출이 군중 속의 고독을 일깨워준 것 같다.

− 4월 15일

데빌(devil)이라고 했다. '아름답고 착한 데빌.' 양지에서는 '데빌'이라는 어휘에 쾌감을 느꼈다. 그러나 착한 데빌이 존재할까? 나의 약점은 속박 받고 싶지 않다는 의식일지도 모른다. 아니면 광적일

만큼 남과 달라지고 싶다는 생각 때문일까. 이런 의식이 별로 내세울 것 없는 자신을 포장하는 기술이다. 텅 빈 머리를 견딜 수가 없다. 서투른 곡예는 그만두라는 외침이 내면에서 들린다. 착한 탈을 쓰고 이기적이고 교활한 여자답게 善으로 치장한다. 일종의 치부와 종기를 가려주는 의상처럼.

  오후 3시에 청암이 왔다. 이제는 상습적인 도박꾼처럼 창문을 닫는다. 밝은 것이 싫은 것이다. 나는 익숙해지고 교태를 배운다. 언어와 표정도 고정되어 간다. 그는 5시의 약속으로 나를 괴롭혔다. 포기할까하는 생각이 들었지만 명동에서 둘이 헤어지고 나는 '거상'으로 갔다. 선생님은 신문을 읽고 있었다. 진한 오렌지색 투피스를 보시고는 예뻐지려고 하는 이유가 무엇이냐고 물으셨다. 나는 애매한 미소를 지으며 그냥 술을 마셨다. 명동성당 앞을 비틀거리지 않고 걸었다. 바람이 찼다. 문득 학교에 핀 목련꽃이 어두운 내 시야에 나타났다. 그 꽃을 위해서는 바람이 너무 차다. 내면의 빈 곳을 채우려고 발버둥치지만 버둥대면 댈수록 빈 곳이 커지고 있다는 생각이 든다. 나는 착한 악마가 아니다. 그저 타인에게 잘 보이고 싶은 콤플렉스 때문이다. 어느 순간 버림받는 사생아가 될까 봐 무섭다.

  선생님은 내가 자기를 기분 좋게 이용하고 있다고 하신다. 자기도 기꺼이 그 상대역이 되고 싶고 내게서 좋은 점을 발견한단다. 인간과 신의 중간 지점에서 악마로서 창조 활동을 하신다는 해명을 귓전에서 흘린다. 바바리 깃을 날리며 걸어가는 뒷모습을 지켜보며 나는 혼자

실실거렸다. 나는 자신과 타인을 속이는데 영리한 것 같다. 그렇다고 순간적인 유희나 기분 전환으로 나를 자멸시키고 싶지 않다.

나는 열정과 이성, 아니 자유 의지 사이에서 헤어나지 못하는 여자일 뿐이다. 그렇다고 어느 사내에게도 속박 받고 싶지 않다. 엊그제는 청암 어머니 생신이라 선물을 갖고 갔었다.

하늘이 파랗고 벚꽃이 만개하기 시작한다. 바야흐로 봄이다.

아. 목련꽃 밑에 서 있고 싶다.

- 4월 17일

영임이네 자취방을 방문하기로 약속한 것은 지난 일요일이었는데 어제 일요일에는 청암과 스카라 극장 - 진고개 - 남산 - 다방 - 시장을 누볐다. 과 친구들과 벽을 쌓고 무관심하게 된 것은 비단 내 개인주의 때문만은 아니다. 그들도 모두 자기들을 과대 포장한 나머지 겸손하게 타인을 받아들일 준비가 되어있지 않다. 내가 때로 외롭다고 느끼는 것은 우월감 아니면 자만심 때문이라고 생각한다.

그러나 오늘 같이 우연히 친구들이 캠퍼스 본관 계단에 모여서 푸념일망정 지껄이며 웃거나, 또 기분에 취해 포도주 몇 잔을 마시며 어울리다 보니 한결 기분이 좋았다. 어둑어둑해지는 학교 교정을 걸어 나오며 영임이는 아까 내가 지껄인 말을 되풀이하며 자기도 그것을 느낀다고 했다. "이제는 관념적이거나 플라토닉한 사랑보다는 피부로 느끼는 사랑에 더 끌린다."고. 어지럽도록 마셨다. 저녁밥도 하지 않고 쓰러졌다.

– 4월 18일

허리가 끊어질 듯이 아프다. 청암이 불쑥 나타났다. 그는 '샘'에 서 말했다. 이제는 너 없이는 못 견디겠다고. 이틀에 한 번씩은 봐야겠다고. 관념적인 사랑이 아니고 피부로 느끼는 사랑이기 때문에 더욱 견디기가 힘들다고. 새벽이면 허전하다고 했다. 내가 살아야 하는 이유나 욕망은 그의 사랑으로 대치되어야 하는가?

강의실에서 우두커니 창밖을 내다보거나 대화 없는 몇 시간이 계속될 때 나는 그를 떠올리며 만족하려고 노력한다. 그만큼 그에게 기울어졌다. 이런 변화를 느끼면서 조용히 체념한다. 그의 존재만으로 만족해야지. 완전한 소유. 내 것이 나는 좋다.

– 4월 27일

어제 5시까지 강의가 끝나고 아저씨가 막걸리를 사주겠다고 하기에 따라 갔다. 술좌석에 앉은 사람들은 남자 넷과 나 하나. 아침부터 계속된 강의 때문에 점심도 굶은 탓에 술 한 잔에 어지러워졌다. 내 앞에 앉아 있는 J는 전작이 있어서 몸을 가누지 못할 정도였다. 쓸쓸한 회한에 취기가 가시는 그와의 마주침. 그 앞에 있으면 분화구에서 솟아나는 용암처럼 감정이 뒤틀린다. 목마름 같기도 하고 혐오감 같기도 한 그런 소용돌이. 그렇기 때문에 더 부딪쳐보고 싶기도 하다. 저녁밥을 먹고 가라고 했다. 그는 아저씨네 방에 뻗었다. 나는 현기증을 누르며 타이프를 두들기고 있었다. 술에 취해 잠든 그의 얼굴을 물끄러미 내려다보았다. 나는 주춤거리며 그의 풀어진 셔츠 단추를 끼워주었다. 그가 의식적으로 내 옆자리에 앉았을 때 나는 그의 손을 꼭 찔렀다. 왜 그러냐고 묻기에 "시체 손 같이 찬가 보려구."라고 대답했다. 술김에 나는 아저씨 앞에서 가을에 청암과 약혼한다고 선언했다.

오늘 아침 10시 반. 비가 약간씩 뿌렸다. 청량리에서 그를 만났다. '물망초'를 중앙극장에서 보면서 울었다. 엘리자베스가 두 남자 사이에서 받는 갈등을, 선택의 순간을 실감하면서. 결국 첫사랑을 등지고 남편과 디오(전처 아들)에게로 돌아왔을 때 나는 청암을 배반해서는 안 된다는 생각을 했다. 어젯밤 그와 뚝섬에서 나눈 대화로 인해 그를 떠날 수는 없다고 느낀다. 술을 마신 나에게 보내는 청암의 시선에 비난이 담긴 것은 아니었지만 미안했다.

비가 갠 오후. 날로 풍성해지는 나무 잎새들. 청암과 '르네상스'에 갔지만 짜증이 났다. 내가 파놓은 함정에 빠져서 공부에 관심을 갖지 못하는 스스로가 미워서다. 애정과 공부가 병행해야 한다고 믿고 있는데 나는 지금 무슨 짓을 하고 있는가? 이런 내가 밉다.

그는 괴로워한다. 만날 때마다 내 몸 어느 곳이든지 만지고 싶단다. 어젯밤 감각적인 것 때문에 사랑하는 게 아니냐고 반박했을 때 그는 부인하지 않는다면서 아무튼 나를 보면 즐거워지니까 자주 집에 오는 것이고 늘 안아주고 싶다고 대답했다. 그와 거리를 갖는 게 이제는 불가능하다. 그러나 너무 탐닉하여서는 안 된다는 생각이다. 사랑 때문에 후회할 미래여서는 안 된다. 사랑과 함께 성장해가며, 공부하고 책을 읽어야한다. 나의 미래를 포기할 수는 없다.

- 4월 30일

비가 파란 나뭇잎 위에 뿌린다. 4월의 마지막 날이다. 오후 3시에 오마고 약속한 청암을 기다리면서 책을 뒤적이고 있다. 4시 40분인데도 그는 나타나지 않는다. 그가 온다는 시간이 지나니까 책에 집중이 되지 않는다. 대문소리에 귀를 기울이며 비가 오는 창밖을 내다본다. 초조해진다. 내가 그를 습관적으로 기다리는 것인지 아니면 정말로 보고 싶고 사랑하기 때문에 그런 건지…. 나 자신도 모르겠다.

어젯밤에도 영문과 여학생 여덟 명과 같이 간 머슴애들과 창경원에서 놀았는데 지루해서 혼났다. 청암과 왔더라면 하는 생각에 후회가 앞섰다. 그를 좋아하기 때문인가? 그가 만만해서 무례하게 굴 때가 있는 것 같다. 그와 떨어져 있는 나를 생각할 수가 없다. 그러면서도 가끔 외부로 눈을 돌려 장난기 가득한 유혹의 시선을 보낸다. 그러나 이제는 단순하게 아주 단순하게 살고 싶다.

- 5월 7일

나른한 권태감이 전신을 휘감는 5월의 첫 일요일. 나뭇잎들은 기름을 바른 듯 윤기가 자르르 흘러 태양에 반사된다. 그토록 향기를 발산하던 라일락도 떨어지고 그 대신 잎이 무성해진다. 아침 7시에 일어나 신문을 읽고, 설거지를 하고, 청소를 마친 다음 머리를 감고 책상에 앉은 시각이 11시 20분. 이렇게 해서 하루가 간다.

5월 3일 대통령 선거가 있었다. 그 전날부터 감기에 걸려 아직 기침이 멈추지 않는다. 이틀에 한 번씩 찾아오는 청암은 약혼자로서의 위치를 확립한 듯 거침이 없다. 그의 배려에 몸을 도사리고 고개를 묻는다. 이런 내 모습이 어색하지 않다. 엊그제도 그는 내게 피어어드를 찍어놓고는 내가 전부인 것 같은 표정을 지었다. 이게 여인의 행복이려니 하고 긍정적인 제스처로 받아들인다. 그나마 간직하던 열망이라든가 집념은 한 남자에게로 집중됨을 의식한다.

요즘의 날씨처럼 안일한 권태가 뭉게뭉게 피어올라 터질 듯한 분화구를 막고 있다. 이 나른함 속에 현재에 만족하려는 세속적인 기질이 고개를 든다. 졸업 후의 진로를 생각할 때마다 착잡해진다. 온통 먹칠을 한 듯한 벽만 보이는 미래를 생각한다고 길이 열리는 것은 아니지만 그런 생각이 몰고 오는 불안을 다른 대상에게 전가하고 싶은 여성적인 본능이 고개를 내민다. 나의 미래가 불확실할 바에는 시집이나 가버리자는 안일한 생각이 들기도 한다. 그리고 도전의식도, 내적 갈등도 무디어진다. 이 아름다운 날에 외출을 않고 있어도 전처럼 초조하지 않다. 오후에 청암이 오기 때문이다.

- 6월 6일

오랜만에 일기장을 펼쳤다. 시간이 없어서 쓰지 않은 것은 아니다. 5월 22일부터 시작된 교생실습 때문이다. 그것도 내일이면 끝난다. 강의를 못 듣고 여학생들 앞에 서니 학생의 신분에서 소외된 듯한 외로움을 맛보기도 하면서 분주하게 2주일 반이 지났다.

요즘 만나는 친구들 마다 초조해 한다. 대화 내용은 졸업 후의 진로 문제 때문이다. 우리는 한숨과 불안을 감추며 씁쓸한 체념으로 침묵을 한다. 퇴근길에 캠퍼스에 돌아 나오면서 우리는 모두 그 사이에 짙어진 숲과 앰프에서 흐르는 조용한 선율이 낯설어진다고 저마다 지껄인다.

친구들은 나더러 이제 괜찮지 않느냐고, 재미는 혼자 다 보면서 공연히 그런다고 놀린다. 나와 청암 사이를 의미한다. 특히 짝이 없는 친구들은 더 불안해하고 외로워한다. 나는 곧 약혼을 하게 되고 결혼하면 그만이 아니냐고, 그렇게 사랑하고 아껴주는 사람이 있는데 무슨 걱정이냐고.

그렇게 따진다면 나는 걱정할 것이 없지만 왜 이렇게 초조해지는 걸까? 지난 일요일에도 그와 뚝섬을 거닐었다. 이제는 그와의 만남은 일상이 되어버렸다. 그러면서도 혐오와 사랑과 두려움이 뒤범벅이 되면서 엮어지는 둘만의 역사. 그는 나를 필요로 하고 나는 그가 필요해서 사랑을 한다. Dorothy Parker가 쓴 『페이톤 소녀에게 주는 충고』라는 단편에서 "사랑은 손바닥에 있는 수은과 같다. 손바닥을 쫙 벌리고 있으면 수은은 남아있지만 놓치지 않으려고 오므리기만 하면 수은은 손바닥에서 굴러 달아나 버린다."고 썼다. 여자와 남자와의 관계를 그렇게 비유한 것이다.

지금 와서 무슨 말을 할 수가 있는가? 대학 4년 동안 얻은 것이 있다면 외로움을 견디지 못하는 성숙함이고 약삭빠르게 적응하는 속물근성일까. 어떤 때는 청암이 밉다. 왜 그와 다시 만나게 되었을까? 이제는 탈출할 수가 없다. 그는 끈질기게 다가왔고 나는 그의 구애를 수용했다.

어제부터 중동사태가 악화되어 드디어 이스라엘과 아랍이 전쟁을 시작했다고 라디오와 신문은 시끄럽게 떠들고 6월 8일로 다가온 국회의원 선거 때문에 각 정당마다 부정선거라고 서로 욕지거리를 하고 후보자는 저마다 한 표를 던져달라고 짖어댄다. 나는 이러한 외적 긴장 상태에는 무관심하다. 전쟁이 터져도 그건 나만 죽는 것이 아니니까 두려울 것이 없고 또 가진 것은 몸뚱이 외에는 아무것도 없으니까 서러울 이유도 없다.

그러면서도 졸업 후의 진로는 머리에서 떠나지 않는다. 어떻게 생활을 꾸려가나? 경옥이는 그나마 다니던 일자리를 잃었다. 경숙이도 아직 취직을 못하고 놀고 있다. 지난 토요일에 그 애도 상경했다. 내 주변을 돌아보아야 기댈 곳이 없다. 죽고 싶다고 청암한테 말했더니 자기를 두고 어떻게 그런 말을 하느냐고 화를 냈다. 내 맘대로 할 수 있는 게 아무것도 없다. 속박을 싫어하면서도 나와 내 친구들은 어서 시집을 가고 정착하기를 원한다. 상대가 없는 친구는 자기가 남자의 사랑을 받을 요소가 결핍되어 있다고 열등감을 느낀단다. 아, 이 모순 덩어리들. 입으로는 자유를 찾고 몸으로는 속박을 원하는 우리들은 대학 졸업반 여대생들이다.

- 6월 7일

오늘로 1차 교생실습이 끝났다. 피곤해서 머리가 지끈거린다. 무거운 마음. 식구들의 얼굴이 보기 싫고 짜증만 난다. 시장에 300원을 갖고 가야 겨우 나물 반찬 몇 가지만 손에 들어온다. 물가고와 비례하는 불안, 압박감, 히스테리, 어찌 생활을 꾸려갈 것인가?

긴박해지는 국제정세. 3차 대전이라도 나서 다 죽어버렸으면…. Mr. Jones가 걱정된다. 두 달이 넘도록 편지를 안했으니 내가 얼마나 불성실하고 나쁜 애인가.

밤에는 좁은 방에서 다섯이 잔다. 경숙, 경옥, 경자, 복현이를 번갈아 쳐다본다. 복현이만 제외하고는 모두 불만과 걱정이 담긴 얼굴이다. 경숙의 취직 문제, 경옥의 실직, 그리고 경자의 나이 탓에서 오는 허탈한 표정. 그중 나를 가장 짜증나게 하는 것은 경옥의 얼굴이다. 가슴이 답답하다. 이 네 자매가 얼마나 불쌍한 존재들인가. 맏이라는 점에서 나는 더욱 두렵고 걱정스럽다. 어떻게 사나? 저 입들. 눈들. 그리고 욕망에 찬 한숨들. 아직은 젊어서 무엇이든 기대를 하는 우리 다섯 남매. 모순이다. 그러나 어쩔 수 없다. 그런 걸 해소하려고 하면 할수록 나는 더욱 혼란스러워진다.

- 7월 2일

비가 하루 종일 내렸다. 아니 비라기보다는 가느다란 실타래가 하늘로부터 풀리는 듯한 그런 고즈넉한 비가 내렸다. 그칠 듯하다가는 다시 내리고 또 개였다가 소리 내어 쏟아진다. 7월 13일인가

6·8총선거 데모 때문에 휴교한 이래 멍하니 지내다가 시험 시간표가 발표되고 시험공부 한답시고 도서관에서 하루 종일 지난 지 며칠 째다. J의 출현이 부담되면서도 내 시선이 그를 따라가다 다시 책 속에 고개를 묻는다. 모든 것이 끝났는데 아직도 그에게 관심을 갖고 있는 내가 한심하다.

밤 9시 넘어 집에 왔는데 청암이 기다리고 있었다. 이렇게 비가 오는데도 그는 이틀에 한 번씩 꼭 온다. 안 보면 견딜 수가 없단다. 수박을 갈라서 나누어 먹으면서 피곤한 머리를 그의 어깨에 잠간 동안 기댔다.

- 7월 4일

이 달의 생리통이 어찌나 괴로운지 모르겠다. 어제부터 밥맛까지 없어지고 허리, 다리 등 안 아픈 곳이 없다. 데모 때문에 오늘부터 방학에 들어갔다. 시험을 보이콧 하고 어제부터 시내 각 대학교는 경쟁이나 하듯이 데모를 하고 있다. 시험은 방학 끝나고 볼 것인가? 언제 개학이 되는지 우리 4학년은 이제 공부할 시간도 얼마 남지 않았는데…. 예측은 했지만 막상 방학이 시작되고 보니 머리는 두 조각이 날 만큼 무겁다. 어떤 길을 택해야 하는가를 정해서 마지막 피치를 올려서 공부해야 한다. 졸업 논문도 쓰고, 현대영문학 리포트도 완성하고 취직에 대한 준비도 해야 한다.

여름방학 동안에 차근차근히 그동안의 일을 정리하고 미래를 준비해야 한다.

4년 동안의 대학생활에 미련을 버리고 고된 내년을 위해 준비해야 한다. 아침에 방학이라고 알려주는 친구와 같이 학교에 가서 교시 탑 옆에서 잡담하는 그와 마주쳤다. 방학 동안에 잘 지내라고 말하는 그의 시선을 뒤로하고 돌아섰다. 그에 대한 관심을 완전히 버려야지. 그도 나와 같은 생각을 할 게다.

- 7월 15일

무덥고 끈적끈적해서 불쾌지수가 80이 넘는 오후다. 안정을 잃고 방안에서 허둥대고 있다. 책을 읽을 수도 없고 잠을 잘 수도 없고 조용히 생각에 잠길 수도 없다. 가슴 속에서 탁 터져서 번질 불씨라도 있는 것처럼.

경옥이는 남자 친구가 전보를 쳤다고 조금 전에 충주로 떠났다. 어젯밤 경자, 나, 경옥 세 자매가 모두 울었다. 고향에서 겪은 내 얘기에 경자는 분노했다. 언니의 방종과 경옥이의 무분별한 행동, 그리고 엄마의 형편이 우리 모두를 괴롭히고 있다.

청암과 함께 시골에 간 것은 지난 9일. 갑작스러운 여행이었다. 그는 볼일이 있어서였고 나와 함께 가고 싶어 하는 그의 권유로 따라 나선 것이다. 그는 언니를 보지 못한 채 서울로 왔다. 우리 집에 찾아 왔었고 엄마를 모시고 극장에도 갔었다. 이웃에서는 둘째 사윗감이 왔다고 그의 얼굴을 훔쳐보곤 하였다. 나와 그는 쑥스러웠다. 그는 흐뭇한 모양이었다. 언니 딸인 주경이가 아저씨, 아저씨 하며 그를 따랐다.

내가 닷새 있는 동안 언니는 상경하기 전날만 집에 들어왔다. 언니는 새로 사귄 남자와 방을 얻어 살림을 차렸단다. 기가 막힌다. 조카 주경이를 볼 때마다 가엾어서 엄마와 나는 언니를 원망하며 울었다. 일찍 상경하려 했는데 한약방에 가서 지어다 놓은 약값과 차비를 복현이가 가져오지 않아서 지체한 것이다. 나는 이 모든 갈등에서 도망가고 싶다. 서울 집에 오니 여긴 또 경옥이의 모습이 괴롭힌다.

어느새 열흘이 지났는데 그동안 아무것도 하지 못했다. 책도 잡을 수가 없다. 청암이 내 괴로움을 지켜볼 뿐. 그는 자기와 나의 둘 사이를 제외한 타인과의 관계는 잊어버리라고 충고한다.

- 7월 27일

생각이 없는 사람처럼 지내다가 별다른 이유도 없이 생활의 단절이 의식되고 절망적이 될 때는 미칠 것만 같다. 지금도 눈물이 하염없이 흐르고 있다. 이런 상태가 되면 간단없는 압박감에 숨이 막힐 것만 같다. 지금까지 친하다고 생각되었고 또 피부 가까이 느낄 수 있던 사람들이 낯설어진다. 도대체 나는 무엇을 하고 있는가? 이 숱한 날들이 무의미하게만 여겨진다. 정다운 그들은 모두 어디만큼 있는가? 늘 갈 곳이 있는 것처럼 여겨지던 그곳은 도대체 어디인가? 사랑을 알았다고 자부했고 지금도 하고 있다고 믿는데도 나는 왜 이처럼 처절하기만 한가?

36도까지 올라가는 수은주 때문에 헐떡거리면서 더운 바람만 내는 부채질만 하고 있는 것이 요즘의 일과이다. 오늘 저녁에는 무덥고 후텁지근하던 하늘에 시커먼 구름이 모여들더니 천둥이 치고 번갯불이 번쩍이다가 소나기가 쏟아졌다. 할일이 없는 게 아니다. 갈 곳을 모르는 것도 아니다. 다만 고정된 틀 안에서 구겨진 나를 응시하고 있으면서도 과감하게 그 틀을 깨지도, 바꾸어 놓지도 못하고 있다.

L씨의 부인이 둘째 아들을 낳았다고 시장에서 만난 그녀의 시어머니가 희색이 만면하여 자랑을 했다. 문득 L씨의 얼굴을 생각하고 쓴웃음을 지었다. 만나기만 하면 나를 안고 싶다며 수컷의 미소로 유혹하는 그가 집에서는 어엿한 두 아이의 아빠란다. 그것도 동네에서 소문난 좋은 아빠요 남편이라니. 아이러니다.

인간의 정해진 범주를 긍정하고 있으면서도 오늘 같은 날은 내 숨소리나 입에 음식이 들어오기를 기다리는 식욕마저 역겹고 불쾌하다. 그래서 어느 때는 현기증이 날 정도로 허기를 느낄 때까지 쫄쫄 굶으며 쾌감을 느낀다.

내가 울고 괴로워하는 근본적인 이유는 무엇일까? 눈물샘이 자극되는 순간은 늘 어린 시절을 회상할 때다. 중학교 입학식 때 떨어진 고무신 때문에 빨간 양말이 비에 젖어 입학식에 참석하지도 못하고 쫓겨나서 비를 맞으며 돌아와 컴컴한 골방에서 울던 일 등이다. 졸업 후에는 무엇을 해서 먹고 사나? 더 가난해지면 어쩌나 하는 생각에 머물면 또 눈물이 나기 시작한다. 설마 굶어 죽기야 할까 하고 마음이 놓이다가도 사방의 벽을 느낄 때면 절망하고 울음이 터진다.

사랑도 내 욕구를 채워주지 못한다. 그것은 순간적인 치유 방법일 뿐이다. 술을 마신다든지, 수다를 떤다든지, 또는 남자에게 몸을 맡긴다든가 하는 따위의 쾌락은 일시적이다. 그런 것에 탐닉해서 불안의 씨앗을 제거하지 못하는 나는 방황한다. 그리고 이어지는 실망과 체념. 모기가 귓속에 파고 들 것처럼 앵앵거린다. 어느 것이든지 살아 있을 때가 좋은 게 아닌가. 모기는 내 손에 잡혀 죽기 전까지는 앵앵거리는 음향의 주인공이었다.

- 7월 28일

청암과 밥상을 앞에 놓고 마주 앉아 저녁밥을 먹었다. 낮의 무더위도 차츰 가셔지는 시간이기 때문에 마음이 얼마쯤은 서늘해지고 있었다. 그러다 문득 어제와 오늘의 우울증이 되살아났다. 밥상을 치우지도 않았는데 눈물이 또 쏟아졌다. 청암은 나를 자기 곁으로 잡아당기며 왜 그러느냐고 물었다.

"이유 없이 우울하네요."

이 대답이 내 울음을 더 자극했다. 그의 가슴에 얼굴을 묻고 울었다. 그는 어깨를 토닥토닥하며 하며 달래주었다. 어릴 적의 떨어진 고무신 생각이 다시 엄습했다. 왜 이러지? 그는 자기가 곁에 있는데 왜 자꾸 그러느냐고 한다.

하루하루 다가오는 졸업. 나는 집행유예를 받은 죄수 같다. 무서운 공포가 엄습할 때마다 어디로든지 숨고 싶다. 그가 나를 안아주는데도 왜 이렇게 두려워지는 것일까? 한가한 시간이 많고 매일 편하게 놀기 때문에 불안이 한층 더 증폭되는 것 같다.

- 7월 31일

7월도 어느덧 꼬리를 감춘다. 내일은 8월의 시작이다. 온종일 괴로운 잔걸음을 되풀이 했다. 메리놀, 황 선생님, 시사영어사에 다이얼을 돌렸다. 통화료를 30원 물었다. 결정할 사안이 없는데도 단안을 내려야겠다는 절박감 때문이었다. 오늘따라 청암이 기다려지는데 오지 않는다. 엊그제 우울하게 그와 헤어져 집에 와서 후회를 했다. 이자만 7,200원이 나갔다는 그가 못내 측은해서 짜증까지 났다. 음식점에서 물수건으로 손을 닦으면서 "너 때문에 일하는 거야." 하던 사람인데…. 다른 사업을 시작한다고 동분서주하는 그를 생각하면 안타깝다. 그는 엊그제 내 우울증 때문에 자극을 받은 것은 아닐까? 이제 그런 표정일랑 짓지 말아야겠다. 그에게 따뜻한 내조자로 있어 주어야지 하는 결심이 때로 나를 지배한다.

오늘 그가 왔다면 활짝 웃으며 맞을 텐데. 네 얼굴을 보면 피로가 풀린다고 말해줄지도 모르는데. 안 오는 걸 보면 무척 바쁜 모양이다. 조그만 체구에 온통 긴장된 딱딱한 표정으로 어디에선가 장사를 하고 있을 그를 생각하면서 나도 열심히 살아야겠다고 다짐해본다.

- 12월 4일

졸업시험이 끝났다. 홀가분하기보다 허전하고 가슴이 무겁다. 4년의 대학 생활. 그동안 중간시험을 빼고 모두 여덟 번의 시험을 쳤다. 아니 장학생 시험을 합하면 열두 번이다. 지난 4년 동안에 중간고사와 학기말 고사가 끝났을 때는 마음이 가벼워 하늘에라도 날아갈 것 같았다. 그래서 친구들과 어울려 찻집에 들르거나 아니면 명동의 선술집으로 가곤 했다. 다행히 첫눈이 내리는 것과 일치될 때면 내게 축복이 내려지는 듯한 착각이 들기도 했다.

그런데 오늘 마지막 졸업시험을 마치고나니 내 인생에 다른 어떤 시험이 있을까 하고 초조해진다. 가진 게 아무것도 없고 더구나 친정 식구들의 생계까지 책임져야 하는 내게 더욱 어렵고 복잡한 시험이 내 앞에 가로 놓여 있을 것이다. 마음이 얼어버리는 듯 냉기가 돈다. 졸업 후에 어떻게 살아야 한단 말인가?

> The boast of heraldry, the pomp of power,
> All that beauty, all that wealth e'er gave,
> All alike awaits the inevitable hour,
> The path of glory lead but to the grave.

Thomas Gray의 이 시를 해석하라고 시험에 났었다. 인생은 이 시를 해석하는 것만큼 쉽지 않을 것이다. 인생의 허무를 실감하기에는 앞으로 남은 여정이 길다. 미리 그것을 느꼈다고 속단하려는 허영심은 차라리 애교스럽다.

나는 지금 울고 있다. 가슴으로, 머리로, 그리고 몸으로. 그리고 떨고 있다. 내 앞으로 오게 될 더 어려운 시험과 사회에 나가서 낙제 할까봐 두렵다. 나를 구원해주는 것은 무엇일까? 4년 동안에 나는 그것을 찾아야 했다. 그런데도 내 뇌 속에는 몇 개의 단어와 시 구절, 그리고 영미의 책 이름만이 맴돌 뿐 어느 것 하나에도 자신 없는, 이 조그만 네모난 방의 Prufrock가 되어버린 자신을 발견하는 것이다. Prufrock가 아니더라도 나는 "I should have been a pair of ragged claws/ Scuttling across the floor of silent seas."라고 절규하고 싶은 심정이다.

어느 것에도 결단을 내릴 수가 없다. 숱한 초조와 망설임과 회오만이 남았을 뿐. 내가 지껄이는 말 한마디도 확신을 못한다. 4년이 내게 준 귀한 것이 있다면 체념하는 버릇이다. 인생은 별것이 아니며 전에 내가 부러워하던 그 모든 것들(털구두, 시계, 그리고 화사하게 화장한 얼굴들)과 어른들의 자유스러움은 모두 하나의 습관이며 표상에 그친다는 것을 배웠고, 내가 바라는 그 모든 것은 허영에 불과하다는 체념을 배웠을 뿐이다.

나를 지탱해주는 것은 의욕도, 희망도 아니며 오직 습관과 생활의 궤도를 벗어나지 못한 타성이다. 내가 아무리 절망해도, 내가 아무리 슬퍼하고 가슴 아파해도 여전히 나는 숨을 쉴 것이며, 겉치레의 웃음을 웃다가 잠이 들 것이다. 죽고 싶다는 헛된 구호는 슬픔을 포장하는 액세서리가 될 것이다. 모든 사람들이 지나갔고, 가고 있는, 그리고 앞으로 가야 할 길을 나도 역시 그대로 답습할 것이다. 또 더 많은 상처를 입으면서 부조리에 눈 감고, 양심에 눈감고, 정에 눈 감으면서. 점점 내 가슴은 조그마해지고 열정은 식고 미래의 전망은 흐려질 것이다.

- 1968년 1월 5일

거울을 본다. 한 살을 더 보탠다. 주름살에 신경이 쓰인다. 불거져 나온 광대뼈는 팔자가 센 여인으로 보이게 한다. 누르끄레한 빛깔이 더 해진 눈빛. 이제는 기대를 걸만한 것이 없다. 어느새 종점에 와버렸단 말인가? 침묵으로 대변해온 이 수많은 날들. 가슴앓이가 계속된다. 그런데도 계속 절벽 위에 서 있는 듯한 절망에서 벗어나지 못하고 있다. 왜 나만 이처럼 뒤에 처져있는가? 버릇처럼 익혀온 위장의 수단인 웃음조차 잃어간다.

다섯 식구의 밥벌이를 위해 나는 뭐라도 해야 한다. 일거리를 찾아야 한다. 이 두 칸짜리 방과 잡다한 살림을 지탱해야 한다. 그래서 점점 소심해지고 위축된다. 4년간의 대학생활을 돌이켜본다. 놀고, 마시고, 사랑했고, 울었다. 공부라기보다 학점을 따려고 했다.

2월 27일이 졸업식 날이다. 총장상을 탈 가능성이 있단다. 나는 흡사 귀여움을 받다가 변덕스러운 주인에게 버림받은 강아지 같다. 무대 위에서 지껄이다 문득 객석을 보면 텅 비어 있는 의자! 찾아갈 친구도 없다. 그리고 찾아오는 친구도 없다. 이렇게 해서 나의 대학생활은 겉으로는 화려했지만 속은 텅 빈 연극으로 끝맺음을 하게 될 모양이다.

첫째 나는 취직하고 쥐꼬리만한 월급이라도 받아서 식구들을 먹여 살려야 한다.

그런데 하루, 하루를 아무것도 하는 일 없이 보낸다. 가슴에서는 초조함이 물결을 치는데 표면적으로는 나태하다. 나는 청암과의 연애에도 기대하지 않는다. 그도 식구들을 먹여 살려야 하는 장남이다. 일기도 쓸 것이 없다. 이제는 정신으로 사는 것이 아니라 몸으로 살아야 한다. 그렇다고 몸을 감쌀 무엇이 있는가. 단지 내의와 스웨터 밖에. 아니 낡은 오버코트가 있긴 하지만.

36년 만에 영상의 소한이다. 요새는 걸핏하면 이상기온이란다. 날씨도 미치지 않으면 안 되는 모양이다.

- 1968년 2월 27일 대학 졸업

대학 4년간의 결산일이었다. 게다가 나는 4학년 동안의 성적이 평균 94점으로 총장상을 받았다. 남들은 나를 축하해주고 기뻐해준다. 커다란 상품을 졸업식장에서 총장님으로부터 받을 때의 감격을 생각하면 나도 기쁘고 자랑스러웠다. 더구나 나는 Jones씨의 도움으로 대학을 다녔기 때문에 그분에게 조금이라도 보답했다는 안도감을 느낀다.

그러나 졸업식이 끝나고 집에 오니 착잡하고 우울했다. 어제는 세 시간을 다방에서 울었다. 청암은 곁에서 달래다 못해 그저 지켜보고만 있었다. 회의와 공포가 엄습했다. 25일에 상경하신 엄마와 할머니. 나는 기뻐하기 전에 우선 돈 걱정부터 해야 한다. 청암도 나를 위해서 마음대로 돈을 쓰지 못해서 매우 서글픈 모양이었다. 나는 더 생각하고 싶지 않았다. 언니의 야릇한 이중생활. 경옥이의 유산, 그리고 나의 취직. 내 머리는 터질 것만 같다. 엄습해오는 가난에 대한 두려움은 또 어떻게 한담? 한 달에 드는 엄청난 생활비를 이제부터 어떻게 감당한단 말인가? 이러한 생각은 총장상 수상의 기쁨마저 송두리째 앗아간다. 겉보기에는 아무런 티도 내지 않고 청암이 사진을 계속 찍어주었고 나는 종일 얼굴에 웃음을 띠었고 만나는 사람들 마다 나를 축하해 주었다. 연 비취색 스프링코트를 입은 나는 그들의 축하에 미소로 답했다. 당장 닥쳐올 생활고는 내 마음 속에서 얼마 동안은 움츠리고 있었다. 많은 사람들의 선망의 눈초리를 못 본 체하면서….

청량리에서 늦은 점심을 먹고 다시 학교로 와서 가운을 반납하고 앨범을 찾고 저축한 1,100원을 찾는 동안 나는 새삼스럽게 소외감을 느꼈다. 이제부터 나를 기다리는 것은 가난으로 인한 고생뿐일까? 앞으로도 지난 4년 동안 공부하고, 연애하던 생활이 있을 수 있을까? 저 아름드리 본관의 기둥과 도서관의 시계탑, 숲, 벤치, 그리고 밤의 경치는 대학생활을 풍요한 착각 속에 살게 해주었다. 나는 사랑을 했고 친구들과 어울려 술을 마셨고 영어책을 읽었다. 대학 오기 전의 결심처럼 열심히 공부하지는 않았어도 항상 성적이 좋았다.

전체 수석으로 졸업한 나를 인터뷰한 대학주보 기자에게 얘기했듯이 나는 강의를 열심히 들었고 놀기도 열심히 놀았다. 후회는 없다. 공부를 더 했어야 한다는 뒤늦은 후회를 제외하고는. 이제 나의 황금기는 끝난 것인가? 취직이 얼른 될까? 대학원 진학은 못한다. 결혼도 요원하다. 내게 의지하고 있는 다섯 식구들과 먹고 사는 문제가 시급하다. 나 하나라면 걱정이 없겠다.

졸업식이 끝나고 5시 반에 송문정 씨네 집에 초대되어 갔다. 여자는 나 하나였고 남자는 아홉 명이었다. 나는 앞으로 웃을 일이 없을 것처럼 많이 웃고 마셨다. 그들과 택시로 시청 앞까지 갔다가 먼저 집에 왔다. 집에 오니 총장 상품인 벽시계가 맑은 소리를 내며 벽에 걸려 있었다. 엄마와 할머니는 나의 걱정은 모르고 좋아만 하신다. 혼자만 속이 탄다.

- 3월 3일

내일부터 경희여중 대리 영어선생으로 한 달 동안 일하기로 했다. 이렇게 사회는 매정하고 계급을 따지고 학교 등급을 따지고 돈을 따진다. 각오는 했지만 너무도 치사하다. 살아야 한다는 것이. 적응이 되기까지는 괴로우리라. 공부해야겠다. 아직 미흡한 내가 밉다. 무엇인가 또 뚫고 갈 곳을 만들어야 한다.

우리 집 식구는 모두 불행하다. 거의 매일 울 일이 생기고 괴로워한다. 언니의 병든 모습이 무섭다. 여자란 한 번 시집을 잘 못 가면 저지경이다. 할머니는 3월 1일에 가셨다. 엄마도 가신단다. 나는 엄마 보는 것이 두렵다. 엊그제 나는 청암과 함께 종일 시간을 보냈다. 이제 내게는 그 사람 밖에 없을까? 다른 남자에게 흥미가 가지 않을까? 나는 그를 사랑한다. 그러나 어떻게 될지는 모른다. 나의 앞길은 모른다. 이기적인 생각일까? 나는 풍요롭게 살고 싶다. 경제적으로. 정신적으로.

- 4월 6일

설상가상으로 복현이가 병원에 입원했다. 엊그제 밤 과외지도를 마치고 집에 오는 길에 석관동에서 깡패들에게 맞았단다. 돈 때문에 미련을 부렸는데 동생이 밤새 잠을 못 자고 아파해서 오늘 '성 바오로' 병원에 갔더니 내출혈이 심해서 입원을 해야 한다는 것이었다. 눈물이 쏟아졌다. 답답하고 아득하였다. 돈이 없기 때문이었다. 경자에게 돈 만원을 부탁해서 입원을 시켰다. 오래전에 내가 병원에 입원했을 때 돈 때문에 우시던 엄마의 마음을 짐작할 수 있었다. 엄마에게는 알리지 않기로 했다. 취직 걱정이 태산 같은 데 이건 또 무슨 날벼락이란 말인가?

- 6월 4일

세상의 끝 날이 온 것만 같이 가슴이 조인다. 피로가 범벅이 된 청암의 얼굴을 보지 않았다. 나는 그의 불운보다 나의 불행을 슬퍼하며 울었다. 그는 모든 것을 포기한 사람이 갖는 허탈한 표정이었다. 나더러 미국을 가라고 했다. 둘이 불행해지기보다는 나만이라도 가난에서 벗어나고 거기서 좋은 사람 만나서 결혼해도 할 수 없지 않겠느냐고. 내가 좋은 여자라는 것도 알고 있다고 하면서 위스키 한 잔의 힘을 빌려 말을 했다.

인간에게 기대를 걸 수 있는가? 그동안 나는 무엇에 매달려 왔나? 사랑이라는 미명하에 서로 뺏으려고만 했던가? 슬프기보다 허전하고 외롭다. 청암은 미국에 갈 때까지 만이라도 자기를 지켜달라고 말했다. 나를 포기할 수는 없노라고. 너 때문에 살고 있지 않느냐고. 나는 그가 불쌍해서 가슴이 아리다. 그를 돕고 싶다. 그러면서도 절망적인 생각에 모든 것을 포기하고 싶다. 그는 포옹을 해 주고 돌아갔다.

경희국민학교에 나간 것은 5월 21일부터다. 나는 국민학교 영어 강사다. 할 일이 많지 않아 편하다. 일주일에 12시간만 가르치면 된다. 아! 가슴 막히는 절벽.

- 10월 18일

4개월 만에 다시 일기를 쓴다. 저항을 모르는 백지에 푸념을 쏟아놓지 않으면 못 견딜 것 같아서다. 될 수 있으면 일기를 쓰고 싶지 않다. 솔직함을 가장한 과장과 허구에 가까울 만큼 나를 미화시키려는 자신을 알기 때문이다. 요즘 두 개의 삶을 살고 있음을 발견한다. 머리로 그려보는 생활과 단조로운 영어 강사로서의 생활을. 그리고 우리 집 식구들이 모두 서울이라는 큰 아가리 속으로 합쳐서 숨이 막힌다. 그리고 결혼이라는 엄청난 모순 앞에서 망설이고 있다.

엊그제 겨울을 재촉하는 가을비가 내린 후로는 이 썰렁한 도서실에서 견딜 수 없을 만치 냉기를 느낀다. 그래서 더 외롭다. 오늘 아침에는 코트를 입고 출근했다. 동시에 이 묵은 일기장을 찾아내서 학교로 갖고 왔다. 이제부터는 여기서 적어나가려고 한다. 단조롭고 변화 없는, 그리고 언제나 현실적인 욕구로 쫓기는 내게 저항하지 않는 백지가 유일한 탈출구이다. 대학 입학 전에는 일기를 쓰는 맛으로 산다고 장담한 적도 있었다. 외면적으로는 보잘것없지만 내면의 나는 누구보다도 정신이 풍요로운 사람이라고 자부하던 때도 있었다. 그러나 지금의 나는 상황이 달라졌다. 쥐꼬리만한 월급이지만 생활을 꾸려가고 있고, 대학을 나왔고, 전보다 덜 초라해 보일 만큼 치장을 하고 다닌다. 그러나 마음은 어떤가? 마음은 더욱 메마르고 고독하다. 내가 어떻게 되리라는 희망도 없다. 매일 기계처럼 시간에 따라 움직이고 있을 뿐이다. 죽음에 대한 유혹도 사라지고 산다는 것에 대해서도 기대치가 없어졌다. 이런 내가 불쌍하다. 싸늘한 도서실에서 가을 하늘 색이 변해가는 걸 바라보며 시들어간다.

- 10월 23일

가을 햇살이 따사롭다. 절간같이 춥고 스산한 도서실에서 나는 도망자의 눈으로 햇살을 탐한다. 이곳에서는 늘 햇빛이 아쉽다. 오후 여섯 시 반에 뉴욕제과에서 영문과 졸업생인 현수와 옥혜를 만났다. 모두의 화제는 결혼이고 그것은 연애와 중매의 틈에서 오간다. 집에 온 것은 9시 30분. 청암이 있었다. 방안의 분위기가 어색했다. 엄마는 벽 쪽으로 누워 계시고 경숙이는 라디오에 귀를 모으고 그는 신문을 뒤적이고 있었다.

나는 친구들과의 대화를 들려주었다. 딸과 엄마의 알력이 생기게 마련인 연애에 대해서다. 엄마는 별안간 청암을 향해 누운 채로 "나도 솔직하게 자네를 만족하게 생각하지 않네. 모두가 불만일세."

라고 하시는 것이 아닌가. 엄마가 그의 면전에서 이런 말을 한 것은 처음이다. 얼굴이 뜨거워졌다. 먹던 밥도 물리치고 그를 따라 나섰다. 그는 시종 담담한 표정이었다. 다방에 앉아서 작은 말싸움을 했다. 엄마가 아무리 그렇게 하셔도 자기는 별로 영향을 받지 않지만 문제는 내가 아직 확고하게 결혼하려는 의사가 없기 때문에 불안하다는 것이다. 그는 나를 자기에게 감금하려고 한다.

집에 돌아와 누우니 잠이 오지 않는다. 지붕 위에 비가 떨어지는 소리가 들린다. 온갖 상념으로 몸을 뒤척이다 어지러운 잠 속에 말려들었다.

- 10월 24일

올림픽 중계방송을 듣다가 12시쯤 집을 나섰다.

어제 전화로 화양리 문수사를 방문하기로 약속했었다. 경숙이가 직접 수놓은 티 테이블보를 선물로 갖고 국화꽃을 사서 들고 20여 분을 걸어가는데 바람이 빗줄기를 타고 세게 불었다. 손은 빨개지고 머리는 헝클어졌다. 진흙탕 길은 우화를 신었는데도 스타킹 위로 흙이 튀고 난폭하게 달리는 차들이 연한 녹색의 코트에도 흙을 튀기며 달렸다. 4년 동안 매달 한 번씩 다닌 길이다. 문수사의 거처가 있는 저택은 아까시나무로 둘러싸여 마치 성 같다.

도착해서 40여 분을 기다렸다. 오후의 잠에 빠진 그를 깨울 수가 없다는 것이다.

63세의 노인인 문수사는 감기가 들어 기침을 하고 있었다. 나는 그분에게 현재의 심정을 털어놓았다. 유학 가는 꿈을 포기할 수 없으면서도 현재의 사정은 불가능에 가깝다고. 동시에 결혼도 포기할 수도 없으니 조만간에 한 가지를 선택해야 한다고. 그분은 현재의 내 심정을 이해한다고 말했다. 그리고 내가 자신감을 상실하고 열등감에 빠져 있다고 말했다. 그분은 내게 미국 간다면 충분히 그곳 학생들과 어울려 공부할 수 있을 것이라고 했다. 지금 포기하고 유학을 단념한다면 Mr. Jones가 실망할 것이라고도 했다. 존스 씨는 수차례 자기에게 나의 유학에 관해서 얘기했고 앞으로도 도와줄 의사가 있음을 표시했다고 했다. 그분은 존스 씨에게 다시 연락해 보겠다고 약속했다.

돌아올 때는 어떤 트럭 운전기사가 호의를 베풀어주어서 진흙탕을 걷지 않았다.

수자네 집에 들러 놀다가 오후 네 시에 청암을 만났다. 그를 만났을 때부터 우울했던 것 같다. 자꾸만 대화가 틀어지기만 했다. 저녁을 먹고 남대문시장에 가서 스타킹을 사서 집 가까이 왔다. 여전히 비는 내리고 있었다. G다방에 들어가 위스키 티를 시켰다. 그가 먼저 얘기를 시작했다. 어젯밤 이후 줄곧 자기는 기분이 언짢고 불편하다고 했다. 왜 내가 엄마 말씀에 동요되어야 하며 자기를 그처럼 쑥스러운 상태에 놓아두느냐는 것이다. 다른 사람을 선보라고 하더라도 거절해야 할 텐데 덩달아서 마음이 흔들리는 것은 자기가 나를 사랑하는 만큼 내가 자기를 사랑하지 않기 때문이 아니냐고 따졌다.

나는 그에게 결혼은 사랑만 가지고는 성립되는 것은 아니라고 대들었다.

왜 나를 좀 자유롭게 놓아둘 수 없는가. 결혼하기 전까지는 자유롭고 싶다고 했다. 나도 자기를 좋아하고 미국을 못 가면 자기하고 결혼한다고 말하지 않았느냐고 반문했다. 그것은 자기를 쉽게 포기할 수 있다는 것을 의미하지 않는가? 물론 객관적으로 따져서 자기와 나의 결혼이 내게 유리하지 않다는 것은 알고 있지만 자기와 내가 합친다면 남보다 불행해지지 않을 자신이 있기 때문에 결혼을 서두른다고 했다. 그러나 자기는 결혼생활에서 오는 행복 외의 어떤 다른 것(즉 공부를 계속하기 위해 대학원에 간다든가 하는)은 보장할 수가 없다고 잘라 말했다.

그의 말에 한 대 얻어맞은 느낌이었다. 눈물이 쏟아지기 시작했다. 다방의 레코드에서는 G선상의 아리아가 흐르고 있었다. 나는 속으로 "영수, 너 꿈 깨라."고 중얼거렸다. 지금까지 나는 꿈을 꾸고 있었던 것인가. 다른 남자와 오래 교제하지 못한 것은 남자에게 종속되는 느낌 때문에 환멸이 왔기 때문이었다. 그러나 그에게서는 무한한 애정을 받고 있다고 생각했다. 이것은 착각이었나? 사실 나는 그에게 이기적이었다. 그러면서도 그의 애정의 깊이를 확신하고 있었다. 이런 착각은 어디에서 연유했을까?

남녀관계는 참으로 묘하다. 사랑의 순간에는 한 몸으로 동화한다고 느끼면서도 또 어떤 때는 서로 감정의 칼날 위에 마주 서서 핏발선 눈으로 대결한다. 나는 정말 처음으로 그에게서 이런 대결 의식을 느꼈다. 다른 남자에게서는 항상 느끼고 있었던 것이지만.
 나는 계속 울었고 그는 가만히 있었다. 자기 말이 지나쳤나 보다고 했다.
 자기의 사랑이 넓고 깊다는 것은 알아달라고 했다. 나는 우산 밑에서 그와 입술을 포개면서 이렇게 말했다.
 "결국 인간의 관계는 한계가 있게 마련이네요. 언제나 느끼던 거지만요. 청암의 나에 대한 사랑은 무한이라고 생각하고 있었거든요."
 그는 이대로는 불안해서 못 헤어지겠다고 했다. 위스키를 두 잔 마셨는데도 정신은 말짱했다. 내일 7시에 '연호'에 나오란다. 만나지 않으면 견딜 수 없을 거란다. 그가 골목 밖으로 사라지는 것을 지켜보면서 나는 다시 눈물을 흘렸다. 눈을 돌려 먼 불빛을 응시했다. 가슴 밑에서 절망이 밀어 올라왔다. 이래서 나이를 먹고 쉽게 단념하는 것을 배우나 보다. 눈물을 삼키고 대문을 흔들었다. 대문이 저항하듯이 둔탁한 소리를 냈다. 바람이 세게 분다. 바람과 비가 겨울을 재촉한다. 다행히 아무도 내가 술을 먹고 울었다는 것을 눈치 채지 못했다. 화장을 지우지 않은 채 잠이 들었다.

 – 1969년 1월 1일
 한 살을 더 보태고 말았다. 아무런 저항도 하지 못한 채.
 거울에 비치는 내 얼굴이 누렇게 부어 있다. 영하 12도란다. 라디오에서 기유년을 알리는 보신각의 종소리가 서른세 번 울린다. 과장스러운 아나운서의 음성이 귓전을 때린다. 그러나 나는 여느 때처럼 눈물이 나지 않고 담담하다. 나는 생활인으로서, 평범한 아낙네로서 갈증을 느끼면서도 샘물 찾기를 단념한 수동적인 생물체로서 존재한다.

지난해는 영광스러운(?) 대학 졸업이 있었고 일자리에 대한 불안과 초조가 떠나지 않았다. 여전히 발붙일 곳이 없다는 좌절감을 느낀다. 그러나 식구들을 부양하는 최소한의 보장을 받았으니 더 이상 어떻게 버둥거리랴? 내 곁에는 여전히 그가 있고 올해는 무슨 일이 있어도 나를 자기 집으로 데리고 가겠다고 장담한다. 나는 몇 마디 저항하지만 별수 없이 그의 아내가 되리라고 체념한다. 더 무엇을 추구하며 저항하랴?

나는 스물여덟 살이다. 이제 서른 살을 향한 고개 마루에 섰다. 어쩔 수 없이 세월의 쓴 잔을 마시며 신파조의 넋두리를 하다니. 올해는 무엇을 할까? 내 꿈은 무엇인가? 거짓이어도 좋으니 새해의 설계를 생각해보렴.

첫째 안정된 직장을 얻고 싶다. 이번 겨울방학 때 경희국민학교 영어 교재를 준비하고 있으면서도 망설이고 있다. 책을 만들어 팔면 몇 만원의 수입을 얻겠지. 계를 타서 전세방이라도 얻어야지. 그리고 결혼은? 가을쯤 하게 될 것인가? 그러나 자신이 없다. 시집가서 살림을 하고 직장을 어떻게 다닌담. 서른 살쯤 할까? 결혼을 서둘러야겠다고 생각하면서도 두려운 것은 아직 그의 생활이 안정되어 있지 않기 때문이다. 가난은 질색이다. 무슨 수를 써서라도 가난을 면하고 싶다. 그리고 셋방살이도 지긋지긋하다.

그러나 무엇보다도 나의 가장 큰 소망은 나를 표현하고 싶다는 것이다. 여유가 있다면 습작하고 싶다. 글쓰기를 통해서 따분하고 평범하고 역겨운 생활에 조금이라도 보람이 있었으면 좋겠다. 무엇인가 나의 속에서 생산해낸다는 희열을 맛보고 싶은 것이다. 그러나 가능할까? 이제는 일기조차 쓰지 않는데.

그러나 노력해보고 싶다. 자신이 없지만 너무 욕심 부리지 말고 작은 것부터 시작해보자. 그러나 헛된 꿈으로 그치면 어쩌나? 대학원의 꿈이, 유학의 꿈이 물거품처럼 사라진 지금 나는 무슨 희망을 갖고 사는가? 그는 결혼하면 새 삶이 시작되는 거란다. 나도 그랬으면 좋겠다. 무언가 새로운 각도에서 나를 보고, 인생을 보는 눈을 가졌으면 좋겠다.

- 4월 6일

푸념을 늘어놓는 상태가 끝나야 진짜 소설을 쓸 수 있다. 책을 읽고 씌어 있는 문장을 외우려고 해서는 안 된다. 전체적인 흐름을 알아야 소설을 쓸 수 있다. 일상적인 것을 소설로 쓸 때조차 외적인 고통에서 작품을 쓰는 것보다 내적인(의식적인) 고통의 세계에서 작품이 나온다.

나를 지금까지 옥죄고 있는 절망 세 가지를 열거하라는 질문을 받는다면 무엇이라고 대답할까? 첫째, 6·25전쟁으로 아버지를 잃은 유년기부터 우리 집을 덮친 가난. 둘째, 현실과 괴리된 욕망. 그리고 세 번째가 좌절된 유학의 꿈이다.

- 4월 17일

"I am a tomb of your secrets."이라고 나는 선생님께 말씀드렸다.

그분이 내게 자신의 프라이버시에 대해서 얘기하는 일이 없는데 오늘은 힘들어진 경제 사정 말씀도 하셨다. 가짜 황순원이 나타나 소녀들을 괴롭히고 있다고도 하셨다. 선생님의 유명세 때문이 아니냐고 했더니 가짜가 진짜보다 나을지도 모른다고 하셨다. 지금 저와 마주 앉은 분은 가짜가 아니냐고 물었더니 진짜라고 하신다.

요즘의 나는 두뇌가 퇴화해가고 동물적인 생활에 젖어있다고 고백했다. 너무 단조롭고 비참하다고. 이대로 일생을 끝내고 싶다고 푸념을 늘어놓는 내게 그런 생각을 갖고 있다는 자체가 벌써 거기서 이탈할 수 있는 요소를 갖고 있으며 나의 자의식이 나를 불행하게 만들고 있다고 말씀하셨다.

그분은 나의 인텔리젠스(intelligence) 때문에 나와의 대화가 즐겁다고 하신다.

피난 당시 대구에서 새파랗게 젊은 상사 밑에서 일본어를 번역하며 생계를 꾸려 가셨다는 선생님 말씀이 내게 위안이 된다. 나의 이성과 프라이드는 겉으로는 타인에게 자기의 비참함을 드러내면서도 속으로는 그것을 부정하고 오만하게 버티어가는 고집이 있다고 하신다.

일본의 어느 작가는 박이 저절로 갈라져 있는 모양이 자연의 극

치라고 하였다는 말씀을 하셨다. 나는 어쩌면 순수한 문학에의 열정보다 허영심 때문에 선생님께 접근했는지도 모른다고 말했다. 시골 소녀들이 가짜 황순원에게 속아버리는 것도 그들의 허영심에 기인하는 것이 아니겠는가. 선생님은 절대 다른 사람에 관해서 비판을 하시지 않는다. 내가 그렇지 못하기 때문에 그분의 그런 성격을 두려워하고 존경한다.

밤에 길가에 있는 포장마차에 들어가서 구운 은행을 맛있게 먹었다. 선생님은 소주 한 잔과 돼지고기 구이를 잡수셨다. 선생님과 헤어져서 합승 택시를 잡았다. 택시 안에서 고가도로를 지나며 명멸하는 네온사인들을 보면서 눈을 감는다. 다시 한 달을 단조롭게 사는 활력을 얻게 된 것을 마음으로 자축한다.

사는 것은 다 그런 것 아닌가. 성이나 종교가 인간의 존재감을 인식하는 필수적인 요소라고 생각하는 사람들에게 말하고 싶다. 인간의 정신 작업은 목적이 없는 것이라고. 문학의 주제가 섹스냐 종교냐를 불문하고 그 작품이 얼마나 진실하게 다듬어져 있느냐가 문제라는 선생님의 말씀을 빌어서 독백해보는 것이다.

봄의 훈훈함을 피부로 느끼며 밤길을 걷는데 울고 싶어진다.

− 6월 4일

어느 순간에 생각지도 않은 충동이 나를 6월의 도서실의 한기로부터 햇빛 속으로 내몬다. 어제 교양학부에 전화를 걸었었다. 전화가 고장이 났다고 했다. 을씨년스러운 도서실로 돌아와 국사책을 펴놓고도 망연히 찬란하고 눈부신 바깥을 내다보고만 있었다.
 목이 칼칼하다. 거의 두 달 동안 선생님을 뵙지 않았다. 그동안 시간을 의식하지 않고 살아온 탓인가. 오래된 것 같기도 하고 엊그제 같기도 하다. 그분 댁에는 전화도 없어졌다. 집도 남의 손으로 넘어갔다고 했다. 오한을 느끼며 바깥으로 나왔다. 교양학부로 갔지만 선생님은 안 계셨다. 문리대에 계신다고 했다. 뵙기가 안쓰러웠다. 얼굴이 까매지고 여위어 있었다. 술을 사드리겠다고 했더니 바쁘다고 하셨다. 사람은 갖고 있었던 것을 잃었을 때가 아무것도 없었던 상태보다 더 괴로운 것일 게다.

- 6월 25일

 수업이 없는 날이면 글을 쓰고 싶다는 충동이 문득 일어나곤 한다. 무더위가 시작되는 6월 하순에 센티멘털해진다. 이상화 시화전이 열린 임간 교실에 갔을 때 불현듯 누군가의 얼굴이 떠오르고 괴롭고도 감미로웠던 감정의 유희가 생각났다. 젊었기 때문에 있을 수 있었던 감정의 치기였다. 어느새 나는 지고의 가치를 부여할 깊은 사유를 체념해가고 있는가.
 청암은 어젯밤 자기 어머니가 수일 내로 결혼날짜를 받으라고 했단다. 두려움이 밀려왔다. 스물여덟이 되도록 결혼이 남의 일 같기만 하다니…. 나는 그에게 그리 서두를 필요가 있느냐고, 혹시 그 날짜에 결혼을 못하면 어떻게 하느냐고 말했다. 그는 나를 맹추라고 했다. 며칠 전 성바오르 병원에 갔을 때의 충격이 아직도 가시지 않고 있지만 막연히 자유롭고 싶다는 갈망 때문에 결혼이 나와는 거리가 먼 걸로 생각하게 되는 것일까.

서두르지 않으면 아기를 못 낳을지도 모르는 나의 생리적 구조. 왼쪽 난소마저 제거해버리게 되면 그야말로 불임이 된다고 한다. 나는 아기를 꼭 하나 갖고 싶다. 동시에 자유롭고 싶기도 하다. 나는 이 모순되는 두 개의 욕망 사이에서 갈등해왔다. 이제 그 결말이 다가오고 있다. 유학은 아직도 머리에서 지워지지 않는 집념이 되고 있는데. 지난 일요일에도 존스 씨는 내게 격려의 편지를 보내왔는데 나는 청암의 관심 속에서 나의 욕망을 잠재워야 하는가. 나는 그의 애정 표시가 필요하다. 그가 없으면 공허하다. 그런데도 결혼을 망설이게 되는 것은 나의 이기심이 작용하기 때문이 아닌가. 6월이 어느새 문을 닫고 있다.

- 6월 27일

6월의 가장 이상적인 날씨다. 햇볕은 따갑고 하늘은 에메랄드 빛깔로 윤기가 흐르는데 바람은 녹음 속으로 스며들어 열기를 식혀준다. 멍하니 앉아서 바깥을 내다보면서 주기적인 현상인지는 모르지만 마음은 날씨와 달리 절망적인 상태에 있다. Reader's Digest를 끝까지 훑어보았고 그중에서도 「Born in Paradise」를 읽으면서 눈물도 흘렸다. 어젯밤 다 울어버리지 못한 탓인가. 어지러운 혼돈 상태에서 아직 나는 벗어나지 못하고 있다.

나는 변덕스러운 여자다. 어제만 해도 그렇다. 늘 그렇듯이 여섯

시 넘게까지 과외지도를 마치고 집에 오다가 황경옥 선생네 집에 수박을 들고 가서 갓 태어난 아기를 구경하며 자탄했다. 나는 신세타령 늘어놓은 사람들이 몇 명이 될까 생각하며 나의 불행을 자랑하듯이 떠벌리는 나를 경멸한다.

집에 와서 저녁 식사를 하고 신문을 읽고 세수한 다음 얼굴의 여드름을 짜느라고 시뻘겋게 건드려서 오이 마사지를 한다고 얼굴에 온통 오이 조각을 붙이고 누웠다. 그럴 때 청암이 왔고 그는 내 곁에 앉아 신문을 읽었다. 속으로는 식구들이 좀 피해주기를 바랐고 잠깐 둘이 있는 사이에 그에게 입을 내밀었다. 우리는 다정하게 서로를 응시했다. 그것으로 나는 충분히 기분이 좋았어야 했다.

이불을 깔고 누웠다. 그러나 어느 순간에 나는 가슴이 조여들며 갑자기 모든 것이 역겨워졌다. 나의 넋두리나 그의 애정의 표시가 모두 희극 같았다. 더구나 그의 생각을 하면…. 돈은 벌리지 않고 여전히 궁색한 살림. 게다가 아기를 낳기 위해서 이번 가을에 결혼을 한다고 주절대는 우리의 처지를 생각하니까 설움이 폭발했다. 베개를 적시며 울었다. 그는 책에서 시선을 떼지도 않았다. 경숙이가 흘끔 쳐다보며 물었다. "언니, 왜 그래?" 눈두덩이 벌게질 때까지 울었다. 바깥에 나와서 세수를 했다. 그가 집에 간다고 나갈 때 따라 나갔다. 왜 자꾸만 마음이 약해지고 있느냐고 그는 성난 소리로 말했다. 그를 나의 불행에 끌어드리고 싶지 않다고 말했다.

솔직하게 나의 심경을 털어놓을 수가 없었다. 그저 막연하고 불안하다. 결혼이 그렇고 내가 그렇고 그 또한 불안할 것이다. 서로

가 모험을 하고 있다는 사실을 피하고 싶다. 지금도 나는 아직 우울감에서 벗어나지 못하였다.

조금 전 청암이 전화를 했다. 오늘 7시 반에 만나기로 했는데 바빠서 약속을 지킬 수가 없단다. 내일 집으로 오겠단다. 왜 또 눈물이 쏟아질까. 전화를 받으면서 언젠가는 내가 싫어지겠지 하는 생각이 들었다. 이렇게 우리는 다투며 살 것이다. 왜 나는 자꾸만 질질 짜며 스스로를 괴롭히는가. 어젯밤 그의 매몰스럽던 표정이 생각난다. 내가 유학 시험을 볼까보다고 했더니 화를 버럭 내며 너는 나와 그것을 비교하는 거냐고 대들었다. 그의 편에서 생각해보면 나는 이기적이고 변덕스럽다. 아마 그는 이런 나에게 실증을 느낄지도 모른다. 마음을 가라앉히기 위해 금언을 읽는다.

"인생을 사고하는 자에게는 희극이며 감각하는 자에게는 비극이다. 실로 인생은 때로는 비극이지만 또 자주 희극이기도 하다. 그러나 대체로 말한다면 인생은 우리들이 선택하는 대로 되는 것이다." - 월풀

"자살을 생각하는 일은 커다란 위안이 된다. 그 생각으로 불쾌한 밤을 잘 지나게 된다." - 니체

나는 지금 진하게 립스틱을 칠하고 얼굴을 분으로 덮었다. 눈물자국을 지우고 학생들을 맞이하기 위해서다. 배우로 분장을 하고 잠갔던 문을 열려고 한다. 조금 있다가 여학생들이 문을 노크하고 들어올 것이다.

- 6월 30일

불행에도 여러 가지 형태가 있다. 사람에 따라 그 경우가 천차만별이다. 그중에서도 가장 불행한 것은 마음이 사방으로 흩어져서 스스로 마음을 잡지 못하는 것이다. 내 마음을 조용히 한 군데에 여미고 있는 사람은 적어도 행복한 사람이다.   - 채근담

인간의 행복의 원리는 간단하다. 불만에 자기가 속지 않으면 된다. 어떤 불만으로 해서 자기를 학대하지만 않는다면 인생은 즐거운 것이다.   - 버트란드 럿셀

불행을 겁낼 때 당신은 이미 불행하다. 불행을 가져야 할 자는 영구히 불행을 겁내고 있는 자 뿐이다.……
나는 생각한다. 잘 되겠다고 노력하는 그 이상으로 잘 사는 방법은 없다고. 그리고 실제로 잘 되어간다고 느끼는 그 이상으로 큰 만족은 없다고.   - 소크라테스

인간에게는 행복 이외에 그것과 같은 정도의 불행이 항상 필요하다.   - 도스토예프스키

행복한 가정은 다들 서로 비슷하다. 그러나 불행한 가정은 제각기 불행한 모양이 다르다.   - 톨스토이 『안나카레니나』에서

- 7월 2일

어제 청암은 초조한 빛을 감추지 않았다. 그런데 왜 나는 확답을 못했을까? 지난 며칠 동안에 많이 울고 고민하고 마음을 안정시켰

다고 생각하고 있던 내가. 미국을 가든 안가든 자기에게 확실하게 말하라고 그는 합승 안에서 말했다. 사흘간의 말미를 줄 테니 그때까지 태도를 결정하라고 했다. 정말 그에게 미안하다. 모든 것을 포기하고 결혼하리라고 생각하고 있으면서도 이 괴로움을 당해낼 재주가 없다. 왜 미국을 안 가겠다고 선언하지 않았는가. 사실상 나는 공부도 하지 않고 시험 볼 준비도 하지 않고 있다. 어젯밤 나는 청암네 집에서 돌아와서 심장이 마구 뛰고 온몸의 맥이 풀려서 땅 속으로 가라앉는 듯하였다. 청암이 내 두 손을 주무르고 신경안정제를 사주었다. 나의 두 뺨에서 눈물이 흘렀다. 엄마는 마음이 옹졸해서 저따위로 되지 않느냐고 화를 내셨다. 왜 이렇게 그를 괴롭히는 것일까. 요새는 사업도 잘 안되고 내가 속을 썩여 더 야윈 것 같다.

지난 일요일도 둘이 다방에 앉아서 따분하다고 푸념하니까 자기는 그렇지 않은데 내가 자기를 사랑하지 않기 때문이라고 했다. 나는 그의 사랑을 받으려고만 하지 주려고 하지 않는 것 같다. 그는 나를 얌체라고 한다. 앞으로 내가 어떻게 되든 결혼은 해야 한다.

- 7월 4일

밤 한시가 넘도록 울었다. 막걸리를 반 되나 마셨기 때문에 머리는 지끈지끈하고 가슴 속에서는 열기가 활활 타오른다. 방마다 불이 꺼지고 구름에 가려진 조그만 달이 살짝 얼굴을 내밀다가 사라졌다. 왜 나는 이렇게 눈물이 많을까? 마음을 도사리면 도사릴수록 눈물은 마르지 않은 샘처럼 넘쳐흐른다.

　인생에 대해서 별 기대 없이 살아가리라 다짐한 것은 오래전의 일인데도 조그만 가시에 상처를 입어도 절망한다. 쇼펜하우어는 잠 안 오는 밤에 자살을 생각함으로써 자위한다고 하였다. 어둠 속에 턱을 괴고 앉아서 당치도 않는 생각들을 했다. 내일은 집에 안 들어오리라. 어딘가 기차를 타고 내리고 싶은 곳에 내려서 아무 여관에서라도 밤을 밝히리라. 아니면 정욱이네 집에 가서 자든가. 내일 청암의 전화가 와도 받지 않고 며칠 동안 냉각기를 갖자고 하자. 이런 되지도 않은 생각들로 뒤척이다가 잠이 들었다. 일어나보니 바깥은 환하고 아무것도 변한 것은 없고 눈만 퉁퉁 부어 있다.

　발단은 엄마 때문이었다. 가끔 일어나는 엄마의 히스테리였다. 청암은 늦게 와서 지친 표정으로 이자를 세어주었다. 나는 설거지를 하고 그의 저녁상을 차렸다. 그는 신문을 읽고 엄마는 건넛방으로 가시고 나는 방에 들어와 누웠다. 그런데 엄마가 막 큰소리로 화를 내셨다. 어미가 죽어도 모를 거라고. 왜 약을 안 사다주었느냐고. 나는 청암과 같이 나와 약방에 들렀고 막걸리 집에 가서 술을 먹다 나머지를 빈 병에 부어 가지고 나왔다. 그랬더니 그는 화를 내며 그것을 버리라고 했다. 나는 그를 향해 눈을 흘겼다. 그가 획 가버리기에 집으로 왔다. 서로가 너무 예민하다. 감정의 끈을 팽팽하게 잡아당기며 사는 것이 피곤하다. 탈출구도 없는 팍팍한 세상에서 살기가 싫다.

- 7월 5일

집에 들어가지 않기로 마음을 작정하고 정욱이네 집에 갔다. 둘이 싫증 날 정도로 푸념을 하고 택시 타고 명동으로 나갔다. 기분 풀이를 하기 위해서다. 주말의 인파가 거리에 물결을 이루고 있었다. 스카라극장 앞에서 택시를 내렸는데 'I Love You Love'를 상영하는 곳이 아니어서 슬슬 걷기 시작했다. 그때 우리는 청암을 보았다. 그도 우리를 보았다. 나는 피식 웃고 말았다. 정욱이는 "천생연분이라 할 수 없군."이라고 말했다. 실은 나도 놀랐다. 그와 며칠간이라도 냉전을 해서 나를 시험하고 싶었다. 그리고 어제의 분풀이로 그를 골려주고 싶기도 했다.

청암은 돈을 꺼내서 우리에게 영화 구경을 가라고 하였다. 우리는 파라마운트 극장으로 들어갔다. 나는 어이없이 끝나버린 그와의 냉전에 웃음이 나왔다. 무슨 우연인지 내가 이별의 결심을 할 때마다 그는 내 앞에 나타나서 말없이 손을 내민다. 나는 못이기는 체하고 그를 뒤따른다. 그와의 재회가 그랬고 오늘의 해프닝도 그렇다. 그에게서 도망치려고 하면 할수록 보이지 않는 끈이 이어주는 모양이다. 운명에 거역하려는 반발은 그렇게 시시하게 끝났다. 저녁 식사를 하고 맥주를 마시고 정욱이와 헤어졌다. 그는 둘만의 곳으로 가자고 했으나 나는 아침의 결심과는 달리 집으로 향했다. 나는 녹초가 되었다.

이 세상에는 성공을 해야만 한다고 말하고 있다. 그러나 나

는 이렇게 생각한다. 우선 살아야 한다. 그것이야말로 세상에
있어서의 최대의 성공인 것이다.　　- 쟝. 지오노

- 7월 7일

어제 선생님께서 전화를 하셨다. 6시 반에 명동으로 나가 '금꿩'
에서 만났다. 먼저 술을 마시고 계셨다. 나는 피곤해서 술을 별로
마시지 않았다. 나는 매 순간 진심으로 선생님을 대한다고 말씀을
드렸다. 무려 세 시간 동안 현재 쓰고 계신 장편『움직이는 성』의
작중 인물을 가지고 논했다. 나는 창애에게 애착을 갖고 있다. 나
는 그녀의 남자 편력을 복잡하게 해놓고 불행의 씨앗은 그녀 자신
속에 내포된 까닭에 자살의 요인은 자신에 대한 증오여야 될 것이
라고 말했다.

그리고 준태와 지연과의 관계도 애정이라기보다는 현대인의 순간
적인 충동으로 족하지 않을까? 필요충분조건에 의해서 말이다. 그
들은 어떤 의미에서 환자들이고 서로 상대방에게서 자신을 발견하
기 때문에 만나는 게 아닐까. 선생님은 내 말을 참고하겠다고 말씀
하셨다. 선생님은 제2부 2장의 초교 원고를 갖고 나오셨다. 인쇄까
지 넘어가서 재교를 보면서도 깨알 같을 빨간 글씨로 수정한 것을
보여주시며 "황순원이 불쌍하다. 이제 폐업해야겠어." 하시는 것이
었다. 가슴이 뭉클했다. 우리나라에서 최고의 위치에 계신 작가가
재교까지 넘어온 원고를 저토록 깨알 같은 글씨로 지우고 수정하는
작업 과정을 보면서 문학을 한다는 과업이 얼마나 힘든 것인가를

실감하였다. 이번에도 약 50매 가량을 원고에서 삭제했다고 하시며 보면 볼수록 불만이 생기니까 아예 재교가 끝나면 보지도 않는다고 말씀하셨다.

　선생님은 술을 마시며 예수는 타살을 가장한 자살이며 인간의 자살은 엄밀한 의미에서 타살이라고 역설하셨다. 그리고 인간은 어떤 예정된 운명이 있으니까 그것을 피하기보다는 어떻게 선용하는가가 중요하다고 하시며 자기가 요즘 파산한 것도 운명이 아니겠느냐고 하셨다. 그리고 딸이 아들보다 늙어가는 부모에게 더 좋은 것 같다면서 따님이 결혼한 후 미국에 가버린 쓸쓸함을 표현하셨다. 말씀이 없다가도 술을 드시면 재미있게 말씀하신다. 내게 암사자 같다면서 결혼할 때 주례는 서주마고 약속하셨다. 그리고 나는 일본형의 여자라나. 가끔 가다 눈을 꼭 감고 무엇인가 생각하시다가 다시 작중 인물의 얘기를 화제로 삼는 것을 보면 선생님은 끊임없이 작품 생각만 하시는 것 같다.

　술을 꽤 많이 마신 탓인지 밖으로 나왔을 때는 선생님의 눈이 붉었다. 신세계백화점 육교를 건너 선생님과 헤어져 뒷모습을 바라보았다. 선생님은 내 시선을 의식했음인지 뒤를 돌아보시고 손을 흔드셨다. 인간관계란 이처럼 허허롭게 이어지고 끊어지는 건가. 산다는 명제 앞에서 각가지로 파생되는 아픔들이 오늘따라 내 마음을 조여 온다. 술을 마시고 글을 쓰시는 선생님이나 미래의 비전도 없이 무료하게 밥벌이하는 나나 약한 인간임에는 마찬가지다. 단지 그분은 오래 살아오셨고 유명작가라는 것에서 차이가 있을 뿐이다.

- 8월 26일

오랜만에 푸념을 늘어놓는다. 발작적으로 나의 흔적을 남기고 싶다는 충동이 발동했다. 아니면 John O'Hara의 소설『Elizabeth Appleton』을 읽은 후라서 여인의 인생 여정에서 받은 쇼크 때문일까.

나는 이제 결혼 날짜를 두 달 남짓 남겨놓고 있다. 택일한 지 한 달이 된다. 청암의 지고지순한(현재로서는 그렇게 믿는다) 사랑 안에 나는 숨으려고 한다. 앞으로는 모든 것이 그와 함께 행해지고 이루어지고 평생 동안 같은 길을 가게 될 것이다. 가난하나마 창조의 의욕을 갖고 발돋움 할 것이고 그의 깡마른 몸이 건강해지도록 배려를 해야 할 것이고 그의 주위 환경에 적응하도록 노력해야 할 것이다.

그런데도 괴롭다. 이 방황, 초조 그리고 운명을 차라리 잊고 싶다. 아직은 모른다. 적어도 다시 수술할 때 까지는. 지난 6월 18일 왼쪽 배가 아파서 성바오르병원 산부인과에 갔었다. 왼쪽 난소에 혹이 계란 반 크기로 있다는 것이다. 충격적이었다. 청암은 내 곁에서 눈물을 닦아주었다. 그리고 아이가 무슨 큰 문제가 되느냐고 말했다. 아이 없이도 얼마든지 행복하게 살 수가 있다고. 운명이라고 체념하면서도 어쩌면 불임여성이 될지도 모른다는 생각에 눈물이 솟구쳤다. 빨리 임신하면 하나는 낳을 수 있다기에 그와 나는 자주 누웠다. 두 달 뒤인 지난 20일 다시 병원에 갔었는데 혹이 더 커졌다고 했다.

얼마나 앞으로 견딜 수 있는지 모르겠다. 나의 결혼식은 10월 31일로 잡혔다.

오늘 청암은 나더러 자기 집에서 같이 지내자고 했다. 수술할 때까지는 최선을 다 해 보자고. 나는 자신이 없다. 도대체 한 남자의 아내로, 며느리로, 그리고 한 인간으로 감당해 나갈지 의문이다. 더구나 아기를 못 낳는 여인이 된다면 앞으로 다가올 시련과 고통이 끔찍스러워진다. 튀어나가고 말 것만 같다. 아이가 전부는 아니라지만 여자로서 출산을 경험해보지 못한다면….

엄마와 동생들은 시집가서도 공부나 하라고 한다. 나도 그럴 거라고 대답한다. 그러나 그건 얼마나 이기적이고 독단적인 생각인가. 내 전 생애를 바쳐 몰두해야 할 것이 무엇일까? 실의와 무기력에 빠져 허우적댄다.

장마 때문에 무더위가 가는 줄도 모르게 지나갔다. 아침저녁으로 서늘해진 요즘 하늘이 높고 푸르게 변하니까 마음이 더 스산해진다. 또 결혼식 날이 하루하루 다가오니까 두렵기만 하다. 그에게 모든 것을 맡기고 그냥 본능이 시키는 대로 남들이 살아가듯이 나도 살면 될까? 그러면서 얼굴에 주름이 늘고 다른 여자들이 한탄하듯 나도 좋은 때는 다 지나갔다고 한숨 쉬리라. 나 자신에 대하여 냉정하고 객관적이고 싶다. 그러기 위해서 일기장에 기록하는 것이다.

- 9월 17일

가을의 문턱에서 해일과 폭우가 지나간 이 잔잔한 하루의 서곡은 짙푸르기 만한 하늘과 아직도 싱싱한 수목이 날 위로해준다. 수업이 없는 오늘은 열등의식을 옆에 내려놓고 나만을 위한 시간이라고 자위하며 도서실의 문을 걸어 잠근다.

어차피 산다는 것은 누구나 마찬가지니까 가난의 질곡을 잊기 위해서 마음만이라도 풍요롭고 싶다. 이번 달 월급에서 생활비 만 오천 원을 제하고 혼수에 필요한 것을 사느라고 빌린 돈을 갚고 나니까 천 3백 원이 남았다. 앞으로의 일을 생각하면 암담하지만 다른 도리가 없잖은가. 괴로워해도 해결책이 없으니 차라리 담담하게 수용하자. 돈은 없고 내가 원하는 일자리도 없고, 이따금씩 배는 아프고…. 그러니 나는 어쩌면 좋단 말인가?

묵은 일기를 읽었다. 지금에 비하면 참 사치스러운 고백이다. 시집갈 준비는 돈이 해결이 안 되었으니 아직 모른다. 어제부터 외설소설인 『Fanny Hill』을 읽고 있다. 얼굴이 화끈거리는 그런 소설이다. 그러니 시간 보내는 데는 그만이다.

변소에 갔더니 붉은 게 비쳤다. 이번에 없기를 얼마나 기다렸는데…. 지난 달 28일 청암과 인천 작약도에서 하룻밤을 같이 보냈다. 엄마와 할머니 그 밖의 식구들에게 미리 말하였다. 외할머니는 어서 임신하기를 바란다고 말씀하셨다. 나도 임신이 되기를 기도했다. 그런데 실패. 결혼 전에 아기를 갖는다는 것을 두려워하면서도 몸 상태 때문에 어서 임신이나 했으면 하고 바라는 것이다.

- 9월 18일

이상하다. 청암이 지난 토요일부터 어제 저녁때까지 나타나지 않고 있다. 무슨 일이 생긴 것일까? 어디가 아픈가? 엊그제 전화로 오겠다고 해놓고는…. 그는 하루걸러 나를 보러 우리 집에 들르는데…. 궁금한 마음을 달래며 아무 일이 없기를 바란다. 그와의 만남이 생활의 일부가 되어버린 탓인지 안정이 되지 않는다.

어제 경숙의 돈으로 베개를 비롯한 자질구레한 수예품들을 샀다. 동대문시장에 가서 이것저것 둘러보고 꼭 필요한 것만 5천 원어치를 샀다. 이것들이 모두 후일에 나의 부담이 될 것이다.

『Fanny Hill』을 다 읽었다. 인간이 감각만으로 황홀의 경지에 이를 수 있는지 수긍이 가지 않는다. 섹스가 과연 인간 삶의 의미를 충족시킬 수 있을까? 그것으로 얻어지는 어느 정도의 쾌감은 인정한다. 그러나 사람들은 그것을 묘사하는데 너무 과장적이다.

남쪽에서 시작된 콜레라가 서울에도 번져서 모두 야단이다. 요즘 개헌안 의결의 처리에 대한 국민의 분노와 수마가 휩쓸고 간 남해안의 참사, 물가 앙등, 콜레라 등으로 국민의 분노가 고조되고 있다. 나 자신의 걱정과 사회 불안이 혼합되어 암담하기만 하다.

- 9월 19일

출근한 뒤 땀을 식히느라고 부채질을 하면서 오늘의 시간을 어떻게 보낼까를 생각해보지만 목적도 없는 생활은 게으름과 무기력을 생산할 뿐이다. 아니 그보다도 결혼에 대한 회의 때문에 괴롭다. 이미 정해진 길이니까 해야 하겠지만 나는 왜 이토록 확신을 갖지 못하는 것일까?

청암에 대해서 만족한다거나 불만족해서 만이 아니다. 의욕이 없다. 구태여 괴로움을 참아가며 해야 할 결혼인지 갈피를 잡지 못하겠다. 먼저 그에게 애정과 헌신을 주려는 마음의 준비가 안 된 것 같다. 어떤 때는 그가 보기 싫다. 그러면서도 매달려왔다. 그에게 바라기만 하면서 기대왔다. 어제만 해도 그렇다. 그의 안부가 걱정이 되어서 안절부절못하면서 그가 있을 만한 곳에 전화도 걸어 보았다. 그러면서 그의 집에 갈 것인가를 망설였다. 오후 4시쯤 그가 전화를 해서 시내에서 약속을 했다. 화를 내리라 생각하면서 10분 지각을 했다. 생리 때문에 컨디션도 좋지 않았다.

그가 매부될 사람과 같이 다방에 앉아 있는 것을 보고 언짢았다. 자기 일에 몰두하기보다 정신없이 헤매고 있다. 수금도 되지 않고 없는 밑천에 일이 제대로 안되는지 착잡한 표정이었다. 그런 그에게 위로와 애정의 표시를 했어야 할 것이다. 그런데도 나는 그와 헤어질 때까지 인상을 찡그리고만 있었다. 일이 바쁘다고 저녁만 먹고 일찍 청량리에서 내리는 그에게 인사도 하지 않았다. 그는 내리면서 사정이 있어서 못 갔으니 화내지 말라고 했다.

그가 불쌍하고 연민이 일었다. 그에게 친한 친구가 둘 있는데 한 사람은 결혼했고 다른 한 친구는 결혼을 안 했는데도 여자가 임신을 해서 살림을 차렸다는 말을 했다. 결혼한 친구 부인도 물론 임신 중이란다. 나는 그런 말도 듣기 싫었다. 만약에 내가 아기를 영영 못 갖는다면 어떻게 될까? 그보다 좋은 아내가 될 수 있는지 조차 의심스럽다. 차라리 모든 걸 포기해버릴까? 가난한 그의 집에 가서 고생하는 것도 두렵지만 나의 이기심과 무관심이 그를 불행하게 만들까봐 두렵다. 이것저것 생각하면 머리만 쪼개질 듯 아프다. 여의치 않으면 죽어버리자고 생각하다가도 그런 생각 자체가 싫어진다.

- 9월 21일

일요일 잔뜩 찌푸린 날씨다. 반소매의 잠옷 사이로 한기가 느껴지는 날이었다. 배가 아프고 우울해서 눈물이 금세 쏟아질 것 같아 억지로 참았다. 토요일인 어제 청명한 가을 특유의 맑은 햇빛이 나를 상계동 달동네에 있는 공장이 딸린 그의 허름한 집까지 끌고 갔다. 그는 없었다. 기계소리도 들리지 않고 그의 누이동생은 삯 뜨개질을 하고 있었다. 가난한 냄새가 진동을 했다. 상계동 가는 먼지가 풀풀 나는 좁은 찻길 때문에 신경이 더 날카로워졌다.

아침에 세수도 하기 전에 박용주 교수 댁 식모가 나를 데리러왔다. 비가 후둑후둑 떨어지는데 선생님 내외와 같이 중앙극장의 'Wild Bunch'를 관람했다. 냉면을 먹고 선생님과 먼저 헤어지고 사모님과 둘이 백화점 순례를 했다. 신세계 백화점에서 오렌지빛의 홈웨어를 사모님이 결혼 선물로 사주었다.

집에 오니 청암이 와 있었다. 나는 말도 하지 않았다. 그리고 이불을 펴고 누웠다. 돌아누워서 그를 경계했다. 그는 손을 뻗쳐 내 손을 잡으려 했지만 뿌리치고 보기도 싫다고 말했다. 식구들 때문에 큰소리도 칠 수 없었다. 얼마나 내가 보고 싶었는지 아느냐고 나를 달랬다. 결국 나는 그의 힘에 굴복하고 신경전도 그저 그렇게 끝났다. 남녀의 입술과 입술의 맞닿음만으로 신경이 부드러워지는 것인가. 아니면 단지 그쯤에서 체념해버리는 것이 여자의 저항일까.

- 9월 23일

어제는 퇴근 후 청미네 집에 가서 5백 원짜리 스웨터를 샀다. 보세가공이라고 선전하는 것인데 연한 계란색이다. 네 아이의 엄마이면서도 나이는 나보다 두 살 아래인 청미는 오밀조밀 평범한 행복을 누리며 산다. 가끔 남편과 외식도 하고 몸이 약하다고 아이들 몰래 닭도 사다 고아 주고 아직도 긴 베개를 사용하고 있다는 그녀는 결혼을 앞두고 초조해하는 내게 몇 가지로 위로해준다.

저녁을 먹고 집에 오니 경자가 미제 화장품을 미스 윤에게서 5천 원어치를 사 놓았다. 물론 시집가는 새 색시에게 꼭 필요한 것들이라고 하지만 입이 딱 벌어진다. 나의 형편으로는 허영일 뿐이다. 시집가기 때문에 꼭 외제 화장품 세트를 사야 한다는 요즘 젊음 여자들의 허세와 사치 속에 나도 섞이고 말았다. 나의 이중적인 성격의 단면이다.

매일 우울하니까 어느새 젊음이 다 지난 것 같은 착각이 든다. 변화도 없고 돈도 없고 몸 상태도 안 좋다. 도대체 밥맛이 없다. 출근길에 학교 울타리 옆에 활짝 핀 코스모스 무리가 눈에 뜨였다.

오늘이 벌써 추분. 이틀만 지나면 추석이다. 그런데도 하늘은 진통하듯 잔뜩 찌푸리고 있다. 무언가 속 시원히 털어버리고 싶으면서도 막상 아무것도 없는 빈껍데기라는 의식이 당혹스럽다. 주부가되어서도 틈틈이 자기를 표현하는 여인들이 장해 보인다. 그러나어떤 이는 감정을 너무 미화시킨다. 여성 월간지를 읽으면 늘 그런 생각이 든다.

- 9월 24일

어제 저녁부터 내린 비로 오늘은 찬바람이 블라우스 속으로 스며든다. 바람이 제법 서늘해졌다. 우중충한 하늘이 낮부터 차츰 푸른빛을 보이기 시작한다. 우울한 마음에다 한기마저 느껴서 뜨거운 물을 마시고 앉아서 맑아지는 하늘을 응시한다.

어제 가족회의가 있었다. 결혼 후에 생활 문제에 대해서 복현이가 걱정이 되었던 모양이다. 결혼 후에는 지금처럼 친정 생활에 많은 책임을 질 수 없는 처지여서 엄마에게 집세를 줄이는 방법이 어떻겠느냐고 물었는데 엄마는 펄쩍 뛰셨다. 복현이는 결혼하고도 생활비를 내라는 게 안 되었는지 작은누나들에게 더 생각해보라고 했다. 경숙이는 현재 만 오천 원 받는데 7천 원 이상은 안 되겠다고 하고 경자는 4천 원만 내겠단다. 그럼 내가 집세 5천 원은 부담하겠다니까 경자가 한 달에 7천 원을 달랜다.

하긴 작년에 내가 만 2천 원 갖고 살림을 꾸려가던 생각을 하면 경숙이가 빼는 게 얄밉긴 하지만 시집간다고 매정하게 모른 척할 수 없는 노릇이라서 나는 잠자코 있었다. 그런 나의 신세가 가여워서 또 눈물이 나왔다. 아버지 노릇하던 내가 시집가서 어떻게 하느냐고 경자가 나를 껴안고 어리광을 부렸다. 결혼식 날에는 많이 울 것 같다고 지금부터 걱정이다. 복현이와 엄마는 요새 내가 밥을 못 먹을 정도로 고민하고 속을 썩이는 것은 긁어 부스럼을 만드는 나의 성격 탓이라고 나무란다. 가능하면 좋게 해석하고 살아가란다. 위를 올려다보지 말고 내려다보고 살아가야 한다는 것이 엄마의 주장이다.

경자는 내가 자기와 둘이 트렁크 두 개만 달랑 들고 서울 오던 때를 비교해보면 형편은 많이 나아졌지만 언니의 꿈이 깨져서 울만도 하다고 옆에서 이죽거리는 바람에 눈물이 더 나왔다. 가능하면 과거를 생각하지 않으려는 내게 경자 얘기는 눈물샘을 자극했다. 울다가 잠이 들었다. 새벽쯤 깨어 영 잠이 오지 않아서 뒤척였다.

총장 비서실에서 미국 합참의장 부인이 내한하는데 서울 관광 안내를 해달라는 부탁을 받았다. 내가 해낼 수 있을지 자신이 없지만 수락은 했다.

- 9월 26일

추석. 너무도 높은 하늘이다. 너무도 파란 하늘이다.

햇볕이 따가워도 그늘로 물러서면 서늘한 바람이 기분 좋게 느껴진다.

어제 저녁 송편을 빚었다. 송편 빚는 나의 솜씨 자랑도 친정에서는 올해로 끝이라는 생각이 조금 우울하게 했다. 아침에 차례를 모시고 세 딸들이 설거지를 해치웠다. 나는 또 배탈이 나서 소화제를 사다 먹고 누웠다. 시시한 주간지들을 들추고 월간지를 읽으며 하루를 무료하게 보냈다. 청암은 오후 다섯 시가 지나서 나타났다. 그도 배탈이 났다고 약을 사다 달라고 했다 그와 둘이 있고 싶은 생각과 그가 미워서 보기 싫다는 생각이 교차되었다. 그와의 결혼 생활이 어떻게 될까 하는 의문이 생기면 불안해진다. 잘못 살면 어떻게 하나? 그에게 불만이 생기면 어떻게 하나?

저녁 때 대학 동창 김지혜가 찾아왔다. 그녀는 원주중학교 선생인데 이번 10월 9일 동원예식장에서 결혼식을 한단다. 남편도 선생이며 경희대 국문과 졸업생이란다. 황순원 씨가 주례를 맡으신다고 했다. 그녀의 얘기를 들으면서 점점 더 울화가 치밀기 시작했다. 자기 돈은 5만 원 정도 밖에 안 들고 친척들이 하나씩 맡아서 혼수를 장만했다고 했다. 그녀를 보내고 하늘을 보았다. 달이 구름 속에서 흐릿하게 비치고 있었다. 인간의 발자국이 상처를 냈는데도 여전히 고고하게 보이는 달이 철시한 상점들과 더불어 황량하게 보였다.

청암과 다방에서 위스키를 마시고 나를 집에 바라다 주는 동안에도 아무 말도 하지 않았다. 말하면 뭔가 폭발할 것 같아서다. 이렇게 속으로만 끓이다가 사그라질 것임을 알기 때문이었다. 그는 요새 왜 그렇게 우울하냐고 묻는다. 그도 짐작은 하리라. 말하지 않을 뿐 나의 욕구불만을 잘 알 것이다. 그러면서도 모른 척 시침을 떼는 것이겠지. 그와 나 사이의 거리감을 생각한다. 부부가 되어도 느낄 거리감일 것이다. 하고 싶은 말이 있어도 못할 것이다. 서로 경계하면서 다치지 않으려고 안간힘을 쓸 것이다. 그를 보내고 마루에 앉아 하염없이 달을 보았다. 춥다. 눈물을 글썽인다. 이제는 다시 돌이킬 수 없을까? 뭔가 잘못된 것이 아닐까? 불을 끄고 자리에 누워서도 창호지로 새어드는 달빛을 느끼며 자문한다.

- 9월 28일

어제 합동참모본부에 가서 국군의 날에 대비한 스케줄 브리핑을 들었다. 며칠 전 대학 비서실 한 선생한테서 통역을 해보라는 전화를 받았다. 국군의 날에 미국에서 장성 부부들이 오는데 합참의장 문형태 대장 부인의 통역을 맡은 것이다. 오늘은 의장 공관에 가서 부인을 만나고 상의하였다. 가고 올 때 차를 내주어서 편했다. 나와는 거리가 먼 군 장성들의 일정에 2, 3일 동안 말려들어가 구경을 하게 된 것도 새로운 경험이 될 것이다.

오는 길에 대왕 코너에 들러서 모조 진주 목걸이와 귀고리, 브로치 등을 1,380원에 샀다. 남들에게 잘 보이고 싶은 본능의 표현이다. 합창의장 부인의 일정에 따라 의장 공관, 덕수궁, 반도 아케이드, 이화여대, 워커힐에서의 파티 등에 따라 다닐 것이다.

상계동 가는 버스를 타려고 했을 때 짐짝처럼 떠밀려 아귀 같은 사람들 속을 뚫고 도저히 탈 수가 없었다. 엊그제 청암네 가기로 약속했으니 가긴 해야겠기에 택시를 탔다. 점심 먹은 것이 체했는지 배가 아파서 누웠다. 그가 약을 사주고 배를 쓸어주고 등을 두

드려 주었다. 그는 아픈 나를 안고 속삭였다. "너 때문에 산다." "당신과 있으면 안정되지만 밖으로 나가면 불안해진다."고 나는 대답했다. 그의 애정 표현에 쉽게 감동된다. 하지만 감동하는 순간보다 불만스러운 시간이 더 많으니 야속하다.

그는 아들이나 딸이나 하나만 낳았으면 좋겠다고 한다. 어머님이 만약 애를 못 낳으면 다른 여자한테서 데려오면 되지 않느냐는 친척의 말에 그것이 무슨 소용 있느냐고 하시더란다. 아기를 낳을 가능성만 믿고 시집가는 나는 약점을 안고 가는 것이 아닌가. 혹시 그가 나중에 그걸 불만의 무기로 삼으면 어쩌나 하는 불안이 없지 않다. 저녁도 국물만 먹었는데 소화가 안 되어서 그의 품 안에서 잠이 들었다 깨니 10시가 넘어 부랴부랴 나왔다.

- 10월 1일

어제 비가 내려서 기온은 급강하했다. 하늘은 청명한데 바람이 차다.

국군의 날 행사라고 내가 들뜰 까닭이 없으나 통역의 임무를 띠고 결근까지 하면서 미장원에 가서 머리 손질을 했다. 어제도 머리를 매만지고 갔는데 높으신 부인들의 일정이 변경되는 바람에 허탕을 했고 오늘도 서둘러 1시까지 갔는데 의장 부인은 보이지 않고 양지 바른 응접실에서 햇살만 따갑게 받으며 무료하게 기다렸다.

의장 부인은 교양이 없어 보였다. 배운 것도 별로 없어 보이는데 어디에 복이 있어 남편의 권력에 편승했는지 궁금해진다. 집에 부리는 사람이 전속 부관을 제외하고도 여럿이다. 호화롭고 사치스러운 집안 분위기가 가정적이지 않고 썰렁해 보인다.

2시 20분 총리공관 방문이라고 의장 차를 뒤쫓아 가는데 차량 통행이 제한된 광화문에서 거수경례를 받으니까 내가 으쓱해질 하등의 이유가 없는데도 고개가 꼿꼿이 서는 건 무슨 이유일까? 덕수궁 박물관에 간 것은 미국 합참의장 부인 Mrs, Wheeler 뿐인데 그녀는 정말 세련되고 멋이 있었다. 몇 마디 중얼대고 뒤를 따라다니기만 했다.

의장 부인과 헤어져서 계희를 만났다. 왜 나는 아무 데서나 내 심중을 드러내는가?

이 끊임없는 회의는 어떻게 끝장이 날까?

- 10월 2일

최저기온 7.3도. 하늘은 파랗다. 엄마가 고혈압으로 어제 굉장히 욕을 보셨다. 의사의 왕진을 청했으나 아직도 증세는 가라앉지 않았다. 엄마가 아프면 모든 것이 더 어수선해지고 심란해진다. 어서 완쾌하셔야 하는데. 어젯밤 청암에게 냉담하게 대했다. 나의 심중을 그는 알까? 아, 너무 고통스럽다.

존스 씨한테서 온 편지도 나를 괴롭힌다. 그의 충고는 아기를 못 낳더라도 수술을 빨리 하고 그가 좋은 남자면 결혼하되 그렇지 못할 때는 하지 말아라. 왜냐하면 너도 그의 위치로 타락할 테니까. 그러나 최후의 결정권은 타인의 충고가 아니라 스스로에게 있는 것이다.

오후 4시. 머리 손질을 하고 의장 공관으로 갔다.

저녁 파티는 7시 반 워커힐 명월관에서 열렸다. 의장부인이 호스트이고 주빈은 Mrs. Wheeler. 초청 인사들은 30여 명. 방한 중인 태평양지구 사령관 McCain 제독 부인, 주월 미군 사령관 Abrams 장군 부인 등과 한국의 각 군 참모총장 부인, Mrs. Moon과 친한 부인들이었다. 나는 주로 Mrs. Wheeler와 Mrs. Moon의 곁에서 얘기했다. 조영식 총장 부인도 나왔다. 육영수 여사 비서인 나영실 씨는 내 영어 통역에 미국 유학 다녀왔느냐며 과장 섞인 찬사를 해주었다. 다른 미국 부인들도 칭찬해주었다.

나는 다시 술렁인다. 코앞에 닥친 결혼, 아직 마음속에 도사리고 있는 야심, 그들과 나는 무슨 차이가 있느냐고 자문한다. 결혼하면 나는 가난한 생활인의 아내가 되어 허덕일 테지. 내가 뚫고 나갈 길을 찾고 싶다. 결혼으로 얽매이고 싶지 않다. 돌아오는 지프차 안에서 대학 때 교육과정을 가르친 김정한 교수는 나의 현재 모습에 안타까워하면서 미국으로 유학을 가라고 했다.

잠을 이루지 못했다. 내 귀에는 부인들이 말소리가 쟁쟁하고 감은 눈에는 그들의 흥청대는 모습이 아른거렸다. 너무 괴롭다. 이제는 돌이킬 수 없지 않은가? 오, 하느님. 나를 버리지 마옵시고 가장 올바른 길로 인도하여 주옵소서.

- 10월 5일

어젯밤 자고 가라는 그의 청을 거절하고 오늘 아침 열한 시 반으로 약속을 했다. 화장을 하고 모조 이어링을 달고 밝은 마음으로 나섰다. 10분을 지각했는데 그는 잔잔한 미소로 나를 놀린다. 어디서 왔느냐고. 관람료가 400원이나 되는 영화 '파리는 불타고 있는가?'를 관람하고 나니 다섯 시가 가까웠다. 그는 아무 말 없이 왕십리행 합승을 탔다. 가기 싫다고 앙탈을 하며 합승 타는 데까지 갔다. 그도 참는데 지쳤는지 화를 내며 집으로 가자고 소리쳤다. 나는 눈치를 살피며 뒤를 따랐다. 그리고는 제기동에서 내리잔다. 다리 아프다고 투덜거리며 가구점 몇 군데를 둘러보고 군밤도 사고 다방에 가서 까먹기도 하며 속에서 끓어오르는 히스테리를 삼켰다.

드디어 찾아든 네모난 방. 그는 이번이 마지막이라고 나를 안으며 속삭인다. 나는 기름기 빠진 소리로 결혼 후 미국에 가고 싶다고 말했다. 그는 결혼을 미국에 가지 못한 실패 때문에 하는 것이냐고 반문했다. 사람은 어느 경우에나 선택을 강요받게 마련인데 자기는 비참한 생활 속에서 최선을 다 해왔고 나를 선택해서 일생을 걸고 분투하고 있는데 결혼이 얼마 남지 않은 지금까지도 망설이는 내가 이상하다고.

나는 울었다. 지금까지 살아오면서 남에게 구차스럽게 부탁만 해왔고 자신감을 가지고 타인과 대등하게 느껴본 적이 없다. 늘 열등의식에 사로잡혀 있다. 학교 다닐 때는 긍지를 갖고 있었다. 그러나 졸업 후 직장 문제라든가 그 밖에는 매사에 더부살이하는 소외의식을 견딜 수가 없다. 나도 무언가 자신 있게 나서고 싶다. 남들은 나더러 능력이 있다고 한다. 며칠 전의 경험에서도 나는 많은 자극을 받았다. 이대로 좌절감을 갖고 살고 싶지 않다. 더구나 내가 아기를 낳지 못하면 그때는 문제가 더 확대된다.

그는 한숨을 쉬었다. 담배를 깊이 빨아들이고 내 눈물을 닦아주었다. 우리가 다시 만난 것이 불행이지? 아니 몇 개월 전 건강의 이상이 발견되지만 않았어도 미국 갈 준비를 하고 있을 거야. 당신이 나보다 조건이 좋은 남자를 만났다면 그런 생각은 하지 않을 거야. 나는 잠자코 있었다.

당신은 어떻게 하는 게 좋다고 생각해? 당신 좋은 걸 얘기해봐. 내 생각은 말고. 결혼은 하구 싶어? 나는 고개를 끄덕였다. 그럼 결혼한 후에 더 많이 생각해보자. 난 당신한테 많은 욕심을 안 부릴게.

"난 참 나쁜 여자지?" 하고 그에게 묻는다. 그는 잠자코 나를 꼭 안는다. 우리 둘의 만남은 숙명이고 체념하기라도 한 듯이. 그는 내가 약해진 탓이라고 영양보충을 시켜주었다. 헤어질 무렵에는 눈물을 짜니까 속이 후련해? 할 정도로 농담할 여유가 있었다. 차라리 나를 소홀히 대해 주었으면 마음이 편하겠다는 생각까지 든다.

- 10월 10일

아침 최저 기온이 3도라고 라디오에서 말했다. 예년보다 20여 일 일찍 습격한 추위다. 스웨터를 두 개 입고 내의를 껴입고 출근했다. 게다가 코트까지 걸쳤다. 이 썰렁한 도서실에서 견디기에는 그래도 춥다. 내일 모레 운동회고 오늘은 총 연습이다. 운동장에서는 아이들의 고함소리가 크게 울린다. 하루 종일이 나의 시간이다. 이 많은 시간이 지겨울 때도 있지만 무엇인가를 예정하고 계획하면 다행스럽게 여겨질 때도 있다.

결혼식을 앞두고 바싹바싹 타들어 가는 촛불의 심지처럼 긴장으로 팽팽해져도 아직은 식욕이 있고 잠이 온다. 아니 얼마쯤의 여유를 갖게 된 것 같다. 결혼 준비를 모두 내가 장만하여야 하는 것이 슬프다. 엄마는 저녁마다 내가 너무 궁상떤다고 울화를 내시고 나의 소유물을 챙기면 모두 가져가버리라고 서운해 하신다. 어느 것 하나라도 잊지 않고 챙기게 되고 욕심을 부리고 싶고 또 새 것을 장만하고 싶은데 내가 지나치게 과민한 것도 사실이다. 어제는 김지혜 결혼식이 있었는데 날 받은 사람은 가는 게 아니라고 일부러 알려주러 왔기에 가지 않았다. 오후에 정욱이네 집에 가서 원주에서 상경한 영임을 만났다. 내 결혼식에는 결근하고라도 참석하겠다고 해서 고마웠다. 엊그제는 고등학교 동창 둘을 만났다. 그들도 온다고 하였다. 서독 가기로 했다는 수자는 충주에서 오지 않았다. 모두 거래하는 기분으로 오가는 것이 아닌가 모르겠다.

- 10월 11일

토요일. 아이들이 돌아가고 난 오후의 정적을 내일로 다가온 운동회 준비하는 고적대의 타악기 소리가 깬다. 창밖을 내다보니 너무도 아름다운 가을날이다. 자연의 풍요함과 성스러움이 내게까지 전해오는 듯한 가을의 숨소리랄까. 따사로운 햇빛 속에서 심호흡을 한다. 이 한적한 도서실에서 근무하는 유일한 감사는 주어진 시간이 많다는 것이다.

어제 오후 수자가 전화해서 만났다. 그녀도 성장통이 심했다는 것을 알았다. 친구라고 하나 거리감을 느꼈던 것은 그녀는 부자였기 때문이었다. 중학교 시절 목재소를 하는 그녀의 집에서 밥을 많이 얻어먹었다. 수자 엄마가 나를 공부 잘한다고 예뻐하셨다. 그 집에 가면 수자와 놀기보다는 그 집에 있는 책들을 읽느라고 시간 가는 줄을 몰랐었다. 그런 그녀를 만나서 얘기해보니 달라져 있었다. 실연과 숱한 선보기, 연륜, 그리고 자성의 순간들과 대인관계 등으로 이해의 폭이 넓어진 것 같다. 곧 서독으로 떠난단다. 형부가 서독의 부영사로 있기 때문이란다. 중매결혼 조건에 실망해서 독일에서 좋은 신랑 만날 때까지 공부를 계속하겠다는 것이다.

여자라고 자기 인생을 타의에 의해서 진로를 결정할 필요가 없다. 모든 것은 자의로 선택하고 책임을 져야 한다. 그런데 나는 회의와 체념의 반복으로 인생을 망쳐버린 것만 같다. 너무 마음이 약해서 나의 갈 길을 어지럽혔다. 밤 열시가 넘은 싸늘한 가을밤에 합승을 타고 집에 왔다. 서글픔이 입 안을 깔깔하게 만든다.

Reader's Digest의 『Mini-Maxim for my God-Son』의 제목으로 몇 개의 금언이 있다.

1. If you can't change facts, try bending your attitude.
2. Don't come up to the net behind nothing.
3. When the ball is over, take off your dancing shoes.
4. Shine up your neighbor's halo.
5. Keep one eye on the law of the echo.
6. Don't wear your raincoat in the shower.

오늘 아침에도 울 뻔 했다. 어제 5만 원 계를 탔는데 그것으로 장롱을 사고 경자가 2만 원짜리 찬장을 사주기로 했는데 만 3천 원만 내놓았다. 화를 내지는 않았다. 내가 치사스러워져서는 안 되기 때문이다. 그냥 슬펐다. 욕심내서 살림을 장만해가려는 내가 싫어진다. 매사가 신경에 거슬린다.

아까 한시쯤 문 합창 의장 댁에 택시를 타고 갔었다. 그 부인은 정말 교양이 없다. 뚱뚱한 몸에 걸친 미니 원피스 아래로 비어져 나온 팬티. 그녀의 부관이 슬쩍 꼬집어주어도 가만히 있었다. 그녀는 내게 인사말 한 마디도 안했다. 높은 사람은 다 그래야 되는 건가? 버스를 타고 오면서 저런 사람들은 부러워할 가치가 없다고 자위했다. 그날의 수고비도 합참비서실에서 봉투를 전해 왔다고 찾아가라고 한 것인데 그 부인은 내 앞에서 얼마냐고 물었다. 그리고는 일언반구도 없었다. 불쾌했다. 그녀의 비위를 맞추기 위해 웃고 떠들었던 나도 별수 없는 속물이다. 봉투에는 5천 원이 들어 있었다. 그 돈으로 오후에 쇼핑을 해야겠다.

- 10월 15일

　냉장고 같은 도서실에서 종일 웅크리고 『여성동아』를 읽었다. 햇빛이 그리워 현관의 층계에 앉아 얼음장 같은 무릎을 녹였다. 대학 방송 스피커에서 조용한 음악이 흐르고 있었다. 새빨갛게 물든 단풍의 아름다움이 가라앉은 공기 속에 일렁이는데 시계의 초침소리만이 정적을 더 짙게 한다. 할 일 없이 종일 책 읽는 것이 조용한 희열을 주기도 한다. 그러다가 문득 가까워지는 운명의 날을 생각하면 가슴의 고동이 멈추듯이 답답해진다.

　결혼을 결정한 이후 불안이 떠나지 않고 있다. 체념과 기대가 엇갈리며 "나도 잘살 수 있을 거야."라고 최면을 걸면서 결혼식을 보름을 남기고 있다. 여성지를 꼼꼼히 읽어가며 여자들의 갖가지 심리를 나와 비교한다. 복잡한 심리는 결혼을 앞둔 여자들에게 흔한 증상이라니까 스스로 제어하지 못하는 거라고 자위한다. 그러면서 배우자가 될 그와 오랫동안 사귀어 왔지만 과연 그에 관해 얼마나 알고 있는지 의문이 생긴다. 그의 전부를 이해할 수 있는가? 그를 얼마큼 알고 있는가? 지금 그를 이해하려는 노력은 하지 않고 불만을 키우고 있지 않은가? 그와 그의 환경을 긍정해야지. 좋은 여자가 된다는 것은 지금까지의 꿈을 죽이고 스스로 택한 길을 성실하게 걸어가는 것이다.

- 10월 16일

　이 평화롭고 따사로운 태양의 계절을 놓치고 싶지 않다. 커다란 설움의 방에 갇혀 있지만 잔잔한 대기와 햇빛과 푸른 하늘에 감사하며 기도하고 싶은 심정이다. 운동장에 쓰레기를 버리러 나갔다가 3학년 꼬마들과 공치기와 그네 타기를 하고 놀았다. 이런 일은 처음이다. 지구를 돌린다고 애들이 내가 탄 커다란 지구를 마구 돌렸다. 현기증이 나서 고함을 쳤고 그 소리는 꼬마들 특유의 함성과 함께 푸른 대기 속으로 흡수되었다.

다시 책상에 앉아 어제의 일을 생각한다. 꿈같으면서도 서글퍼지는 기억이다. 늘 그렇듯이 울적한 마음으로 저녁 9시쯤 청암을 맞아들였고 이제 얼마 안 남았으니 빨리 준비를 서둘러야 하지 않겠느냐는 질문에 청암과 엄마는 동시에 힐책하는 어조로 무얼 그리 서두르느냐고 했다. 내가 매사에 스스로 들볶고 있다는 것이다.

며칠 동안 참았던 울음이 터졌다. 그와 다방에 가서 위스키를 더블로 들이켰다. 눈물이 볼을 타고 흐르고 술이 넘어가는 목구멍과 가슴이 후끈 달아올랐다. 청암은 한숨을 쉬며 손수건을 꺼내 내 손에 넣어주었다. 11시가 가까워서 다방을 나왔다. 이대로 헤어지면 자기도 괴로워서 잠을 잘 수 없다며 같이 있을 곳으로 가자고 했다. 나는 생리 중이고 엄마한테 허락을 받아야 했다. 예측대로 엄마는 화를 냈고 이제 15일만 있으면 결혼할 텐데 무슨 추태냐고 했다. 나도 내키지 않았지만 여관에 있는 그에게 온다고 약속을 했기 때문에 화가 난 엄마를 뒤로하고 나왔다. 나는 취해 있었다. 그는 나를 꼭 안으며 자기를 사랑하느냐고 재촉했다. 자기도 요새 신경이 날카로워 있다고 했다. 쇼를 하는 것 같다. 나의 방황과 번민이 좀 더 차원이 높은 것이었으면 한다. 현실을 긍정하고 나를 이 끌어주는 이상 세계로 향하는 번민이라면 얼마나 좋을까. 그러나 이게 무슨 짓이냐?

  나는 우유부단하고 결단성도 없고 소심하고 상처를 잘 입는다. 강한 듯해도 약하고 타인의 영향에 민감하고 열등의식에 사로잡힌다. 한 번 결정한 일을 운다고 해결되는 것도 아닌데 다방에서 타인의 눈을 의식하면서도 울었다. 짜증을 잘 내고 쉽게 절망하고 흥분한다. 그에 대한 내 감정은 애증이 교차한다고 했더니 그도 내가 미울 때가 있지만 그건 순간적이라고 하였다. 나는 무섭다. 안으로 인내하고 영그는 부덕을 쌓아야 하는데 나는 과연 어떻게 성장해 갈 수 있을까?

- **10월 31일 금요일**(음력 9월 21일)

  결혼을 한 날이다. 일기를 쓰지 못하는 동안에 나는 폐렴으로 꼼짝도 못하고 집에서 병치레를 했다. 결혼식은 미룰 수가 없어 결혼식장에 의자를 준비할 정도로 걷기도 힘들었다. 숱한 고민과 긴장 탓이었는지 아니면 허약해진 체질 탓이었는지 독감이 갑작스럽게 폐렴으로 악화된 것은 결혼 날짜를 열흘 앞둔 지난 10월 20일이었다. 가슴이 결리고 목이 아프고 가래에 혈흔이 섞여 나왔다. 아침저녁으로 의사가 왕진을 왔다. 링거와 소민을 맞으며 열흘이 지났다. 그동안 엄마가 고생을 많이 하셨다. 손이 대일 정도로 뜨거운 물로 가슴과 목을 마사지 해주셨다. 청암은 지친 몸을 이끌고 매일 초콜릿을 사다 주면서 다독여주었다. 엄마와 그에게 너무 고맙고 미안하였다. 폐의 염증은 치료되어 회복기에 들어섰으나 정상적인 생활을 영위하기가 힘들었다.

결혼식 날은 한때 비가 오리라는 일기예보대로 하늘이 우중충했다. 전날 밤에는 그의 친구들이 함을 팔러 왔었다. 나는 대강 짐을 꾸려 경숙이와 합승을 탔다. 큰외숙, 작은외숙, 외할머니가 상경하셨다. 조금만 움직여도 가슴이 뛰고 진땀과 현기증이 났다. 더구나 내가 탄 합승이 가벼운 충돌을 해서 부득이 내려 택시를 탔다.

얼굴 마사지를 하고 덕지덕지 분칠을 한 내 얼굴이 낯설었다. 내가 아닌 다른 사람의 얼굴이었다. 드레스를 입고 베일을 쓰고 생화를 꽂은 내 모습을 본 친구들과 선생님들이 한마디씩 코멘트를 했다. 신부 대기실에서 친구들과 사진을 찍고 자꾸만 가빠지는 호흡을 진정하느라고 진정제를 먹었다. 오후 2시 20분에 신부 입장을 하였다. 웨딩마치가 울렸을 때 가슴이 쿵 내려앉으면서 눈물이 핑 돌았다. 왜 그랬을까? 나의 인생은 여기서 끝나고 마는 것일까?

큰외숙의 인도로 혼인의 제단 앞에서 황순원 선생님의 주례가 시작되었다. 떨리지는 않았다. 연극 같았다. 의례적으로 묻는 주례 선생님의 질문에 나는 "네"라고 대답을 하지 못하고 가만히 있었다. 사진을 찍고 옷을 갈아입었다. 어지럽고 구역질이 났다. 큰시누이 부부와 차를 타고 스카이웨이를 돌아 워커힐로 향했다. 그의 매형이 주선해서 공짜로 호텔에서 하룻밤을 자게 된 것이다. 둘이 모두 빈털터리 가난뱅이면서도 겉은 남들처럼 결혼식을 했다. 이제는 신경 쓰고 싶지 않다. 건강하고 굳게 땅에 발을 디딜 수만 있다면 어떤 형태의 그림이든 그릴 수가 있지 않겠는가? 밤에는 Pacific Night Club에서 쇼를 구경하고 Maxwell House 310호로 돌아와 첫날밤을 맞았다. 이미 그와 나는 같은 배를 탔고 항해는 시작되었다. 그런데도 왜 이렇게 허전하고 불안할까! 모든 것이 끝난 지금 미련이 남아서는 안 되는데 나는 헛된 꿈을 꾼 것 같이 공허하다. 그의 품을 파고들며 한숨을 깨문다. 그리고 잠을 이루려고 했으나 오지 않았다. 우리는 첫날밤인데도 따로 잤다.

- 11월 17일

다시 난로 앞에 앉아 있다. 지난 주일에도 겨우 수요일까지 간신히 나왔는데 감기 기운으로 가슴이 아파서 목요일부터 결근을 했다. 수업만 하면 가슴이 아리고 목이 답답하다. 지금도 수업이 있지만 일부러 들어가지 않았다. 영어는 있으나 마나 한 과목이니까 빠져도 문제가 되지 않는다. 난로에 바싹 다가앉아서 바깥을 내다보든가 읽히지 않는 책을 들여다본다. 낙엽이 구르는 소리가 우수수 여기까지 들린다. 나를 돌아본다. 변한 것이 있는가? 절규처럼 소리 내는 초겨울 바람이 나를 아프게 한다.

너무 기력이 없어 살아있는 것 같지 않다. 자꾸만 바싹 마른 낙엽 구르는 소리가 창밖에서 나를 부르는 것 같다. 어제 용하다는 한의사가 와서 나의 맥을 짚어보더니 이런 기운으로 어떻게 사느냐고 하였다. 전신 쇠약증이란다. 폐렴의 후유증, 위장, 그리고 또 여자의 거기도…. 한약을 두서너 달 써보라고 했다. 스무 첩에 4천원을 지불했다. 이런 몸 상태로는 임신이 어렵고 되더라도 지탱하기가 힘들 거란다. 한의사가 다녀간 다음에 청암과 시어머님이 오셨다.

지난 금요일 내 생일에는 겨울을 재촉하는 비가 내렸다. 그는 스타킹을 사 갖고 왔지만 언제나 그렇듯이 무척 쪼들린다. 처음으로 엄마의 눈치를 보고 내가 점심밥을 지었다. 부엌에 들어간 지가 일년이 훨씬 넘어서 나는 서성대기만 했다. 쌀쌀해져서 내 겨울옷을 몇 벌 갖고 오신 시어머님과 엄마가 몇 시간 대화를 나누었다.

남편은 자고 가겠다고 했다. 그는 거의 매일 나와 같이 있고 싶어 한다. 신혼부부는 다 그렇단다. 그는 약을 일주일쯤 후부터 먹는 것이 어떠냐고 한다. 혹시 내가 임신이 될지도 모르니까 배란기에 적극적이고 싶은 모양이다. 내 건강보다도 우선 아기가 갖고 싶은 거로구나 하는 생각이 들어 서운했다.

결혼식 때 찍은 사진이 나왔는데 어쩌면 그렇게 나와는 다르게 보이는지 모르겠다. 사진을 보는 사람들은 모두 놀란다. 전혀 나 같지 않다. 해골같이 앙상하고 밉게 생긴 사진 속의 나를 보면서 이런 방식으로 나는 얽매이고 늙어 가리라는 절망적인 생각에 휩싸였다.

- 11월 24일

영하의 기온이다. 어젯밤 천둥이 치더니 땅을 덮을 만큼의 눈이 내렸다. 아침 출근길에 얼음이 군데군데 얼어 미끄러웠다. 청암과 같이 집을 나와 미장원에 들러 손질을 했다. 마침 복현이가 등교하고 있었다. 복현이는 엄마가 단단히 화가 나 있다고 하였다. 나도 눈치를 못 챈 것은 아니다. 그러나 그의 말을 듣는 순간에 다시 어두운 구름이 나를 휩싼다.

원래 탐탁하게 생각했던 사위는 아니지만 엄마는 눈에 띠게 그를 냉대하고 멸시하시는 것 같다. 그럴 때마다 나는 무관심한 척하면서도 공연히 슬퍼진다. 요새 내게 아침저녁으로 한약을 달이는 엄마의 신역이 몹시 고되다. 폐렴을 앓은 이후 나의 간병 때문에 잠시도 쉴 사이가 없으셨다. 엄마에게 죄송스러움과 감사함을 동시에 느끼면서도 엄마인 까닭에 그럴 수 있겠거니 하고 부담 없이 받아들이고 있었다. 그런데 여자란 참 이상한 동물이어서 결혼한 이후로는 친정에 있다는 것이 큰 고통이 되는가 보다. 집 식구들도 농담이나마 집으로 가라고 할 때 서운한 생각이 든다.

문제는 이 서운함뿐이 아니다. 청암이 나와 자고 가겠다고 남아 있을 때 나는 이 식구 저 식구의 얼굴 표정을 살피지 않으면 안 된다. 특히 엄마의 냉담하고 싫어하는 표정을 볼 때는 괴롭다. 보약을 먹는 동안에는 동침이 해롭다고 하시면서 노골적으로 싫어하신다. 그렇다고 청암을 가라고 할 수도 없고. 그와 같이 자고 난 이튿날 아침에는 흡사 죄를 지은 사람 같은 심정이 된다. 그리고 엄마는 엄마대로 더 아프시거나 화를 내신다.

오늘 아침에도 그런 마음으로 집을 나섰는데 복현이가 그 말을 한 것이다. 딸년들이 엄마를 식모 취급을 하고 점점 더 사위가 싫어지신단다. 그의 양반 행세를 하는 듯한 말투와 몸가짐 전부가 비위에 거슬린단다. 이 약만 먹고 더 이상 친정에 있으면 내가 못 견딜 것 같다. 다음 주일부터라도 죽으나 사나 시집으로 들어가서 출퇴근을 해야겠다. 어차피 당한 일인데 서로에게 고통을 주면서 있을 필요는 없다. 마음에 들지 않는 사위와 자는 딸이 미운 것은 당연하리라. 더구나 홀로 계신 엄마에게는 불효임에 틀림없다.

그러나 왜 이렇게 슬퍼질까? 다시 못 일어날 중병에라도 걸려서 이것저것 보지 말고 세상을 하직했으면 좋겠다는 생각이 퍼뜩 든다. 몹쓸 생각이다. 그동안에도 얼마나 아파서 엄마 속을 괴롭혔나. 차라리 엄마와 멀리 떨어져서 나의 괴로움이나 경제적인 어려움 등을 엄마에게 보이지 않으면 좋겠다.

- 12월 1일

소춘의 포근함이 느껴진다. 일주일에 한 번 쓰는 일기다.

이것저것 지저분한 넋두리야 언제나 판에 박은 듯한 것일 뿐이다. 생활의 범위가 국한된 나로서 무엇이 새로운 게 있을까. 피부에 닿는 절실한 생활의 문제들만이 나를 괴롭힌다. 존스 씨에게 편지를 쓴다는 이 엄청난 노력을 여태까지 끝내지 못했다는 것과 무엇이고 닥치는 대로 부딪치고 살아가자는 다부진 결심도 순간마다 흔들리는 어설픈 생활인!

옥혜와 계자가 전화를 해서 각각 결혼한다는 소식을 전했다. 나는 왜 청승맞게 결혼을 슬픈 종말이라고 생각하는 것일까. 그들은 그들대로 새로운 모험이라고 희열을 느낄 텐데…. 나는 그들에게

진 조그만 빚을 갚기 위해서 월급을 쪼개서 손바닥만 한 거울이라도 사서 식장에 가야 한다.

내 결혼은 개점휴업 상태라고들 한다. 어설픈 신혼이다. 모순을 안고 시작한 모험이라서 그런지도 모른다. 모래알을 씹는 깔깔한 맛 밖에 없다. 엊그제 토요일 시댁에 갔었다. 상계동 시댁에 갈 때면 불안하다. 우선 어떻게 차를 타고 앉아서 갈 수 있겠는가가 첫째 이유이고, 두 번째는 시댁에 가서 어떻게 처신하며 집안일을 할 수 있을까 막막해지기 때문이다. 이번에도 합승 안에서 30여 분을 길이 막혀서 기다려야 했다. 그리고 가난한 집에 시집간 스스로에 대한 분노가 나를 짓눌렀다.

시댁에 들어서니 시어머님은 편찮아 누워계셨다. 음산한 방안의 풍경이 당황스러웠다. 약국에 가서 한약을 두 첩 사다가 달여 드렸다. 아가씨가 밥을 해놓고 나갔기 때문에 그냥 국만 데워서 저녁상을 차렸다. 허둥지둥하는 내가 불쌍했다. 불만이 목구멍까지 차올라서 남편에게 자신도 모르게 쌀쌀하게 대하였다. 농구방송 결승 중계방송을 듣고 멀찍이 이불을 깔고 누웠다. 그도 화가 났다. 그렇다고 전처럼 먼저 다가오지도 않았다.

어제 일요일 설거지를 끝내고 장롱을 열었을 때(무언가 예측했던 것 같은 느낌이 들었다) 금목걸이가 없었다. 결혼식 때 받은 3돈 짜리다. 시어머님은 그이가 5천 원에 전당 잡혔다고 하셨다. 나는 아무 말도 안 했지만 서글펐다. 결혼 날을 받은 둘째 시누이와 쇼핑을 다녔지만 기분이 언짢았다. 용돈이 없어서 시뉘에게서 돌아오는 교통

비를 얻어야 했다. 청암이 왔을 때 나는 냉정한 시선으로 쳐다보았다. 그러나 이제 그는 내 남편이다. 가슴이 아려서 그의 앞에서 눈물을 보였다. 그러나 아무 말도 하지 않았다. 그리고 책 보따리를 갖고 집에 가는 그를 전송했다. 6일의 시누이의 결혼식만 무사히 끝났으면 좋겠다.

- 12월 3일

겨울이 갑자기 닥쳤다. 어젯밤부터 기온은 영하로 곤두박질했다. 낮에는 눈보라가 폭풍에 실려 쏟아지기도 했다. 가슴 밑에서부터 울화가 치받쳤다. 복현이가 날 울게 한 것은 아니다. 남편은 이틀 동안 오지 않았고 나는 불안했다. 생각을 말자고 다짐해도 그것은 순간 뿐 회의와 자문이 꼬리를 문다. 차라리 그가 옆에 있다면 이렇게 불안하지는 않을 것이다. 그는 지금쯤 자기 어머니한테서 그 얘기를 들었겠지. 내가 안다는 사실을. 그래서 의식적으로 나를 피할지도 모른다. 탁 털어놓을 걸 그랬나. 서로 피하고 조심하는 부부가 되어야 하는가?

복현이가 어젯밤에 술이 몹시 취해서 울었다. 내게 자꾸만 자기 방으로 오라고 했다. 그는 외아들로서 부담감을 심하게 느끼고 있다. 엄마와 우리에 대해서. 점점 명예와 출세에 집착하게 되는 자신에 놀라고 회의하는 모양이었다. 왜 우는지를 모르겠다면서 울었다. 나는 동생에게 젊기 때문에 울 수 있는 여유가 있는 거라고, 더 살아가다 보면 그런 여유조차도 없어질 거라고 말했다. 세속이라는 틀 속에 그의 몸과 마음을 맞추어 갈 테니까.

남편을 생각하고 울었다. 그는 내게 빈틈을 안 보여주려고 안간힘을 쓰는 것 같다. 강하고 인내심도 있고 나를 보호할 수 있다는 자신을 의식적으로 보여주기 위해서 그 반대되는 성향은 보이지 않으려한다. 왕년에 안영수가 어땠다는 환상은 지워버리자. 간단한 이차 방정식을 풀듯이 공식대로 살자. 남편에게는 너그러움으로 시부모에게는 인내심으로…. 남편과의 감정의 마찰을 줄이자.

- 12월 10일

간밤에 눈이 소담스럽게 내렸다. 아침에도 함박눈이 30분 쯤 쏟아졌다. 온통 흰 세계로 변하니까 어두컴컴한 도서실도 밖에서 반사하는 눈으로 인해 환해졌다. 평소에는 눈을 보면 기분이 좋았는데 오늘은 그렇지 않다. 어제 아침 신문에 경기국민학교에서 영어를 가르친다고 시교육위원회가 교장을 직위해제하라고 요구한 기사가 났다.

이 학교에서도 당분간 영어를 휴강하기로 했다. 밥줄이 끊긴 것 같은 불안이 엄습한다. 올봄에 발령받은 동대문중학교에 갔더라면 이런 불안은 없었을 텐데 경희여중에 발령날 줄 알고 그쪽을 포기했었다. 직장이고 뭐고 다 그만 두고 집안에 들어앉아 살림만 할 수 있는 형편이면 좋겠다. 시집을 가기 전이나 간 후나 궁색한 살림살이로 인해 마음이 복잡하다. 결혼했는데도 마음을 붙일 데가 없다. 정말 왜 이런지 모르겠다. 다시 공부를 시작했으면 좋겠다.

지난 토요일(음력 10월 6일) 둘째 시누이가 결혼식을 했다. 금요일 저녁에 시댁에 가서 함 받는 상차림을 도왔다. 뒷설거지만 했다는 표현이 맞으리라. 토요일 아침 7시에 택시를 타고 출근을 해서 도장만 찍고 집에 와 한복으로 갈아입었다. 엄마는 청첩장을 받지 못하셨다고 시댁을 비난하고 결혼식에 안 가시겠다고 했다. 나는 눈물을 찔끔거리며 혼자 식장에 갔다. 빚을 안 지고 결혼식을 끝내려고 했지만 청암 앞으로 3만 5천 원의 빚이 남게 되었다. 그와 나는 짜증을 참아가며 결혼 후 첫 외출로 대한극장에서 상영되는 'The Sound of Music'을 관람했다. 기다리는 시간에 그의 친구 이관 씨와 약혼녀를 다방에서 만났는데 약혼녀는 임신 5, 6개월쯤 되는지 배가 불렀다. 감명 깊은 영화였다. 저녁을 먹고 택시를 타고 상계동으로 갔다.

이튿날 아침에는 연탄가스가 문틈으로 새어 들어와 머리가 아팠다. 시어머니가 아침 식사를 준비해서 먹고 누웠다. 시어머니와 시누이가 시장에 가고 둘만의 식사를 준비하고 또 자다가 저녁을 준비를 했다. 저녁밥을 먹다가 엄마 때문에 말다툼을 했다. 그는 큰 소리를 냈다. 어른이 그렇게 속이 좁으냐고. 나는 눈물이 쏟아져서 부엌으로 나왔다. 바깥 날씨가 쌀쌀해져서 바람이 몹시 불었다. 시어머니가 들어오셔서 그는 공장으로 나가고 나는 눈물을 닦았다. 밤 12시까지 그는 공장에서 일을 했다. 나는 먼저 잠자리에 들었다. 가슴 안으로 냉기가 흐르고 결혼에 대한 회의가 날 괴롭혔다. 그가 나를 안으려는 것도 뿌리치고 돌아누웠다. 그도 화가 났던지 돌아누워 잠이 들었다.

바람소리가 윙윙거리고 어둠을 향한 눈은 커져서 외로움이 이불 밑으로 기어들어왔다. 결혼이라는 것도 별것 아니다. 이 짙은 외로움과 불만은 그냥 몸 안에 남아 있고 겉으로 나타내 보일 수도 없다. 오히려 나는 구속감을 느끼게 되어 더 불편하다. 그런 생각을 하니까 눈물이 그치지 않는다. 몰래 눈물을 닦으려 했는데 그가 불을 켰다. 그리고 나를 안으면서 자기가 잘못했다고 사과했다. 미안하다고 어서 자자고 나를 달랬다. 요즘 자기도 신경이 날카롭고 컨디션이 좋지 않다고 했다.

월요일 일찍 택시를 타고 친정으로 갔다. 그랬더니 엄마는 어제 점을 보았다면서 청암은 두 번 장가갈 팔자라고 하셨다. 나는 몸은 시집을 갔지만 마음은 딴 곳으로 향하고 있다고. 흡사 초롱에 갇힌 산새처럼 틈만 있으면 비집고 날아갈 채비를 하고 있다고. 내년 3, 4월에 풍파가 있을 것이고 나는 갑작스럽게 미국으로 가게 되고, 아이를 낳게 되더라도 떠날 거라고 말하더라는 것이다. 허점을 찔린 듯이 당황했다. 내 운명의 주사위는 이미 던져졌는데 무슨 변화가 있을 수 있겠는가?

그의 사랑을 의심치 않지만 그에 대한 나의 사랑은 변덕스럽다. 나는 자주 시집에서 탈출하고 싶다. 아기라도 낳게 되면 해소되지 않을까. 성격적인 결함이라고 스스로 나무란다. 이 해도 저물어 가는데 여전히 앞날이 불투명해서 두렵다. 직장과 가정 모두 불안정하다. 어젯밤 꿈에도 이곳에서의 탈출을 기도하였다. 내가 무섭다.

- 12월 15일

『시사영여연구』를 열심히 읽는다. 그러나 다른 생각들이 어지럽게 출몰하여 집중할 수가 없어 책을 덮고 밖을 본다. 수업을 하지 않고 월급만 받아먹는 편한 직업이다. 그러나 의자는 바늘방석이다. 계속해서 불안하고 아무것도 생각나지 않는다. 끝나는 종소리가 들린다. 3교시로 접어든다.

쉬는 시간에 음악강사 김 선생이 들어와서 즐거웠던 데이트 얘기를 한다. 가난하기 때문에 서로 사랑하면서도 연인 곁을 떠나려 한단다. 집에서 죽자고 말려서 괴롭다는 얘기를 듣고 나와 같은 고통을 겪는 그녀를 격려하기보다 헤어지라는 말이 나올까 봐 잠자코 있었다.

그리고 어제를 생각한다. 긴 연애 기간 동안 숱한 고뇌와 눈물을 거친 나와 청암의 결혼생활은 엉망이다. 모든 것은 돈 때문에 생기는 불화이다. 어제 하루 동안에 몇 사람의 빚쟁이가 다녀갔고 연탄이 떨어지고 쌀통이 바닥이 났다. 겨우 연탄 여섯 장과 쌀 한 되를 샀다. 종일 바깥에서 일한 억울함 때문에 그의 비위를 긁었다. 아침 여덟 시가 넘어서 부엌에 나가 시누이와 같이 밥을 했다. 반찬도 없이 국만 끓여 먹고 나니 10시가 넘었다. 열두시에 나가 점심 데워먹고 치우고 어쩌다 보니 오후 2시가 되었다. 스스로에게 화가 나서 방에 들어와 구석에 누우니 청암은 눈치를 채고 "일 좀 했다고 또 화났니?" 하고 물었다.

남편을 위해서 일하는 것이 즐거워야 하는데 나는 왜 이럴까? 그를 많이 사랑하지 않는 탓인가? 주부로서, 며느리로서 당연히 해야 할 일인데도 이처럼 억울함을 느끼는 것은 왜일까? 내 머리 속에 들은 지식 나부랭이들은 써먹을 곳조차 없고, 이처럼 가난하고 메마른 살림살이를 맡아 어떻게 살란 말인가? 원점으로 돌아가고 싶다. 모든 것을 다시 시작했으면 하는 열망이 나를 더욱 화나게 한다.

청암도 괴로운 듯이 "미쳐버릴 것 같다."고 독백하며 한숨을 쉰다. 그도 후회하는 것일까? 돈 때문에 쪼들리는 그를 더 괴롭히는 것 같아 가책이 되지만 웬일인지 속은 멍이 들고 겉은 불처럼 탄다. 시어머님은 아직 돌아오시지 않았는데 나는 모른 척하고 자버렸다. 그는 나의 허리와 팔을 주물러주었다. 그러나 서로의 가슴은 괴로움으로 찢어질 것 같다. 그러지 말자고 몇 번이고 나를 타이른다.

오늘 아침에는 7시 15분에 나왔는데도 택시를 탈 수가 없어 상계동 종점까지 버스를 타고 다시 거기서 버스를 탔다. 간신히 자리에 앉긴 했지만 밀리고 눌려서 질식할 것 같았다. 이 아비규환 같은 다툼의 와중에 있는 나를 보면 쓴웃음이 나온다. 왜 나는 자꾸만 당면한 현실을 기피하려고 하는지 자문했다. 내가 택한 길이고 이 고통을 예측했으면서도 왜 남편을 괴롭히는가? 다시 공부하려는 의욕이 솟는다. 허지만 이것은 내 현실을 기피하려는 수단이 외 아무것도 아니다.

- 12월 17일

굵은 눈송이가 소리도 없이 내린다. 창살을 경계로 안은 정지 상태인데 바깥의 눈발은 사뭇 몸부림이다. 눈으로 하여 잔잔한 기쁨을 느끼던 때도 있었는데…. 맨 땅 위에 내려앉는 저들의 아름다움이 나를 감동 시키던 때도 있었는데…. 사실과 다르게 과장하던 시절, 사실을 외면하려던 시절이….

 공부한다. 사는 공부를 타인의 체험을 통해서 한다. 나는 이렇게 앉아만 있고 바깥세상은 움직인다. 끊임없이 자극을 가하면서. 하지만 나는 움직일 줄 모르고 주저앉아 넋두리만 한다. 여인은 몇 번이고 탈바꿈은 한다. 결혼은 무덤도 아니고, 꿈도 아니고, 현실이다. 마음의 준비도 없이 결혼을 탈출이라고 생각한 내가 실수한 것이다. 남들처럼 잘 꾸려 가리라고 막연히 생각했다. 긴 세월 동안의 연애의 결말이 이런 것이란 말인가? 그런데 지금 나는 누구도 사랑하지 않는 것 같이 외롭다. 남편만을 보고 바깥을 보지 말아야 하는데 나는 반대로 향한다. 어서 그에게 가야지. 오늘이 수요일. 내일 시댁으로 갈까? 두렵다. 속 썩이지 않고 그저 담담하게 당면한 현실을 긍정해야 한다.

굴곡진 인생길

새 출발

 친정으로부터의 도피의 수단으로 택한 결혼은 늦이었다.
 미국의 후원자인 존스 씨가 그토록 권하고 나도 가고 싶었던 유학의 꿈이 좌절되고, 아기를 낳지 못한다는 의사의 오진에 속아 결혼을 감행했던 거였다. 친정에서 도망가고 싶다는 욕망도 한몫했다. 그러나 그와 오랫동안 연애를 했는데도 막상 결혼하고 보니 나는 그가 처한 실상을 모르고 있었다. 결혼은 현실인데 오직 문학적 교류로 시작된 환상을 붙잡고 있었던 것이다. 나는 나이에 비해 너무 미숙했다.
 시댁은 청계천에서 쫓겨난 이주민들이 겨우 움막을 면한 가건물들을 지어 정착한 상계동에 있었다. 막상 결혼하고 나서 상계동에서 회기동으로 출근하는 것이 너무 힘들었다. 출근할 때마다 전쟁을 치르는 기분이었다. 먼지가 풀풀 나는 길에 버스 배차도 드물어 시내 나갈 때마다 백 미터 경주하듯이 버스를 향해 돌진하는 사람들 사이에서 나는 견딜 수가 없었다. 할 수 없이 주중에는 친정에서 출근하고 주말에만 시댁에 들어가기로 하였다.

살림집은 길가에 있었다. 공장이 딸린 낡은 집은 방이 두 칸이었고 담이라곤 쓰러져가는 대문 사이로 얼기설기 걸친 판자들이었다. 펌프에서 퍼 올린 물에서는 녹내가 났다. 시를 쓰던 남편이 왜 시곗줄 만드는 공장을 하게 되었는지도 몰랐다. 직공이 두 명 정도 있었으나 일감이 없어 쉬는 때가 더 많았다. 끼니 걱정을 할 만큼 열악한 상태였다는 사실도 결혼하고 알게 되었다. 주말에 시댁에 가면 시어머니는 봉지쌀을 사고 연탄도 한두 장 사다가 밥을 지으셨다. 패물로 받은 금목걸이도 결혼 사흘 만에 나도 모르게 전당포로 넘어갔다.

결혼을 물리고 제 자리로 되돌리고 싶었다. 막막한 현실 앞에서 다시 좌절했다.

가난한 부부에게 신혼 기분이 있을 리가 없었다. 나는 매일 울었고 그는 자신의 문제에 침잠해 입을 열지 않았다. 내가 처한 상황을 모면하고 싶어서 핑계를 대어서라도 시댁에 가지 않으려했다. 그렇다고 친정이 편한 것도 아니었다. 항상 엄마와 동생들의 눈치를 살펴야 했으니까. 그러는 사이 건강은 더 나빠져서 소화불량과 감기를 달고 살았다. 영어강사 자리는 정규직이 아니었기 때문에 미련이 있을 리가 없었고 하루, 하루를 절망의 밑바닥에서 허우적거렸다.

조영식 총장의 비서가 되다

괴로운 나날을 보내고 있던 1970년 2월 어느 날 대학 은사이신 박용주 교수께서 연락을 해서 대학 교무실에서 만나자고 하셨다. 재학 시절부터 수시로 드나들던 선생님 댁이었지만 결혼하고 나서는 뵐 면목이 없어서 뜸하게 지냈었다. 선생님은 내게 대학 총장실에 외국 담당 비서가 필요한 데 적임자를 찾지 못하고 있으니 가보지 않겠느냐고 하셨다. 그 일을 맡았던 분이 갑자기 그만 두어서 사람을 찾고 있다는 것이었다.

"제가 그 일을 할 수 있을까요? 미국 할아버지와의 편지 왕래가 고작인 내가 어떻게 총장님의 영어 편지를 써요?"

"너라면 할 수 있어. 내가 도와줄게."

선생님은 망설이는 나에게 그 일을 맡아 해보라며 격려를 하셨다. 나는 변화가 필요했다. 어떻게 해서든지 지금의 상황에서 벗어나야만 했다. 그 절실함이 나에게 무모한 용기를 불어넣어주었다. 지금 생각해도 모골이 송연한 만용이었다.

3월 2일 조영식 총장님의 면접을 보기로 하였다. 본관 2층에 있는 비서실은 장터처럼 사람들이 북적대고 있었다. 서너 시간 기다려도 내 차례가 오지 않았다. 이런 데서 내가 일할 수 있을까? 학생 때부터 먼발치에서 뵈었던 총장님이었다. 총장님은 젊고 팔팔한 남자 비서를 구하고 있었기 때문에 내가 썩 마음에 드신 것 같지는 않았다. 편지 쓰는 일 뿐만 아니라 외국 손님이 오면 공항에 영접

하러 나가야 했고 그분의 의향에 맞추어 시내 관광이나 고궁 안내 등 궂은 심부름도 해야 하는 자리였기 때문이었다. 게다가 나는 기혼자였다. 박 교수님이 내가 애를 낳지 못한다는 말씀을 듣고서야 인터뷰가 성사되었다는 사실을 후에 들었다.

다음날인 3월 3일부터 출근을 하였다.

너무 바빠서 다른 생각할 겨를이 없어서 좋았다. 나의 주 업무는 총장님의 영문 편지 작성이었다. 지금 생각하면 참 겁도 없었다. 영작문이라고 해야 대학 시절 배운 게 전부였고 편지라고는 미국의 후원자인 존스 씨에게 수년 간 써왔지만 공식적인 영문 서한을, 그것도 품격 있는 영문 편지를 쓴다는 것은 많은 훈련과 용기가 필요한 작업이었다. 어떻든 해보자고 나는 굳은 결심을 하였다. 조영식 총장님께서 내게 지시하신 맨 처음 서신은 수제 골프채를 주문하는 편지였다. 당시 총장님은 골프 재미에 빠져 있었다. 지금이야 골프를 못 치는 사람들도 골프 용어인 티(tee)나 아이언, 우드 등의 용어에 익숙하지만 당시의 나를 비롯한 대부분의 서민들은 퍼팅이라는 단어가 무슨 뜻인지도 몰랐다. 나는 당황해서 박용주 교수님에게 달려가 징징 거렸고 선생님의 도움으로 겨우 첫 주문서를 작성해서 올렸다.

그날 저녁 퇴근길에 나는 총장님의 영문 서신 파일을 모조리 집으로 가지고 가서 공부하기 시작하였다. 총장님과 자주 서신 왕래하는 외국 대학 총장들과의 서한들을 읽고 주요 관심사를 터득하고 중요한 인사말이나 어휘 등을 정리한 노트를 만들어 무조건 외웠다. 나는 일에 전력투구했다. 불행한 결혼생활을 잊는 방법은 일에 몰두하는 것뿐이었기 때문이다. 출근은 8시였고 퇴근 시간은 저녁 8시가 넘기 일쑤였다. 토요일과 일요일에도 외국 손님이 오는 경우에는 출근하였다. 나는 불평하지 않았다. 오히려 집에서 탈출할 수 있어서 기뻤다.

내가 학교 일에 몰두해 있는 사이에 그나마 명맥을 유지하던 공장은 빚에 넘어갔다. 남편은 며칠 동안 잠적했고 빚쟁이들이 내 사무실에 찾아왔다. 나는 그들에게 남편과 이혼했다고 잡아떼었다.

그리고 상계동 천막촌을 벗어나 중곡동에 방 두 칸을 얻었다. 내 월급이 유일한 집안의 수입원이 되었다. 주변에서는 내가 이혼할 것이라고 수군거렸다. 친정어머니조차도 나의 이혼을 기정사실로 받아들이는 눈치였다. 그러나 나는 용기가 없었다. 남편과 시댁 식구들이 내 수입에 의존해 사는데 야멸차게 뛰쳐나올 수가 없었다. 어쩌면 내 자존심이 허락하지 않았는지도 모른다. 내 선택이 잘못되었다는 사실을 인정하기가 싫었다. 남편이 경제적으로 독립하면 헤어지리라 생각했다.

대학원 진학

내 능력보다는 일에 대한 열정이 총장님의 신임을 받는 계기가 된 것 같다.

다음해 총장님은 나에게 대학원에 진학하라고 지시하셨다. 그렇게 하고 싶었던 공부도 계속할 수 있게 된 것이다. 내가 원하던 일과 공부를 병행할 수 있다는 사실이 나의 성격을 바꾸기 시작하였다. 우울하고 내성적이었던 성격이 밝고 명랑해졌다. 뭐든지 잘 할 수 있다는 자신감이 풍선처럼 부풀어 올랐다.

외국 손님들이 오면 열심히 통역하고 안내하고 동분서주하며 미친 듯이 일했다.

사무실에 돌아오면 혼자 남아 머리를 쥐어짜며 영문 편지를 썼다. 어떻게 하면 상대방의 마음을 울리는 편지를 쓸 수 있을까를 항상 머리에 담고 좋은 문장은 메모해서 외웠다. 그렇게 일하는 것만이 결혼 생활을 견디게 해주는 탈출구가 되었다. 암울한 분위기만 감도는 집에 들어가면 숨이 막힐 것 같아 퇴근이 이른 날이면 집에 늦게 들어갈 핑계를 만들어 직원들과 어울렸다.

일과 공부를 병행하며 정신없이 2년을 보내고 대학원 과정을 마치고 석사 논문을 쓰는 1972년 가을이 되었다. 다른 부서에서 근무하는 여직원이 임신이 되지 않아 시댁에서 걱정이 많다고 불임검사를 받아야 한다고 나에게 같이 가달라고 졸랐다. 경희의료원이 개원하고 얼마 되지 않았을 때였다. 나는 아예 아기를 포기하고 있었던 터라 가고 싶지 않았지만 그 친구가 하도 졸라 별 기대도 하지 않고 불임검사를 받았다. 그런데 놀라운 일이 일어났다. 검사 과정에서 유착되었던 왼쪽 난관이 뚫린 것이다. 그리고 몇 달 후에 임신이 되었다. 그러나 학교 일을 하면서 석사논문을 쓰느라고 무리해서 임신 3개월 만인 1973년 1월에 자연유산이 되었다. 그해

2월에 석사학위를 받았다. 아기를 석사학위와 바꾼 셈이라고나 할까. 학위 취득과 함께 총장님은 나를 초급대학 전임강사로 발령을 내셔서 대학 강단에도 서게 되었다.

딸의 출생과 집 장만

1973년 7월 서른 세 살의 나이에 다시 임신이 되었다.

당시로서는 노산이어서 항상 유산의 위험에 노출되어 있었다. 이번에는 아기를 놓치고 싶지 않아서 휴가도 내고 유명하던 차경섭 산부인과에 다니며 치료를 받았다. 그 덕분에 아기는 태중에서 무럭무럭 자랐다. 불임의 진단을 받고 결혼했던 터여서 태동을 느꼈을 때의 감동은 뭐라 표현할 길이 없었다. 마침내 나도 엄마가 되는구나! 몸이 점점 무거워서 출퇴근하기도 힘들었지만 엄마가 되는 과정을 직접 겪는다는 사실에 모든 게 다 신기하고 감동스러웠다.

1974년 3월 27일 아침 출근 준비를 하는데 양수가 터졌다. 나는 남편과 같이 택시를 타고 부랴부랴 경희의료원으로 갔다. 열한 시간 동안의 진통 끝에 오후 여섯 시 5분에 2.7kg의 딸을 낳았다. 몸이 빨갛고 털이 많아서 원숭이 같았다. 사람들은 서른네 살의 순산을 축하해주었다. 총장님의 배려로 1인실에 있었는데 방문객들이 가져온 영산홍 화분들이 사방에 놓여 난생처음으로 호강하였다.

출산의 고통보다 더 힘들었던 것은 젖몸살이었다. 아기가 젖을 빨지 못해 젖이 점점 불어 터질 지경이 되고 통증이 심해 어깻죽지까지 벌겋게 부었다. 결국 나는 분유 수유로 바꾸고 한 달 동안 젖 몸살을 치료하느라고 출산 비용보다 더 많은 지출을 하였다.

시어머니가 작명소에 가서 딸의 이름을 '유진(有眞)'이라고 지어오셨다. 딸의 출산은 항상 떠날 마음으로 지탱하였던 내 결혼 생활에 뿌리를 내려주었다. 심지어 시어머니조차 임신 막달이 되었을 때 "네가 우리 집 귀신이 안 되는 줄 알았다."고 말씀하셨을 정도로 주변 사람들은 나의 이혼을 예측하고 기정사실로 받아들일 정도였으니까.

딸이 태어나자 삭막했던 집안에 화기가 돌았다. 아기가 태어나기 전에는 퇴근하면 시어머니나 남편과 나눌 대화가 거의 없어서 누워 있거나 학교에서 갖고 온 밀린 잡무 처리에 시간을 보내곤 하였다. 그러나 딸의 출생으로 식구들은 하루하루 늘어나는 아가의 재롱에 흠뻑 빠졌다. 딸한테 온통 정신이 팔려서 학교에서는 빨리 집에 가고 싶어 안달이 났다. 그리고 집에 오면 시간이 얼마나 빨리 가는지 원망스러울 지경이었다. 아기가 실컷 자고 나서 입을 오물거리며 옹알이 할 때면 내가 엄마가 되었다는 사실에 온갖 시름을 잊어버렸다.

남편과의 관계도 원만해졌다. 우리는 1974년 8월 15일 여행비도 없고 아파서 가지 못했던 신혼여행을 속리산으로 떠났다. 우리가 떠난 날에 공교롭게도 이 나라 역사에서 영원히 잊혀지지 않을 사건이 일어났다. 29주년 광복기념 경축식장에서 육영수 여사가 재일교포 청년의 흉탄에 비명횡사하였기 때문이다. 전국이 온통 애도의 물결에 휩쓸렸지만 여행을 취소할 수가 없어서 1박만 하고 돌아왔다. 하지만 부부의 첫 여행이라 기억에 남는다.

나는 마음이 바빠졌다. 딸을 셋방이 아닌 우리 집에서 키워야겠다는 결심을 실행에 옮기고 싶었다. 유년 시절 수십 번의 이사를 다녔다. 이사할 때마다 엄마는 아이들이 너무 많다고 셋방 구하는데 항상 어려움을 겪어야 했고 우리는 드나들 때마다 조용히 해야 한다는 엄명을 받고 큰소리 한 번 낼 수 없이 살았다. 나는 어렵게 얻은 나의 딸에게 그 설움을 안겨주고 싶지 않았다. 그래서 은행 융자를 끼고 면목동에 조그만 마당이 있는 새 집을 마련했다.

8월 20일 일기에는 다음과 같이 씌어있다.

> 드디어 대망의 집 계약. 집값은 3,625,000원. 흥분이 되어서 잠이 안 온다. 섭씨 34도의 무더위에 더하여 돈 갚을 걱정에 한숨만 나온다. 아기를 보면 얼른 사야겠다고 마음먹었던 것인데 어떻게 자금을 마련하나?

남편과 나는 은행 융자뿐 아니라 사채를 얻고, 그리고 방 하나를 전세 놓아 잔금을 치르고 마침내 9월 25일 새집으로 이사를 하였다. 내 일기에는 그날이 '역사적인 순간'이라고 적혀 있다. 남편은 18년 만에, 나는 24년 만에 가져보는 온전한 우리 집이었다. 돈 걱정에 정신이 없었지만 이사하고 아기가 마음대로 마루를 기어 다니거나 보행기를 타는 모습을 보니 세상을 다 얻은 듯 행복했다.

딸은 무럭무럭 자랐다. 별로 잔병치레를 하지 않았지만 감기와 설사로 인해 열이 난다든가 축 늘어져 있을 때는 서른네 살의 초보 엄마인 나는 가슴이 아파서 눈물이 났다. 낮에는 시어머니가 보아주시고 밤에는 피곤에 절어 퇴근한 나를 대신해서 주로 남편이 기저귀를 갈고 우유 먹이는 일을 도맡아 하였다. 딸의 존재는 식구들의 시름을 덜어주는 청량제며 기쁨의 원천이었다.

아기 키우는 재미에 푹 빠져있는데 그 해 10월 중순에 총장님께서 다음해인 1975년 9월에 벨기에 루벤대학에 유학을 떠날 마음의 준비를 하라고 말씀하셨다. 경희대학교가 550년의 역사를 가진 벨기에에 있는 루벤대학과 자매결연을 체결하여 교환학생으로 나를 비롯한 세 명의 교수들을 추천하신 것이다. 나는 영어권이 아니어서 망설여졌지만 필리핀 유학의 기회를 놓쳤기 때문에 이번 기회를 또 놓칠 수가 없었다. 문제는 집 장만하느라고 은행 이자 등 가계지출이 너무 많아 엄두를 낼 수가 없었다. 총장님께서는 수시로 나를 격려하시며 교수로 키우시겠다고 하셨다. 나는 아기와 집과 돈 문제로 잠 못 이루는 밤이 많아졌다.

나의 이런 고민에도 아랑곳 하지 않고 딸은 무럭무럭 자라고 8개월 만에 따로 서기 시작했고 한 발짝, 두 발짝씩 걷기 시작했다. 게다가 온갖 재롱을 다 떨었다. 학교 일로 쓰러질 것처럼 피곤에 절어 집에 와 아기를 보면 다시 힘이 생겼다. 아이를 낳을 수 없다는 의사의 진단을 받고 결혼을 했고 지난 5년 동안 아이가 없었던 내게 찾아온 하늘의 선물이 아닌가.

그래서 나는 돈에 쪼들리면서도 3월 27일 딸의 첫돌 잔치를 성대하게 치렀다. 많은 친척들과 그리고 학교의 친지들을 초대하여 이틀에 걸쳐 음식 장만을 하였다. 딸은 걸어 다니는 꽃이었고 천사였다. 아장아장 걸어 다니며 갖은 애교를 부려서 손님들을 즐겁게 하였다. 얼마나 사랑스러운지 웃는 모습만 보면 현기증이 날 정도였다.

그러면서도 나는 불면의 밤이 늘었다. 점점 다가오는 유학 준비 때문이었다.

딸이 태어나서 비로소 후회스러웠던 결혼 생활에 안정을 찾았는데 이게 무슨 운명의 장난이란 말인가. 솔직한 마음은 딸에 대한 집착과 은행 융자 때문에 유학 가는 게 싫었다. 남편의 수입으로는 생활 유지만 겨우 될까 말까, 그것도 들쭉날쭉한 직장의 이동 때문에 불확실했다. 딸만 아니면 모두 다 정리하고 떠나고 싶었다. 훌훌 자유롭게 살면서 공부만 하고 싶다는 열망에 사로잡혔다. 몇 달의 고민 끝에 나는 혼자 유학을 떠나기로 결심하고 남편의 동의를 얻었다. 점점 재롱이 늘어가는 딸과의 이별이 제일 힘들고 가슴 아팠지만 나의 미래를 위해서는 불가피한 선택이라는 결론을 내렸다.

벨기에 유학

유학 준비의 첫 관문인 신원조회부터 난관에 봉착했다.
중앙정보부에서 6·25전쟁 중에 사라진 시아버지의 실종 여부가 불투명하다는 이유에서 보류를 시켰기 때문이다. 돌아가신 분까지 나의 진로에 걸림돌이 되고 있다는 생각으로 시댁에 대한 나의 불만은 증폭되었다. 재정적인 문제뿐만 아니라 시어머니와의 관계도 원만하지 못해서 떠나고 싶다는 생각이 간절했다. 딸만 아니면 영영 돌아오고 싶지 않다는 생각까지 들었다.

우여곡절 끝에 출국 비자가 나와 그해 9월에 나는 벨기에로 유학을 떠났다.

떠나기 며칠 전부터 나는 계속 울었다. 딸에 대한 미안함과 미련 때문이었다. 홍콩을 거쳐 방콕에서 브뤼셀로 가는 비행기를 탔을 때는 하늘의 구름이 주황색으로 물들어 있었다. 비행기 안에서도 계속 울어 두통이 날 지경이었다. 엎친 데 덮친다고 옆에 앉아 있던 캐나다 남자가 내게 작업을 걸어와 브뤼셀 공항에 내릴 때까지 정신이 하나도 없었다. 앞으로 겪을 불확실한 장래가 겁이 났다.

다행히 약속했던 김대원 선생 내외가 공항으로 마중을 나와 주었다.

그들은 나를 집으로 데려가 밥과 국으로 허기진 배를 채워 주었고 대학의 기숙사로 안내까지 해 주었다. 마침내 나는 혼자가 되었다. 대학에 가서 등록을 하고 기숙사에 필요한 물품들을 마트에 가서 구입하여야 했는데 언어가 달라 당황했다. 미리 짐작을 했고 영어로 쓰기와 말하기는 자신 있다고 생각했지만 네델란드어를 쓰는 일반인들과의 소통은 불가능해서 나는 벙어리와 귀머거리가 된 기분이었다. 사람들이 무슨 말을 하는지 알아들을 수가 없었다. 간판도 무슨 글자인지 해독할 수가 없었다. 공연히 왔다는 후회가 밀려왔다.

벨기에는 외국어 전시장이었다. 경상북도 정도의 작은 나라가 불어 권, 네델란드어권, 독일어권으로 분할된 곳이었다. 루벤대학 자체도 불어와 네델란드어권의 오랜 갈등으로 갈라져서 불어권이 다른 캠퍼스로 옮겨갔다고 하였다. 대학 캠퍼스의 영어학부에서는 영어로 강의하고 소통하였으나 강의 계획서(실러버스)에 적혀 있는 참고문헌은 라틴어, 희랍어, 불어, 독일어 등 원문 그대로여서 나의 기를 꺾었다.

도착 직후 한 달 동안은 참담한 기분이 되어 기숙사 5층 내 방에 돌아오면 울기만 하였다. 기숙사 방에 빨랫줄을 십자로 걸어 딸의 사진들을 죽 걸어놓고 보면서 울었다. 당장이라도 돌아가고 싶었다. 5층에서 뛰어내릴까, 보따리를 쌀까 하며 밤이면 항아리 같은 큰 병에 담긴 포도주를 들이키며 아장아장 걷는 딸의 모습을 그리워하며 밤잠을 설쳤다. 더구나 유럽의 기후가 내 우울증에 한 몫을 했다.

10월의 벨기에의 날씨는 거의 매일 흐리거나 부슬부슬 비가 왔다. 오후 4시만 되면 전기를 켜야 할 만큼 우중충했고 저녁이면 안개가 밀물처럼 몰려와 방 구석구석을 핥았다. 나는 지도교수에게 강의를 듣게 해 달라고 부탁했다. 굳이 강의를 들을 의무는 없었지만 나는 무슨 일에든지 몰입을 해야 했다. 아니면 죽을 것 같았다. 강의를 듣고 기숙사로 돌아오던 어느 날 오후였다. 짙은 안개가 걷히면서 해가 났다. 햇살은 장난꾸러기 아이처럼 내 앞에 긴 그림자를 만들어 주었다. 그 긴 그림자에 나는 소스라쳤다. 나는 나의 그림자를 보며 혼잣말을 했다. 너는 왜 여기 있는 거니? 무엇하러 가족도 버리고 여기 왔니? 동시에 서울의 푸른 가을 하늘이 긴 그림자 위에 포개졌다. 기숙사에 돌아와 남편에게 편지를 썼다. 당신과 유진이가 같이 있어야 공부가 되겠노라고.

마침내 1976년 3월 초에 남편과 딸이 왔다. 딸을 떼어놓고 온 지 5개월 만이었다. 가족이 모이니 마음이 안정되었다. 나는 살림하고 공부하는 주부 학생이 되어 새벽부터 밤까지 정신없이 바쁜 일과에 묻혔지만 의욕이 되살아났다. 방학이 되자마자 네델란드 어 초급반에 등록하여 매일 세 시간씩 집중적으로 배웠다. 간단한 일상 회화라도 배우게 되니 살기가 훨씬 수월해졌다. 개학을 하고 지도교수인 세르보트(Servotte) 신부님에게 '후인다후 무네르(선생님, 안녕하세요)'라고 몇 마디 인사를 했다. 평소에 차갑고 근엄하여 좀처럼 웃는 모습을 보인 적이 없어서 그곳 학생들조차 얼음 생선(cold-fish)라고 불리던 그 교수님이 처음으로 내 앞에서 환하게 웃었다. 아마도 나의 노력이 가상했기 때문이었을 것이다. 그날 이후로는 그에 대한 두려움이 사라져서 선생님 앞에서 더 이상 다리를 후들거리지 않고 말을 더듬지 않게 되었다.

그곳 학제는 한국과 달랐다. 신입생은 엄청나게 숫자가 많았다. 나는 영어로 강의하는 과목을 골라 청강하였다. 시, 소설, 셰익스피어, 엘리엇 세미나 등을 수강하여 자신감을 회복하기 위해 안간힘을 썼다. 세르보트(Servotte) 신부님은 훤칠한 키에 미남형이어서 학생들이 가장 존경하면서도 두려워하는 분이었다. 나는 일주일, 혹은 이 주일에 한 번 연구실에 찾아가 공부한 내용을 선생님에게 보고를 하였다. 나는 선생님 앞에서는 너무 긴장하여 버벅거리곤 했는데 점차 나의 성실성과 노력을 알아차리셨는지 교수님은 내게 관심을 갖고 논문 주제를 결정하는 데 많은 도움을 주었다.

물론 리포트나 시험의 기준이 달라서 처음에는 당황했었다. 참고 문헌의 사용을 금했고 시험은 구두로 보기도 했다. 텍스트만 해석하고 분석하는 신비평적인 방법으로 강의 했고 학생들의 숙제도 그 방법을 요구했다. 한국에서 논문을 쓸 때는 얼마나 많은 참고 문헌을 읽었느냐가 평가의 잣대였는데 그곳에서는 정반대였다. 난감했다. 더구나 내가 논문 주제로 삼은 엘리엇(T. S. Eliot)의 시는 난해해서 참고문헌을 읽지 않고는 해석하기도 힘들었다. 특히 그의 후기 시인 『사중주(The Four Quartets)』를 읽을 때는 안개에 파묻힌 기분이었다. 엘리엇은 고양이를 좋아해서 유명한 뮤지컬 '캣츠'의 원작자이기도 하다. 그 시를 마주하면 시인이 안개 속에 숨어서 고양이 같은 묘한 웃음을 지으며 '용용 죽겠지' 하고 놀리는 것 같았다. 그래서 두 학기 연거푸 엘리엇 세미나를 수강하였다.

첫 시간은 8시에 시작되었다. 길은 있으되 보일 듯 말 듯 안타깝기만 한 어느 겨울날 아침이었다. 벨기에에서는 보기 드물게 눈이 많이 내렸다. 나는 옆 건물 지붕에 소복이 쌓인 눈 위에 부서지는 햇살을 바라보면서 강의를 듣고 있었다. 세르보트 교수님의 듣기 좋은 음성이 「리틀 기딩(Little Gidding)」 첫 부분을 읽고 있었다.

지금 계절은 한겨울 봄이다

해질 무렵 몽롱하지만 영원하고
극지와 열매의 중간 시공 중에 매달린 겨울이다
지금 생 울타리 나무들은
일시적인 눈 꽃송이들로 한 시간 동안 하얗다
그것은 여름 꽃보다
더 순간적이고, 꽃망울도 안 맺고 시들지도 않으며
생성의 체계에도 없는 것이다
여름이 어디 있는가. 상상도 미치지 못하는
영(零)의 여름은?

갑자기 가슴이 스멀거렸다. 감동의 세포들이 가슴과 머리를 기어 갔다. 이론의 틀이 아닌 마음의 눈으로 시가 이해되었다. 문학적 이해의 눈이 떠졌다고나 할까. 문학적 감수성이 별로 없는 나는 고집스럽게 견딘 덕분에 좌절의 늪에서 빠져 나올 수 있었다. 그래서 2년 만인 1977년 6월에 「'칵테일 파티'에 나타난 T.S 엘리엇의 시와 시극의 주제(The Thematci Evolution of T. S. Eliot's Poetry and Drama as reflected in 'The Cocktail Party')」라는 논문으로 석사 학위를 취득하였다. 그리고 박사 과정을 시작해도 좋다는 지도교수의 허락을 받았다.

그러나 공교롭게도 석사학위를 끝내자마자 조영식 총장께서 벨기에에 오셔서 나의 귀국을 종용하였다. 내 업무를 맡아 하던 직원들이 해마다 바뀌는 바람에 국제회의 준비에 차질이 생기고, 특히 1978년에 이란에서 개최되는 IAUP 총회 준비가 급선무라고 말씀하셨다. 나는 망설이지 않고 총장님의 제안을 받아들였다. 우선 공부가 너무 힘들었다. 그리고 함께 사는 남편이 하는 일 없이 그곳에서 머무는 것이 부담스러웠다.

다시 공부는 하지 않으리라고 결심하고 그동안 모은 논문 자료들을 불태우고 장학금을 조금씩 모은 돈으로 우리 가족은 유럽 여행을 떠났다. 프랑스와 독일을 거쳐 이탈리아의 플로렌스 등과 폼페이 유적 등 몇 도시를 거치는 열흘 동안의 일정이었다. 가난한 유학생의 여행은 고달팠지만 네 살짜리 딸은 보채지 않고 낯모르는 사람들을 만나도 잘 웃어서 귀여움을 독차지했다. 지금도 플로렌스, 로마, 폼페이 등 고대 로마시대의 유적 사이를 누비고 박물관, 미술관을 순회하였던 그때 그 시절의 모습이 파노라마처럼 스친다.

귀국과 아들 출산

1977년 8월 15일에 김포공항에 내렸다. 장마철 특유의 습기 많고 후텁지근한 공기가 오히려 반가웠다. 귀국하는 동안 비행기를 놓쳐 고생을 한데다가 모스크바 공항에 잠시 머무는 동안의 긴장과 더불어 하네다공항에서 몇 시간 기다린 것 하며 네 살짜리 딸을 데리고 오느라고 힘들어서 비행기에서 내린 내 몰골은 말이 아니었다. 마중 나오신 시어머니는 깡마르고 머리 손질을 하지 못해 산발한 나를 보시고는 밭을 매다 온 시골 여편네 같다고 혀를 차셨다.

우리 세 식구는 시어머니가 사 놓았다는 화계사 근처 수유리 집으로 왔다. 나지막한 언덕 바로 밑에 자리 잡아 외진 곳에 있었다. 시어머니가 집을 샀다고 편지에 쓰셨기 때문에 나는 장학금을 쪼개서 푼돈을 모아 어머니 드리려고 미화 천불도 선물로 가져온 터였다. 집 팔고 남은 돈을 은행에 저금해 놓았고 휴직이었지만 학교에서 월급을 주었기 때문에 시어머니가 알뜰히 모아 산 거라고 믿었다. 그러나 그게 아니었다. 은행에 저당 잡힌 집을 430만 원에 계약하고 년 말까지 상환해야 한다는 조건으로 구입한 것이었다.

마음속의 분노가 8월의 열기처럼 솟구쳤다. 어떻게 이럴 수가? 은행에 입금했던 돈을 시누이가 장사한다고 가져가서 갚지 못하였다는 것이다. 결혼 후 처음으로 시어머니에게 대들었다.

"제가 딸이라면 이렇게 하셨을까요? 제가 청운장 기생입니까? 어떻게 연말까지 잔금을 갚으란 말입니까?"

더 이상 이렇게는 못살 것 같았다. 정말 이혼을 해야겠다고 결심했다. 딸에게 아빠 없다는 소리를 듣지 않게 하려고 안간힘을 쓰며 견디어왔지만 한계가 온 것 같았다. 주변 사람들도 내게 이혼을 종용했다. 심지어 친정어머니조차 나의 이혼을 적극 찬성하셨다.

그러나 이혼은 아무나 하는 것이 아니었다. 두 번째 임신이 되었기 때문이다. 생각지도 못한 복병이었다. 나는 아이를 낳을지 말지를 놓고 심각한 고민에 빠져서 무속인을 찾아가 상담도 하였다. 무속인은 낳기를 권유하였다. 아들을 낳으면 집안도 평안해지고 부부 금슬도 좋아질 거라면서. 하여간 고민하는 사이 배 속의 아기는 자라 열 달을 채워 1978년 5월 4일에 아들을 출산하였다. 아들을 보는 순간 나의 방황은 끝났고 내 결혼생활이 마침내 뿌리를 내리는 기분이 들었다. 아기를 보는 사람들마다 아들이 잘생겼다고 칭찬을 해주니 학교 일이 힘들어도 집에 오면 벙글벙글 웃는 아들을 보면 힘든 줄을 몰랐다. 물론 집안에도 화기가 돌았다.

매일 매일의 학교생활은 전쟁터 같았지만 나는 강의하는 것이 즐거웠다.

당시로서는 신비평적인 영시 분석을 가르치는 교수들이 없었기 때문이었는지 학생들은 내 강의를 좋아했다. 그러나 강의 시간보다 보직업무에 훨씬 많은 시간과 정력을 쏟아야만 했다. 세계대학총장회의(IAUP) 의장인 총장님은 이란의 테헤란에서 개최된 회의 준비가 안 되어서 벨기에에서 나를 불러들인 것이었다. 그리고 1979년 10월 박정희 대통령이 시해되던 무렵 로마클럽 회의를 유치하여 노벨상 수상자들이 세 명이나 참석하는 큰 국제회의를 개최했기 때문에 나는 허리 펼 시간도 없었다.

그런데다가 루벤대학에서 박사학위 과정을 포기하고 귀국을 종용한 총장님은 시간 있을 때마다 본교에서 박사학위를 하라고 재촉하셨다. 솔직히 나는 하기 싫었다. 출산 직후이기도 하고 강의와 보좌관실의 과중한 업무 때문에 도저히 공부할 계제가 아니었기 때문이다. 그러나 총장님은 공부도 때가 있다면서, 십 년 후에는 박사학위가 없으면 교수하기 힘들다고 나를 설득하시며 대학원장에게 직접 나의 등록을 지시하셨다. 그로부터 5년 동안은 내게는 지옥 같은 나날이었다. 주어진 역할을 제대로 한다는 게 불가능하였다. 교수, 엄마, 보좌관, 그리고 학생으로서 매일 매일이 전쟁이었다.

1978년 테헤란에서 개최된 세계 대학 총장 회의 5차 총회 준비와 1979년 10월 말에 예정된 로마클럽과의 국제회의 준비로 내 업무는 폭주했다. 일 때문에 힘들기도 했지만 생전 처음 누군가를 미워하게 되어서 생기는 스트레스가 더 힘들었다. 같이 근무하던 Y 교수는 총장실에 같이 불려 들어가서 업무 지시를 받으면 총장 앞에서는 혼자 다 할 것처럼 설치다가 실제로는 결과물을 내지 않고 학교 일을 핑계로 학교차를 타고 돌아다니는 탓에 내가 그의 일까지 하게 되는 경우가 많았다.

게다가 집에 돌아오면 시어머니와 눈길도 마주치기 싫었다. 경제적인 부담을 온통 짊어진 며느리와 상의도 없이 지하실 전세를 내보내고 손위 시누이네 식구들이 들어와서 한 집에 살게 된 까닭이었다. 애들만 아니면 당장 집을 뛰쳐나가고 싶었다. 눈에 넣어도 아프지 않은 딸과 아들에게 아빠 없다는 소리를 듣지 않게 하기 위해서 참고 살았는데 시어머니의 횡포는 견딜 수가 없었다. 집에 오면 시어머니와 대화를 거의 하지 않았다. 안팎으로 미운 사람들이 있으니 병이 나고 말았다. 극심한 편두통에 시달리게 된 것이다. 숨을 쉴 때마다 머리가 아프고 흔들렸다. 병원에 갔더니 내과 최영길 교수께서 두 말 하지 않고 나를 독방에 입원시켰다. 가족들, 심지어 남편의 면회도 허용하지 않았다. 정신적인 스트레스와 과로, 그리고 미움이 편두통의 원인이라고 했다.

일에 미치다

1980년대는 정치적인 격변기이기도 하지만 개인적으로도 가장 힘든 시기였다.

1979년 10월 27일 박정희 대통령의 암살 사건은 공교롭게도 그 기간에 국제회의를 로마클럽과 공동 주최하기로 한 경희대학은 비상이 걸렸다. 계엄령 선포로 모든 집회가 금지되었기 때문이다. 그 국제회의에는 마카파갈 필리핀 전 대통령을 위시하여 다섯 명의 노벨 수상자들이 초청되었기 때문에 연기할 수도 없었다. 모든 수단 방법을 동원하여 가까스로 회의를 열었으나 실무를 맡은 스태프들의 수고로움은 말로 표현할 수가 없었다.

나는 회의 자료 준비와 안내를 맡았기 때문에 눈코 뜰 새 없이 바빴다. 그 와중에도 참석자들 27명을 이끌고 경주와 포항제철소 방문을 했다. 피로가 쌓여 파김치가 되었지만 벗어날 방법이 없었다. 나의 건강 상태는 점점 더 악화되었다.

박 대통령의 서거 후 1980년 민주화의 봄이 시작되는 듯했다.

경희대학도 복적생들을 중심으로 총장사퇴를 외치며 장기 데모 사태에 돌입했다. 3월 1일 휴교령이 내리고 휴교는 5월 11일까지 계속되었다. 캠퍼스는 하루도 잠잠할 날이 없었다. 게다가 5월 18일 터진 광주사태는 온통 대학까지 정치판을 만들어 편을 가르고 입 가진 사람들은 저마다 목소리를 내어 유언비어가 전염병처럼 번졌다. 마침내 정부의 압력에 견디지 못한 조영식 총장은 8월 18일 총장직을 사퇴했다. 나도 공식적으로는 비서실을 떠나 교수 연구실로 옮겼다. 그동안 미루어 놓은 박사학위 논문자료 정리에 몰두할 계획으로 홀가분하게 교수회관으로 올라왔다.

그러나 그런 나의 바람은 그냥 바람으로 끝났다. 총장직에서 물러난 조 총장님은 학교 일에 쏟던 정열까지 국제 업무에 보태어 IAUP 회의 준비에 총력을 기울였다. 그래서 나는 쉴 틈이 없었다. 시도 때도 없이 명륜동 자택으로 호출을 하셔서 업무를 지시하였다. 총장님을 보좌하던 남자 교수들은 모두 외국으로 떠나버린 터였다. 힘이 들어도 그 나마의 일이 없으면 견디지 못하는 총장님의 성정을 이해하였기 때문에 나는 군말 없이 지시대로 업무를 수행하였다.

그 해 말에 박사 종합시험에 합격했고 논문 준비를 시작하였다. 그러나 1981년 6월에 코스타리카에서 개최하기로 된 6차 IAUP 회의 준비를 위해 수백 통의 회람을 만들어 배송하고 Lux Mundi 잡지도 만드는 등 하루도 쉴 틈이 없었다. 실무를 맡은 나는 총장님을 수행하여 6월 22일 하와이를 거쳐 미군 본토에 도착하여 처음 보는 미국이라는 나라의 거대함에 놀랄 마음의 여유도 없었다. 그리고 코스타리카의 수도 산호세에 도착하여 국제회의를 성공적으로 마쳤다. 조 총장님은 당신의 의도대로 세계평화의 날 제정을 건의하는 문건을 만장일치로 채택하여 곧장 뉴욕으로 가셨고 어렵고 힘든 과정을 거쳐 그해 말에 유엔총회에서 세계평화의 날을 제정하는 쾌거를 이루었다.

회의가 끝난 뒤 나는 3주 동안 미국을 여행하였다. 후배가 있던 뉴욕을 거쳐 워싱턴을 돌아보았고, 여동생이 살고 있는 새크라멘토에 도착하여 비로소 긴장의 끈을 늦추게 되었다. 그렇지만 내 건강 상태는 여행을 즐길 만큼 좋지 않았다. 계속 피곤했고 걷기가 힘들었다. 어디서나 눕고만 싶었다. 심신이 만신창이가 된 느낌이었다. 이러한 증상은 귀국해서 바로 나타났다. 요통이 심해서 움직일 수가 없게 된 것이다.

8월 개강을 앞두고 전체 교수회의가 보은 속리산에서 열렸다. 그곳에 갔다가 허리가 너무 아파서 움직일 수가 없었다. 병원에 갔더니 척추 협착증과 목 디스크가 심하다고 했다. 그 이후로 나는 입원과 퇴원을 반복하는 생활을 하게 되었다. 소화도 안 되고, 불면증도 생기는 악순환이 계속되었다. 그러는 사이 체중이 많이 줄어 보는 사람들마다 내 건강을 염려하게 되었다.

할 수 없이 나는 6개월 동안 휴직을 하고 정형외과에 입원하여 보름 동안 꼼짝 못하고 누워있었지만 통증이 줄어들지 않았다. 퇴원하고 이번에는 한방병원 재활의학과에 거의 매일 다니며 침과 뜸 치료를 받고 도수치료도 받았다. 치료 받는 동안에는 통증이 사라지는 듯했지만 조금만 앉아 있으면 다시 통증을 느꼈다. 할 수 없이 진통제로 하루하루를 버티었다.

학위 취득과 수술

1982년 봄 새학기가 시작되었는데 생리 때도 아닌데 하혈을 하였다. 아픈 동안에 스커트가 너무 커서 줄여야 할 만큼 체중도 빠졌다. 교수실에서 만난 생물과 여교수가 나를 보자 안색이 안 좋다며 당장 병원에 가보라고 권했다. 간호과 여교수도 자궁암으로 입원 중이라고 겁을 주었다. 요통에만 신경을 쓰느라고 산부인과 질환은 염두에도 두지 않았던 나는 뒤통수를 맞은 기분이었다. 즉시 산부인과 진찰을 하였다. 자궁에 근종이 생겼다고 했다. 이미 나는 고등학교 2학년 때 왼쪽 난소를 떼어내는 수술을 했었다. 나머지 난소가 유착이 되어 불임이라는 선고를 받았었다. 불임 검사 중에 유착된 난소가 뚫려 임신을 하게 되었고 두 아이를 낳는 축복을 받았는데 다시 자궁에 혹이 생겼다니…. 아득했다. 혹이 양성인지 악성인지는 조직검사를 해보아야 한다는 진단이었다. 왜 내게는 이런 시련이 연속적으로 일어나는지 하늘이 원망스러웠다.

논문을 쓰기 위해 학교 근처 연립주택으로 이사까지 했는데 논문은 고사하고 다섯 살, 여덟 살짜리 남매를 두고 다시 수술대 위에 누울 생각을 하니 세상이 끝난 듯 절망적이 되었다. 밤 새워 울면서 주변 정리를 하였다. 내가 그동안 몇 번이나 입원을 했나 세보니 열 번도 넘었다. 5월 17일 입원해서 자궁 적출 수술을 받았다. 다행히 혹은 양성으로 판명이 났다. 요통과 겹친 수술의 후유증은 견디기 힘들었다. 식욕도 없고, 불면증에 시달리며 밤이면 방안의 천장이 빙빙 도는 현기증 때문에 무서워서 잠들기도 힘들었다. 결국 신경정신과에 가서 상담을 하고 MMPI 테스트를 받았다. 극도로 나빠진 건강과 손아래 동서의 가출에 따른 시어머니와의 갈등, 남편의 실직 등 주변의 모든 상황이 나를 벼랑으로 몰아넣어

심한 우울증에 걸린 것이다.

특히 자궁을 적출해서 여성성을 상실했다는 생각이 나를 괴롭혔다. 스스로 극복하려고 해도 심신이 말을 듣지 않았다. 겪어본 사람들은 알겠지만 세상에는 의지만으로는 되지 않는 일이 너무나 많다. 머리로는 이래서는 안 되는데 하고 이해하면서도 몸과 마음이 따라주지 않는 것이었다. 죽고 싶다는 생각이 자꾸 들었다. 밤이면 죽는 환각에 시달렸다. 이층에서 뛰어내리는 환각에 사로잡힌 나 자신이 무서워졌다. 그러다가도 옆에서 쌔근쌔근 잠자고 있는 어린 아들과 딸을 보면 미안하고 애틋해서 눈물만 나왔다.

이래서는 안 되겠다. 어떻게든 일어나야지. 죽을힘을 다해 일어나 연구실에 나왔다. 그리고 휴직을 하고 논문 쓰기에 매달리기로 했다. 교수 연구실에는 침대가 있었기 때문에 침대 위에 나무판을 놓고 그 위에 전기장판을 깔아서 공부하다가 허리가 아프면 눕고, 다시 일어나 쓰다가 힘들면 눕고 하는 생활이 계속되었다. 그렇게 6월부터 시작하여 11월에 논문 작성을 끝내고 세 번의 심사를 거치면서 수정하고 보완하는 작업을 하였다. 그리고 1983년 2월 23일에 박사학위를 받았다.

그러나 아직도 내 시련은 끝나지 않았다. 논문에 매달렸을 때부터 개복 수술한 바늘 자국마다 노랗게 곪는 증상이 나타났다. 수술실에 함유된 화학 성분의 부작용이라 했다. 참으로 불가해한 일이었다. 처음에는 한두 개 정도여서 곪을 때마다 외과에 가서 메스로 터트려 짜냈으나 점점 더 심해졌다. 결국 학위를 받던 날 다시 성형외과에 입원을 해서 수술 부위를 제거하고 다시 봉합하는 수술을 받았다. 내 복부는 네 번 칼을 댄 셈이다. 그래서 나는 내 배에 지퍼를 달았다고 농담을 하곤 한다. 그러나 나의 투병은 끝나지 않았다.

요통과 어깨 통증이 갈수록 심해지는 것이었다. 강의가 끝나고 연구실에 오면 침대에 잠깐이라도 누워야 할 만큼 아팠다. 진통제를 복용하였지만 임시방편일 뿐이었다. 방학이 되면 요통을 잘 고친다는 병원이나 한의원을 찾아다녔다. 한 번은 나의 요통을 알고 있는 학원장께서 일본에서 온기치료 전문가를 초청하여 치료를 받게 하였다. 총장님 앞에서 내복 바람으로 침대에 누워 치료를 받는데 부끄러워 죽고 싶었다. 그리고 어느 겨울방학 동안에는 동대문에 있는 유명한 한의원에 다녔다. 그곳에서는 침, 뜸, 부황을 뜬 다음에 온몸이 만신창이가 되도록 주무른 다음 마지막 코스로 코에서 피를 빼내는 것이었다. 지금 생각하면 황당한 치료법이지만 당시는 아프지 않게만 해준다면 못할 것이 없다는 생각뿐이었다. 그리고 연구실에 오면 파김치가 되어 한 시간 이상 누워 있곤 하였다. 하루는 치료 후에 혼곤히 잠이 들었는데 연구실 입구 쪽에 화재가 나서 혼비백산하기도 하였다.

이런 와중에 저자는 잊어버렸지만 『현대인의 노이로제』라는 책을 읽게 되었다.

책 내용이 충격적이어서 사흘 동안을 울었다. 내가 지금 아픈 것은 결국 심인성(psychosomatic)이라는 결론을 얻었기 때문이었다. 가정과 학교에서 내게 지워진 짐이 너무 무거워서 몸이 비명을 지르고 있다는 것이었다. 그 후부터 병원 순례를 그만두었다. 아프면 진통제를 먹고 쉬었다. 내가 처한 현재를 인정하려고 애썼다. 지금의 남편을 택한 것도 나 자신이지 누구를 탓할 일이 아니다. 그를 배우자로 선택한 동시에 그의 가족들도 내가 선택한 것이다. 그와 더불어 따라온 가난한 삶도 거부할 수 없는 게 아닌가. 내가 착취당한다는 억울함과 분노가 신체적인 증상으로 나타나서 지금까지 나를 괴롭혔다. 그러나 여린 고사리 싹 같은 애들을 생각하면 이혼은 도저히 감행할 수가 없었다. 나 자신이 결손가정 출신으로 아버지 없이 자란 슬픔을 너무도 잘 알고 있었기 때문에 내 목숨보다 소중한 자식들에게 같은 슬픔을 전가해서는 안 되는 것이었다.

제자 관수의 죽음

나는 가정에서의 불만을 잊기 위해서라도 모든 열정을 학생과 학교 일에 쏟았다. 아침 8시면 연구실에 나왔고 강의 외에 내게 주어진 보직 활동과 학생 지도에 모든 시간을 할애하였다. 이 시기에 나는 김관수라는 제자의 일에 깊이 관여하였다. 같은 고향 출신이기도 하였지만 영어에 탁월한 능력을 가지고 있었고 매사에 성실한 학생이었다. 그는 개인 상담을 하러 내 연구실에 자주 왔다. 아버지가 돌아가신 후 어머니가 재혼해서 어머니에 대한 증오심이 크다는 사실을 알게 되었다. 그는 기숙사에 살면서 명절 때도 집에 가지 않아 우리 집에 와서 명절 음식을 먹기도 했다.

졸업 후에 그는 당시 문교부 유학 시험에 당당히 합격하여 캐나다의 토론토 대학으로 유학을 떠났다. 동양사를 전공하여 교수가 되겠다는 당찬 포부와 함께 그는 자신의 유학 생활을 가끔 편지와 카드로 알려왔다. 그런 그에게 뜻하지 않은 불행이 찾아왔다. 백혈병 진단을 받은 것이다. 그의 딱한 형편이 교민신문에 게재되고 교민들이 성금을 모아 한국에 있는 그의 동생이 토론토에 가서 골수를 기증하는 과정에서 그의 지도교수와 국제전화로 통화를 하였다. 나이가 많은 캐나다 교수가 외국인 제자를 위해서 자신의 모든 역량을 다 해서 도와주는 태도에 나는 많은 감명을 받았다.

당시 나도 관수를 낫게 하기 위해 많이 노력했다. 그의 가족이 살던 장안동 쪽방촌에 몇 번인가 방문하여 만난 그의 어머니는 울기만 했다. 수술 경과가 좋아 한국에 귀국했을 때 그가 좋아했던 학교 앞 분식집에 갔던 기억이 생생하다. 그는 졸업하면 나처럼 살고 싶다면서 평범한 여자를 만나 평범한 생활을 하고 싶다고도 했다. 관수는 학업을 마치기 위해 캐나다로 돌아갔으나 백혈병이 재발하여 1985년 5월에 저 세상으로 갔다. 그의 장례식 장면을 찍은 사진들을 그의 노교수가 내게 보내왔을 때 많이 울었다. 그리고 '참 교수'는 어떤 자질을 갖추어야 하는가에 대해서 생각했다. 잘 가르쳐야 하는 교수? 연구를 많이 하는 교수? 아니면 학생들을 진정으로 아끼고 보살펴주는 교수? 이 세 가지 자질을 갖추기는 불가능하다. 교수마다 자신 있는 자질을 선택하여야 한다. 나는 연구보다는 학생들을 열심히 가르치면서 그들의 옆에서 항상 귀를 열어

두는 교수가 되고 싶었다.

　대개 교수들과 상담을 원하는 학생들은 개인적으로 문제가 많다. 가정적인 문제보다는 연애나 취업 문제로 상담을 원하지만 외로움 때문에 오는 학생들도 많다. 나는 그들의 친구가 되고 싶었다. 교수 생활을 하는 동안 내 바람 만큼 했는지는 모르겠으나 내 시간과 열정의 많은 부분이 학생들과의 면담에 초점을 맞춘 것은 사실이다.

　돌이켜보면 내 인생의 전환점을 만들어준 사람은 영문과 지도교수였던 박용주 선생님이다. 그분은 교수로서의 나의 롤 모델이었다. 학생들과의 소통을 위해서 교수의 권위를 버리고 이웃집 형님이나 오빠처럼 솔직하고 소탈하게 학생들과 지내셨던 분이다. 지금 동창들과 만나도 그분과의 일화를 하나씩은 다 갖고 있다. 선생님은 취직이 어려웠던 그 시기에 제자들의 취업을 위해서도 동분서주하셨던 분이다.

　졸업 후 유학의 꿈이 무산되어 초등학교와 중·고등학교의 계약직 영어 교사로 있는 나를 총장 비서실에 추천해준 분이 바로 박 선생님이셨다. 자신 없어 하는 나에게 선생님은 격려를 아끼지 않으셨고, 비서실에 들어가서도 어려운 영어 편지가 있으면 선생님에게 쫓아가 도움을 청하였다. 항상 능력에 버거운 업무로 인해 긴장하는 나에게 농담을 건네며 쉬도록 하셨다. 그런 선생님이 가정의 불운으로 학교를 그만두고 J전문대학 학장으로 가셨다. 내가 유학 중에 그런 불행을 겪으셨던 것인데 귀국해서 나는 정기적으로 선생님 댁을 찾아가 아이들만 있는 집안을 돌아보곤 했다.

박용주 선생님은 1987년 내게 전화로 경희대로 돌아오고 싶다고 조영식 이사장님께 전해달라고 말씀하셨다. 이사장은 환영하셨지만 대학원 학생들이 반대를 하였다. 자기들은 미국에서 갓 박사학위를 받은 학자를 원한다고 말했다. 나는 그들에게 박 교수님에게서는 학문적인 것보다 더 중요한 예술, 즉 클래식 음악, 셰익스피어 희곡의 독백, 그리고 미술사에도 조예가 깊으셔서 많이 배울 것이라고 설득했다.

하여튼 박 교수님은 대학으로 복직을 하셨는데 다음해 2월에 췌장암이라는 진단을 받았다. 선생님의 개인적이 불행에 많은 제자들이 가슴 아파했다. 우리가 할 수 있는 일은 선생님 곁을 지켜드리는 것뿐이었다. 다행히 수술이 잘 되어 회복을 하고 대학원 강의를 맡으셨다. 선생님에게서 학문보다 훨씬 더 중요한 인간의 덕목을 배울 것이라고 한 나의 예상은 적중해서 몇 달이 안 가서 선생님과 대학원생들은 같이 산행도 하고 식사도 함께하는 사이가 되었다. 선생님의 인간적인 면모가 그들을 매료시킨 것이다.

1987년의 대학가는 여전히 혼란스러웠다. 전두환정권이 노태우정권으로 바뀌는 과정에서 민정을 요구하는 학자들의 요구가 거세졌고, 교수들은 여기저기서 시국성명을 발표했다. 우리 학교도 예외가 아니었다. 나는 사회적, 정치적 소용돌이에서 멀리 떨어져 관조하는 소위 우유부단한 교수였다. 그런 나도 어쩔 수 없이 시국선언에 서명을 하게 되었다. 그 전후에 겪은 갈등으로 인해 나는 소화불량과 불면증에 시달렸다.

존스 씨의 별세

1987년 11월 나에게 학문의 길을 열어주신 존스 씨의 부음을 스위스의 보험회사로부터 받았다. 나에게는 아버지나 마찬가지였던 분이었다. 세계 각지를 돌면서 일하다가 퇴임을 하고 스페인 접경에 있는 안도라에 거처를 잡으시고 두 번째 한국 방문을 앞두고 있었다. 자기의 생명보험의 일부를 내게 남겨주고 별세한 것이었다.

그분은 모친에 관해서만 내게 얘기해주었고 나머지 가족에 대해서는 함구를 해서 아무리 수소문해도 알 수가 없었다. 빚쟁이 같아 마음이 무거워서 마음의 빚을 토로하면 남을 도와주는 일은 수많은 고리들이 연결된 원이라고 말씀하셨다. 내가 여유가 생겨 다른 사람에게 도움을 베풀면 또 작은 고리가 생기는 것이니까 부담 느끼지 말라고 하셨다.

안식년

그 무렵 나는 많이 지쳐 있었다. 내게 필요한 것은 심신의 휴식이었다. 나를 부러워하는 사람들도 있었지만 나 자신은 고통스러운 것이 너무 많았다. 집안 문제, 육아 문제, 강의와 보직에 따른 피로감 등이 일 년 열두 달을 짓눌러 도망가고 싶다는 생각만 났다. 그래서 안식년을 신청했고 한 학기 쉴 수 있게 되었다. 나는 미국

네바다 주 리노(Reno)에 있는 네바다 주립대학으로 가기로 결정하였다. 그 대학에서의 내 임무는 한 달에 한 번 정도 한국에 관한 역사와 문화 강의를 한다는 조건이었다. 1988년 1월 초에 미국으로 떠났다. 끈끈이처럼 매달린 가족과 친지들로부터의 해방이었다. 식구들과 친구들은 내 건강을 염려하고 출국을 말렸다. 어떤 친구는 개소주를 양동이로 가져왔다. 사실 나 자신도 걱정될 만큼 건강에 자신이 없었다.

1988년 1월 막내 여동생이 사는 새크라멘토에서 며칠 쉬다가 네바다 주의 카지노 도시인 리노에 도착한 날은 그 지방에 드물게 눈이 많이 내렸다. 다행히 모교 출신 교수인 K선배가 체류에 필요한 수속을 많이 도와주었다. 숙소가 정해질 때까지 임시로 대학이 정해준 호텔에 여장을 풀었다. 그날 저녁 선배의 안내로 눈이 내리는 카지노 호텔들이 휘황찬란하게 번쩍이는 시내로 나가서 식사를 하고 눈길을 걸었다. 잠시나마 해방감에 들뜨기도 했지만 저녁에 호텔에 돌아와 짐을 푸는데 갑자기 눈물이 났다.

"지금 너 여기서 뭐 하고 있는 거니? 가족으로부터의 해방? 아니 학교 보직으로부터의 자유를 위해 여기까지 왔니?"

6층에 있는 호텔 창문을 열고 밖을 내다보았다. 다운타운의 네온사인들이 불야성을 이루고 있는 정경이 낯설었다. 외톨이가 된 내가 왜 이렇게 처량하지? 스스로 원해서 온 게 아닌가? 그날 밤 수면제를 먹고서도 잠이 오지 않아 뒤척였다. 다음날부터 사막 한가운데 있는 스튜디오 아파트를 얻어 혼자 밥을 먹고, 혼자 자는 생활이 시작되었다. 이것이 내가 원하던 삶이었나? 하는 의문이 꼬리를 이었다. 내가 원한 것은 사람들에게 시달리지 않고 원하는 책을 읽고 글을 쓰는 것이었다. 그런데 24시간이 온전히 내 몫인데도 글 읽고 쓰는 게 가능하지 않았다. 매일 매일 우체통을 뒤지며 서울 소식을 기다렸고, 많은 시간을 편지 쓰는 일에 매달렸다. 그리고 아이들이 눈에 밟혀 밤이면 와인을 마시고 잠을 청했다.

나는 많은 사람들 속에서 부대끼며 사는 데 익숙했었나 보았다. 나는 학문 연구에 몰두하는 학자도 아니고, 혼자 명상을 즐기는 사람도 아니었다. 사랑에 목말라 하며 징징거리는 중년 여인일 뿐이었다. 나의 문학적 멘토로 생각하고 평생을 독신으로 살다 간 미국의 여류시인 디킨슨(Emily Dickinson)의 시와 논문들을 중심으로 공부하는 동안에도 나는 그녀처럼 살 수 없다는 생각뿐이었다. 혼자 있기 위해 안식년을 받아 미국에 왔지만 마음은 온통 서울에 가 있고, 도망치고 싶었던 가족과 친구들이 그리워 서울로 돌아갈 날만을 기다리는 것이었다. 겨우 정신을 차리고 논문 쓰기에 돌입한 것은 체류 기간이 끝나갈 무렵이니 이런 아이러니가 어디 있는가! 귀국해서 기고한 대학신문에 당시의 내 미국 체류 인상을 정리하였다.

필자는 지난 학기를 네바다 주립대학교에서 보냈다. 짧은 기간의 관찰이라 코끼리 다리 만지는 격이지만 내 눈에 비친 미국인들은 '수평적' 인간관계의 희생자들 같았다. 아파트에서, 강의실에서, 운동장 크기만 한 카지노에서 필자는 초점 없는 무수한 시선들을 만났다. 그들은 거의 혼자 사는데 익숙하면서도 두려운 환자들이었다. 미국의 골칫거리인 마약, 알콜 중독, 이혼 등은 이 병의 결과가 아닐는지. 미국의 십 대 청소년에게까지 번진 심각한 소외의식, 삶의 의욕조차 없는 이들의 고립은 타인과의 단절에서 비롯된 듯했다. 그들의 인간관계는 '수직적'인 아닌 '수평적'이다. 모두 '나' 중심이다. 내가 있기 때문에 부모, 학교, 사회가 존재한다. 모두가 혼자라고 여기는 듯했다. 타인들로 인한 행동 규제를 생각할 수 없다. 타인과의 끈끈한 정을 인정하는 것은 너무도 생소하다. 따라서 모든 관계는 즉흥적, 찰나적, 실리적인 것 같다. 청소년기부터 대학 입학과 더불어 부모와 반영구적으로 헤어지는 것이 당연하고 자식이 있건 없건 결혼도 몇 번이고 파기한다. 초혼으로 해로하는 부부가 비정상적으로 보일 만큼 이혼이 성행한다.

그래서 시카고대학 교수 앨런 블룸(Allen Bloom) 박사는 금년도 베스트셀러가 된 저서 『미국 지성의 종말(The Closing of the American Mind)』에서 미국의 극단적인 개인주의를 한탄하고 있다. 극단적인 개인주의는 가정의 붕괴는 물론 사회와 국가에 대한 무관심을 가져왔다는 것이다. 많은 미국인들은 거대한 미국 사회에 표류하는 외로운 돛배다. 그들은 관계 맺기를 포기하였다. 아니 관계를 맺는다 해도 영속적이 아니다. 관계가 소멸 된 인간은 방향감각과 의욕도 소멸한다.

(1988. 9.5 경희대학 주보)

박용주 교수의 별세

1988년 6월 말에 귀국을 해서 접한 소식은 박 교수님이 위독하시다는 것이었다. 췌장암이 재발하여 얼마 사시지 못 한다는 말에 동료들과 함께 방문하였다. 죽음의 그림자가 내려앉아 있는 선생님의 모습에 가슴이 아팠다.

그리고 우리 식구가 3년 동안 살던 집이 팔렸다. 하루 종일 해가 들지 않는 어두운 집, 게다가 연탄공장들이 가까이 있어 밖에 흰 빨래를 널 수도 없던 집이었다. 삼복더위에 선생님 문병 다니랴, 집 보러 다니랴 편히 쉬지도 못하고 동분서주하였다.

같은 석관동이지만 장위시장 앞에 있는 동네에 갔다 온 남편이 좋은 집이 있는데 우리 형편에 너무 비싸다고 말했다. 우선 가보기로 하였다. 서울에 이런 동네가 있나 싶었다. 골목을 끼고 있는 집들은 대지가 거의 80평이었고 마당에는 꽃과 나무들이 집집마다 우거져 있었다. 더위조차 가시는 듯 시원해보였다. 팔려고 내놓은 주택은 교회 뒤쪽에 면한 대지 80평에 건평 50평인 2층짜리였다. 나는 보자마자 그 집이 마음에 들었다. 꿈에 그리던 집이었기 때문이다. 잔디가 카펫처럼 깔린 정원에는 감나무, 대추나무, 그리고 모과가 주렁주렁 달린 나무들이 그늘을 만들고 오래된 배롱나무(백일홍)에는 진홍빛 꽃들이 화려했다. 그러나 집값이 우리가 판 집값의 거의 두 배가 되었다. 나는 그 집을 놓치고 싶지 않았다. 무리를 해서라도 사고 싶어서 삼성에 근무하는 남동생에게 융자를 받도록 도와달라고 청하여 마침내 그 집을 계약하였다.

비록 은행 융자를 많이 얻었지만 정원이 딸린 2층 집을 사고 보니 갑부가 된 기분이었다. 내 생전에 이런 집에 살게 되다니! 아홉 살 때 아버지를 여의고부터 수십 번 셋집을 전전했었다. 결혼한 뒤에도 상계동, 중곡동, 면목동, 수유리, 회기동으로 이사를 다녔다. 빚을 졌건 말건 남편과 나는 신이 나서 한여름 더위에도 고단한 줄 모르고 이사 준비를 했다.

그런 가운데도 나를 우울하게 하는 것은 박 교수님의 병세였다. 회복하리라는 희망은 이미 접었기 때문에 얼마나 연명하실 수 있는 가를 걱정했다. 더구나 부인과 이혼해서 간병해주는 사람도 없어서 댁에 갈 때마다 선생님을 뵙기만 하면 눈물이 났다. 그래서 나는 시간이 날 때마다 동료들과 같이 대치동 자택으로 문병을 다녔지만 우리가 가도 일어나시지도 못하고 옛날의 호탕한 웃음은 고사하고 말씀도 간신히 하셨다.

9월 26일 이삿짐을 다 싸놓고 새우잠을 자고 일어난 이른 새벽에 선생님의 큰아들이 전화를 했다. 아버지가 찾으신다고. 나는 갈 형편이 되지 못해서 아침 먹고 병원으로 가겠다고 말했다. 그런 말을 한 후 한 시간 정도 지났을까. 선생님이 운명하셨다는 전화를 받았다. 어처구니가 없었다. 나를 왜 찾으셨을까? 무슨 긴한 말씀을 하고 싶으셨던 것일까? 빨리 달려가지 못한 나를 자책하였다.

나는 집안의 이사는 제쳐두고 사흘 동안 영안실에서 지냈다. 향년 59세를 일기로 타계하신 선생님을 어떻게 제 정신으로 애도하겠는가? 그분의 도움을 음으로 양으로 받은 제자들이 무수히 많아 장례식을 거행하던 임간 교실은 졸업한 제자들로 북적였다. 살아 계실 때는 마음고생이 많으셨던 선생님! 그러나 하늘로 가시는 길에는 코스모스가 가을바람에 손을 흔들어 배웅을 했다. 제자들은 내남없이 많이 울었다. 회갑도 되기 전에 이승을 하직한 선생님이 너무 가여워서 모란공원의 묘역을 내려와서는 술을 들이켰다. 지금도 선생님은 많은 제자들의 마음속에 살아 계시다.

　남편 혼자서 이사를 다 했다. 집이 넓어서 세간이 더 필요할 정도였다. 2층에는 딸과 아들의 공부방을 따로 만들어 주었다. 새로 도배한 안방에 누워 눈부신 햇살 속에서 먼지들이 부유하는 모습도 볼 수 있었다. 내가 이런 집에서 살게 된 것이 꿈만 같아서 정호승 시인의 「햇살에게」라는 시를 중얼거렸다. "이른 아침에/ 먼지를 볼 수 있게 해주셔서 감사합니다/ 이제는 내가/ 먼지에 불과하다는 것을 알게 해주셔서 감사합니다/ 그래도 먼지가 된 나를/ 하루 종일/ 찬란하게 비춰주셔서 감사합니다" 그렇다. 사람이 죽고 사는 문제는 인간의 성역 밖이다. 선생님의 별세가 슬프지만 이제부터는 내게 주어진 삶에 최선을 다해야겠다고 생각했다.

　2층의 베란다에서 손만 뻗으면 감을 딸 수 있을 정도로 나무들이 가깝게 다가왔고, 동네 뒤쪽으로 중앙정보부 뒷산이 보였다. 과로로 인해 항상 목과 허리디스크로 고생을 해서 틈만 나면 침과 뜸 치료를 받았지만 효과가 없었다. 나는 새 집으로 이사하면서 허약한 체질을 개선하기 위해 매일 새벽에 일어나자마자 정보부 뒷산으로 산책을 나가기 시작했고 돌곶이역에 있는 수영장에 등록도 하였다. 당시 나는 저체중이었고 음식을 먹어도 소화를 시키지 못했다.

　더위가 절정인 8월에 수영장에 등록을 하여 물에서 뜨는 훈련을 받았지만 2주 만에 기관지염에 걸려서 다니지 못했다. 그 다음해에도 똑같은 일이 반복되었다. 그만큼 나는 약골이었다. 할 수 없이 일요일에 혼자 수영장에 가서 물속을 걸었다. 강사에게 배울 용기가 안 났다. 다른 사람들을 따라갈 수가 없고 몸치가 되어 강사의 지시대로 빨리 배우지 못해 민폐만 끼칠 뿐이었다. 혼자 물속을 걷다 보면 트림이 났다. 집에 오면 식욕이 생겨 밥맛이 났다.

소화와 배변이 잘 되니 얼굴색이 달라졌다고들 하였다. 봄이면 골목에 라일락 향기가 진동하고 여름이면 매미소리가 요란하고 가을이면 집집마다 과일이 주렁주렁 열리는 이 동네에 나는 사랑에 빠졌다. 게다가 이웃 사람들과도 친해져서 주말이면 돌아가며 초대하여 맛있는 음식을 나누어 먹었다. 물론 술이 빠질 리가 없었다. 내가 술을 잘 마시니 생전 술을 입에 대어보지 않은 부인들까지 형님, 아우 하면서 술잔을 기울이며 친해졌다.

서울에서 이런 동네가 있을까 싶을 만큼 공기 좋고 이웃 간의 정도 넘쳐나는 곳에 살게 되니까 처음으로 나는 소소한 일상의 재미를 느꼈다. 항상 학교를 중심으로 일에 묻혀 살아왔는데 좋은 이웃이 생기니까 퇴근 시간이 기다려지기도 했다. 부인들과 만나 서로의 걱정을 나누고 힘들었던 젊은 날을 얘기하다 보면 우리나라 부인들은 내남없이 대단하다는 생각이 들었다. 나만 집안의 기둥이 되어 억척스럽게 헤쳐 나간다고 억울했는데 내면을 들추면 그들도 돈 벌고 자식들 키우느라고 갖은 고생을 하였다는 것을 알 수 있었다. 겉보기에는 모두 정원이 딸린 저택에 살만큼 부자가 되었지만 젊은 시절에는 얼마나 굶주리고 힘들었는지를 알게 되니 이웃끼리 정도 더 돈독해졌다.

시어머니의 뇌경색

1993년 3월 딸 유진은 대학에 무난하게 입학하였다. 꾸준한 운동으로 건강도 좋아지고, 학교에서는 언어교육원장직을 맡아 강의 시간 외에는 행정 업무로 바빴다. 그러나 이러한 평온한 일상은 오래 가지 않았다. 그 해 10월에 시어머니가 뇌경색으로 쓰러진 것이다. 청소와 빨래 등은 매일 출퇴근 하는 도우미의 도움을 받아왔는데 간병인의 경비가 엄청났다. 이 큰집을 사느라고 얻은 융자금 상환 등 예정된 지출은 월급 액수에 맞추어 빠듯했는데 혼자 재정적인 부담을 감당해야 한다는 것이 엄청난 스트레스로 다가왔다.

사실 나는 결혼 초부터 시어머니와의 사이가 좋지 않았다. 항상 친정어머니와 비교가 되었다. 좋게 얘기하면 현대적(?)인 시어머니라고 해야 할까? 시어머니는 개인주의와 이기주의의 전형이었다. 한 푼이라도 아끼느라고 외출과 당신 치장을 감히 엄두도 내지 못했던 친정어머니와 달리 시어머니는 당신 외모를 가꾸기 위해 화장품을 월부로 사셨고 옷을 잘 차려입고 무슨 핑계를 만들어서라도 외출을 하셨다. 젊어서 신당동 시장에서 바느질하느라고 당신의 시어머니가 살림을 맡아 하신 까닭에 집안 살림에는 별로 관심이 없으셨다.

여름에는 냉장고에 사다 놓은 채소가 썩어가는 것도 모르고 시장에 가서 또 사오는 것이었다. 어린 손주들을 집에 떼어놓고 당신의 며느리가 생계를 꾸려가는 데도 아랑곳하지 않고 놀러 다니는 걸 좋아하셨다. 이런 시어머니와의 갈등 때문에 마음고생이 겹쳐 위경련으로 고생한 적이 몇 번이었던가.

게다가 80년에 어린 아이 둘을 떼어 놓고 시동생 부인이 가출하는 바람에 시어머니는 시동생 네 살림까지 돌보아야 하는 처지가 되었다. 내 월급으로 두 집 살림을 하는 형편이었다. 나는 시댁에 착취당하고 있다는 억울함과 분노로 시어머니와 눈도 맞추기 싫었다. 할 수만 있다면 남편과 이혼을 하고 싶었지만 이런 상황을 견디게 하는 유일한 원인은 아이들 때문이었다. 가뜩이나 마땅찮던 시어머니의 뇌경색은 내 시련의 절정이었다. 시누이들이 셋인데도 모두 나 몰라라 했다.

할 수 없이 가사 도우미에게 시어머니 간병을 맡겼는데 그녀는 횡포가 심했다. 내 약점을 잘 알고는 심사가 뒤틀리면 그만 두겠다고 협박하였다. 그러면 선물 공세를 하거나 돈을 올려주며 하루하루를 견디었다. 아들이 고등학교에 진학했는데도 그 애의 공부에 신경을 쓸 마음의 여유가 없었다. 2층에 있는 아들의 공부방에 한 번도 올라간 적이 없을 정도였다.

누구를 미워한다는 것이 얼마나 건강에 치명적인 것인지 알게 된 시기였다. 남편과도 냉전이 계속되어 눈도 마주치기가 싫었다. 도우미는 하루 종일 변덕을 부리는 시어머니에게 얼마나 시달렸는가를 되풀이하며 공치사를 하였다. 남편은 또 고혈압이라고 얼굴에 무표정이라는 가면을 쓰고 저만치 구경하듯 하였다. 왜 이렇게 장황하게 당시의 내 고통을 쓰느냐고? 나도 정신병자가 되어가고 있었기 때문이다. 밤마다 악몽에 시달렸다. 원래 불면증이 있었던 나는 수면제나 술의 힘으로 잠을 청하였다. 그런데도 새벽 3시쯤이면 잠이 깼다. 화장실은 시어머니 방 옆에 있었다. 화장실을 가다 보면 내가 시어머니 방으로 들어가서 시어머니의 목을 조르는 환각에 시달렸다. 하루, 이틀, 계속되는 악몽…. 나는 나 자신이 무서워지기 시작했다.

굿

나의 셋째 동생은 친정어머니를 닮아 절에 부지런히 다니고 점집도 수시로 드나들었다. 직관도 뛰어나 불쑥 불쑥 내뱉는 말이 점쟁이 같을 때도 있었다. 1996년 2월 추위가 기승을 부리던 날이었다. 1996년 2월에 없는 돈을 긁어모아 딸을 미국 대학에 연수를 보냈다. 아들은 학생회장이 되었다고 대학시험 준비를 소홀이 했다. 하루는 성적표를 본 남편이 아들을 구타해서 학교에 출근은 했지만 일이 손에 잡히지 않아 일찍 퇴근했더니 가방공장을 한다던 시동생이 망했다고 공장 집기를 우리 집 지하실로 옮기고 있었다. 나와는 한마디 상의조차 없었다. 이런 황당한 일들이 연속적으로 일어나니 견딜 수가 없었다.

나는 동생을 만나 하소연을 하며 꿈에 시달린다는 얘기도 했다. 동생은 그냥 넘길 일이 아니라고 하면서 다짜고짜 나를 동대문에 있는 점집으로 데리고 갔다. 자그만 한옥이었다. 손바닥만한 마당에 있던 무당(강보살이라고 했던가)이 대문으로 들어서는 우리를 보더니 손으로 가슴을 치면서 소리를 질렀다. "쌍둥이 엄마, 왜 이런 사람을 데려와. 내 가슴이 터질 것 같잖아."라고 고함을 질렀다. 나는 혼비백산했다. 뭐 저런 사람이 다 있어. 동생은 그런데도 실실 웃으며 나를 끌고 방으로 들어갔다.

  20대에 대학에 못 갔을 때 몇 번 점집에 다닌 적이 있었다. 그 후로도 서정범 교수를 따라 간 적도 있었다. 그런데 그 무당은 말도, 행동도 과장적이어서 나를 압도했다. 그녀의 점괘에 의하면 6·25때 행방불명이 되신 시아버지는 황해도 장단 근처에서 굶어서 돌아가셨는데 식구들이 밥을 안 주니까 내 아들이 공부에 집중하지 못하게 방해한다고, 시어머니와 나는 상극이라고 말했다. 그러나 평생 자기 밖에 모르는 시어머니는 추석 전에 돌아가신다고 하는 것이었다. 결론은 시아버지를 위한 굿을 하라는 것이었다. 어처구니가 없었다.

  그해 1월 통장에 있는 돈을 탈탈 털어 딸을 미국으로 연수를 보낸 터였다. 돈도 없을 뿐만 아니라 교수 신분에 돈이 있어도 굿을 한다는 것은 상상조차 할 수가 없었다. 엄마가 다니는 절에 가서 천도재를 올리겠다고 말하고 헤어졌다. 며칠이 지나 동생이 전화해서 자기가 무당에게 돈을 보냈다면서 이번에는 언니를 위해서 꼭 굿을 해야 한다고 설득했다.

  1996년 1월 20일 금요일 아침에 동대문역으로 나갔다. 제물을 실은 차 두 대가 기다리고 있었다. 기대 반 두려움 반으로 그 차를 타고 의정부 원도봉산에 있는 굿당으로 향했다. 그리고 김동리의 소설 『무녀도』를 연상시키는 소설의 주인공이 되었다. 그날의 일기를 인용한다.

    영혼들과의 대화를 한 날로 죽을 때까지 기억될 것이다. 9시 동대문에서 경자를 만나 무당 네 집에서 출발 의정부 원도봉산 굿당에 10시 반에 도착해서 11시 40분부터 굿을 시작했다. 장구소리와 함께 나도 모르게 울음이 나왔다. 굿이 끝난 7시까지 너무 많이 울었다. 시할머니, 시아버지, 친정아버지, 친정 할머니의 영혼이 실린 무당이 나를 불쌍하다며 쓰다듬고 탄식했다. 나도 모르게 서러워서 계속 눈물이 흘러내렸다. 무섭기도 하고 두렵기도 했던 영혼들과의 만남. 시할머니는 나에게 막걸리를 사발에 따라 내게 계속 먹이면서 '우리 준용이가 굶어 죽을까봐 내가 너를 잡았다'고 말씀 하시고 당신은 중풍으로 충주로 쫓겨나 물 하나 떠주는 년이 없었는데 시어머니 네 년은 며느리를 잘 봐 호의호식하며 살기에 내가 교회 계단을 내려가는 그년의 다리를 걸어 넘어뜨렸다고 말씀하는 것이었다. 당신 며느리에 대한 미움을 나를 통해 표현하셨다. 시할머니가 살림을 다 하시고 시어머니는 신당동 시장에서 바느질집을 하셨다고 했다. 그리고 시아버님은 얼어 죽었다고 떠는 시늉을 했다.
    저녁 7시에 굿이 끝났다. 나는 종일 너무 울어 목이 다 쉬었다. 무당은 음식을 싸주며 시어머니에게 갖다 주라고 말했다. 그리고 오늘의 오늘 굿 이야기를 시어머니에게 전하라고 했다. 나와 동생은 택시를 타고 집에 왔다. 흡사 귀신에 홀린 듯한 기분이었다. 시어머니는 굿 얘기를 듣더니 깜짝 놀라신 표정이었다. 남편 낳기 전에 딸을 낳았는데 죽었다는 것도 사실이었다. 그리고 시아버지 제삿날을 받았으니 모셔야 한다고 말했다.

무당은 굿이 끝난 후 사흘째 되는 날 다시 오라고 했다. 꿈에 조상이 나타날 것이라고 말했다. 정말 신기하게도 나는 동양화에 나오는 호수 가운데 있는 정자에서 편안히 바둑을 두는 흰 옷 입은 할아버지들의 꿈을 꾸었다. 다시 만난 무당은 내 손을 잡으며 시어머니를 너무 미워하지 말라고 했다. 추석 전에 시아버지가 데리고 가실 거라고. 교수 체면에 이런데 오는 것을 무척 망설였겠지만 지체 높은 사람들도 자기에게 많이 온다고 말했다. 그리고 시할머니가 중풍으로 쓰러지시자 시골로 보내버렸다는 사실도. 사실이었다.

당시의 나는 심신이 피폐해서 쓰러지기 직전이었다. 언어교육원장이라는 자리도 사표를 내야 할 만큼 지쳐있었고, 대입 준비 중인 아들의 공부도 뒷전이었다. 지금 생각하면 그날의 비현실적인 경험은 내게 정신과 전문의와 상담한 것 같은 효과를 준 것 같다. 가슴 속에 묻어두었던 분노가 하루 종일 통곡하면서 희석되었고, 지금의 상황이 내게 주어진 운명이라는 사실을 인정하게 되었던 것이다. 더 신기한 것은 무당이 예언한 대로 시어머니는 추석 전에 돌아가셨다는 사실이다.

국제교육원과 한국어교육

이런 와중에도 1996년 12월 고등학교 3학년이었던 아들은 경희대학교 특차시험에 합격하였다. 두 아이가 모두 속 썩이지 않고 대학에 들어간 것이 그나마 큰 위안이 되었다. 문제는 시어머니가 돌아가시자 낮에는 집에 아무도 없게 되었다. 나는 단독주택에 사는 게 정말 좋았지만 할 수 없이 팔고 석계역에 새로 지은 두산아파트로 이사를 했다.

학교에서는 나에게 다시 언어교육원장이라는 보직을 안겼다. 1977년 유학에서 돌아온 이후 나는 간헐적으로 홍릉에 있는 과학기술원으로 연수를 오는 외국 학자들에게 한국에 체류하는 동안에 필요한 정보, 즉 간단한 역사, 문화, 그리고 한국어 기초를 강의하곤 하였다.

나는 1996년에 언어교육원을 국제교육원으로 이름을 바꾸고 국문과 대학원에서 국어학을 전공한 김중섭 선생을 연구원으로 임명하였다.

한국어 과정을 설립하면서 나는 두 가지 원칙을 정하였다. 우선 강사 선발을 엄격히 하였다. 대학에서의 전공을 불문하고 석사학위만 있으면 한국어 강사가 되는 관행을 깼다. 강사 자격을 대학원에서 한국어(국어 교육과 등)교육을 전공한 사람들로 제한하였다. 두 번째는 시간 강사들은 강의만 끝나면 의무를 다 했다고 퇴근하는 것으로 알고 있었지만 나는 그들에게 일 년에 반드시 한 편 이상 논문을 쓸 것을 주문하였다. 물론 강사료는 다른 대학보다 파격적으로 시간당 3만원으로 책정하였다. 강사들도 끊임없이 연구하고 논문 발표를 독려함으로써 다른 대학의 한국어 강좌와 차별화하려는 목적이었다.

교학부장을 맡은 김중섭 교수는 다른 대학에서 맡기를 꺼리던 KOICA의 재외동포 연수 과정을 비롯하여, 교육과학부, 외교통상부, 문화관광부 등의 연수 프로그램을 유치하였다. 대개 유치의 마지막 단계로 원장이 상대방 책임자를 만나야 하는 경우가 많았다. 그들은 내 이름 때문에 남자교수인 줄 알고 만나서 내가 여자라서 실망하다가 식사와 함께 술을 마시면 나의 주량에 놀라는 경우가 많았다.

가장 공을 들였던 프로그램은 중국대학 한국어 과정을 유치한 것이었다. 1997년까지는 북한으로 보내던 학생들을 최초로 남한으로 유치하는 것이어서 조건이 까다로웠다. 그들에게 숙소가 반드시 제공되어야 한다는 조건이었다. 나는 학교 당국의 도움으로 당시 운동선수들의 숙소를 기숙사로 전용할 수 있게 만들어 유치에 성공하였다. 그리고 또 하나는 김대중 전 대통령의 역점 사업이었던 한·일 공대 프로그램이다. 매년 100명의 고등학교 졸업생을 뽑아 일본의 국립공대로 4년 동안 유학을 보내는데 그들의 연수 과정을 6개월 동안 맡아 하는 것이다. 현재까지도 이 두 개의 프로그램은 국제교육원에서 진행되고 있다.

외국인을 위한 한국어 과정은 마침 1998년부터 일기 시작한 한류의 덕을 톡톡히 보았다. 방학이면 일본에서 많은 젊은이들이 장·단기 과정에 물밀 듯이 입교했고 중국에도 우리 학교의 이름이 많이 알려지게 되었다. 교육원의 직원, 강사 등 모두가 신바람이 나서 밤이 늦도록 일했다. 주한 외국인들을 위한 '역사문화 교실'이 11월 말에 개강하면 저녁 7시에 시작한다. 한국의 역사, 정치, 문학, 음악 등의 분야에서 저명한 강사들을 섭외해서 영어로 강의하는데 그때 강의하러온 연세대학의 유영익 교수는 교육원 직원들이 늦도록 일에 몰두하는 모습을 보고 마치 회사 분위기 같다고 내게 말했다.

방학이면 장·단기 프로그램들이 많아서 거의 매주 입교식과 수료식을 하게 되어 휴가를 갈 수가 없었다. 갈수록 일이 많아져서 건강에 적신호가 왔다. 그러나 외국 학생들을 유치하여 질 높은 한국어 교육을 하기 위해서는 우선 그들의 안전한 숙소와 음식이 보장되어야 한다고 생각했다. 그래서 외국인들의 숙소를 해결하기 위해서 하숙집 클러스터를 조성하고, 그들에게 싸고 질 좋은 식사를 제공하기 위해서 식당 주인들을 초대하여 도움을 요청했다. 그보다도 중요한 것은 외국 학생들을 위한 한국어 교재를 만들기 위해 편집위원회도 구성하였다.

모든 구성원들이 열심히 노력한 덕분에 국제교육원은 교육부의 국제교류 평판도 평가에서도 전국 대학 중 일등을 하였다. 나는 가르치는 일보다 가시적인 효과가 바로 나타나는 교육원 업무에 나의 모든 정력을 바쳤다. 학생들의 숫자가 늘어나는 만큼 강사의 숫자도 늘어나고, 건물을 증축하고도 교실이 부족하여 강의실 확보에 비상이 걸렸다.

외국의 대학들과 자매결연을 맺고, 특강에 초대되고, 학회에도 참석하는 일이 많아졌다. 1998년부터 매년 일본의 니가타 정보대학을 비롯하여 캐나다 오타와대학, 함부르크에서 개최된 한국어 유럽학회, 미국 LA에서 개최된 SAT II conference, 중국 교육부 초청 북경대학 방문 등 여러 번 해외 출장을 다녀오기도 하였다.

6년 동안을 정신없이 일하다 보니 스트레스로 인한 어깨와 허리 통증이 주기적으로 재발하였다. 번아웃(burn-out) 증후군이 나를 괴롭혔다. 이제는 쉬고 싶다는 생각으로 사무실에 가는 것도 싫어졌다. 그래서 학교 당국에 보직을 그만두겠다고 청원했다. 1997년부터 2003년 6월까지 원장직을 수행하였는데 전국 대학들의 국제교류의 평가에서 수위를 했고, 가장 많은 숫자의 외국 학생들이 국제교육원으로 몰려들었다. 대학본부는 나의 사임을 극구 말렸다. 그러나 나도 다른 교수들처럼 방학 동안 유유자적하며 여행도 하고 책도 읽고 글도 쓰고 싶었다.

마침내 나는 2003년 6월 보직에서 놓여났다. 93년부터 96년까지, 그리고 97년부터 2003년까지 거북선처럼 생긴 국제교육원에서 일했던 기억은 내 인생에서 가장 보람이 있었다. 나는 학교에 빚진 사람이었다. 대학교 1학년부터 시작하여 장학금으로 박사학위까지 딸 수 있었기 때문이다. 그런데 국제교육원을 다른 대학에서 벤치마킹할 정도로 발전시켰다는 자부심으로 나는 학교에 진 빚을 갚은 기분이었다. 그래서 홀가분한 마음으로 교학부장을 원장으로 승진시키고 안식년을 갖게 되었다. 나는 그 무렵 자주 이형기의 시 「낙화」를 자주 읊었다. '가야할 때를 분명히 알고 가는 이의 뒷모습은 얼마나 아름다운가.'

친정어머니 별세

친정어머니에 관해서 쓰려면 먼저 가슴부터 먹먹해져서 갈피 잡기가 힘이 든다.

1950년 6·25전쟁 중에 생떼 같은 남편을 괴뢰군의 흉탄에 잃고 갓 서른 살에 청상과수가 되신 후 두 살부터 열 살까지의 육 남매를 혼자 키워내신 장한 어머니! 끼니도 제대로 때우기 힘든 상황에서도 자식들 학교만은 열심히 보내셨던 교육열이 투철했던 어머니 덕분에 오늘의 내가 있다고 생각하면 가난으로 점철되었던 유년의 기억도 미화될 만큼 고맙고 또 죄송스러운 마음이다. 어머니 생전에 내 생활이 바빠서 자주 찾아뵙지도 못하고 불효를 했기 때문이다.

어머니는 자식 이외에는 아무 관심이 없으셨던 분이다. 평생 몸에 밴 근검과 절약 정신으로 살림이 넉넉해진 후에도 쉰밥을 물에 빨아 먹고 헌옷을 버리지 못하셨다. 무엇보다도 아드님에 대한 사랑은 맹목적이어서 같은 서울에 사는 딸네 집에서 하룻밤도 주무신 적이 없었다. 오로지 집안에만 칩거하셔서 친구들과 나들이 가시거나 경로당에 가 본 적도 없으셨다.

어머니는 평소에 늘 두통을 호소하시며 판피린을 달고 사셨다. 혈압이 높아져서 우리가 체중을 줄이고 담배를 끊으시라고 채근하면 있는 대로 살다 가면 그만이라고 일축하셨다. 유일한 취미라면 절에 다니시는 것이었다. 1960년대 말부터 정릉 산골에 있던 조그만 암자 같은 절에 다니기 시작하여 치매로 길을 못 찾게 된 1997년까지 30여 년 동안 그 절에 다니시며 아드님을 위해 기도하셨다.

어머니가 동맥경화로 처음 입원한 것은 1984년 봄이었다. 고혈압이 서서히 엄마의 혈관을 조이고 있었던 것이다. 그리고 4년이 지난 1988년 11월에 뇌경색으로 쓰러지셨다.

동생이 삼성병원에 입원을 시켰으나 어머니는 내가 근무하는 대학병원으로 굳이 오시겠다고 했다. 이번에는 심상치 않았다. 입이 돌아가고 왼쪽이 마비되었다. 웬만한 일에는 눈도 깜짝하지 않던 어머니가 이번에는 무너지셨다. 대성통곡을 하시며 당신은 집 지키는 개였다고 식음까지도 전폐하셨다. 투병하시는 동안 어머니의 꼬장꼬장한 모습은 간데없고 의욕을 상실하고 어린애처럼 의존적이 되셨다.

우리를 더욱 슬프게 한 것은 그 후에 나타난 치매 증상이었다. 동네의 단골약국에 가셨다가 집을 못 찾고, 수십 년 다닌 절에 다녀오시다가 길을 잃었다. 남동생 가족들과 여름휴가를 하와이로 떠났다가 어머니가 호텔 방이 당신의 안방인 줄 아시고 문을 열고 사라져서 동생이 찾느라고 무척 고생을 하기도 하였다.

1996년 더운 여름날이었다. 하루는 직원들과 점심 먹고 오다가 학교 정문 옆 인도에서 쪼그리고 앉아 있는 어머니를 발견하고 대경실색하였다. 늘 다니시던 한방병원에 오셨는데 찾을 수가 없다는 것이었다. 딸에게 전화할 생각도 못 하고 무작정 나를 기다리고 있었다는 것이다. 이럴 수가! 가슴이 미어졌다.

병원에 모시고 갔지만 더 이상 방법이 없다는 진단만 받고 돌아왔다.

올케도 직장을 다녀 낮에는 도우미만 있는 동생네 집에 여동생들이 번갈아 가며 어머니를 돌보았다. 어머니의 변화에 모두 가슴이 아파 눈물만 나왔다. 깔끔하다 못해 결벽증까지 있던 어머니의 흐트러진 모습을 보는 것은 고통이었다. 음식을 손으로 집어먹는가 하면 솜을 사탕으로 알고 입에 넣기도 하며 오줌도 쌌다. 그리고 먹을 것을 문갑 서랍에 감추기도 하셨다. 낮에는 자고 밤이면 깨어나 애들 소꿉장난하듯이 담요를 뒤집어쓰고 방에서 거실로, 거실에서 방으로 들락거려 잘 수도 없었다.

1998년 5월 5일 어린이날 남편과 나는 친정에 갔다. 동생네 식구들은 모두 외출하고 도우미가 어머니를 지키고 있었다. 탕수육을 잡수시고 싶다고 해서 시켰다. 어머니는 며칠 굶은 사람처럼 게걸스럽게 손으로 집어 먹었다. 옛날의 결벽증은 찾을 수가 없었다. 게다가 어머니 몸에서 퀴퀴한 냄새가 났다. 자주 씻겨드린다는데 이유를 알 수가 없었다. 집에 돌아와 동생들한테 전화로 이 사실을 알렸다. 다음 날 넷째 여동생이 간병하러 가서 어머니와 화장실에 갔다가 변기를 들여다보고 기겁을 하였다. 변기 안에 피를 많이 쏟았다는 것이다. 다음 날 모시고 동네 병원에 가서 진찰하니 방광암 말기라는 진단을 받았다. 식구들은 어머니의 치매증세만 걱정을 했지 암이라는 사실을 모르고 있었던 것이다. 이렇게 되도록 어머니를 방치했으니 이런 불효가 어떻게 있을 수 있는지 자식들은 모두 죄인이 된 심정이었다.

나는 지금도 궁금하다. 왜 어머니는 통증을 호소하지 않으셨을까? 그 정도면 통증이 심했을 텐데. 치매로 인해 말씀을 못하신 걸까? 연세가 많고 치매가 있어 병원에서는 수술을 거부했다. 자식들은 나름대로 최선을 다 한다고 했는데…. 나는 살기 바쁘다고 어머니를 방치했다는 자책으로 괴로웠다. 그러나 호들갑을 떤다고, 후회를 한다고 어머니의 건강이 회복될 리 없었다.

어머니는 돌아가시기 전 열흘 동안은 혼수상태로 계셨다. 그동안에 두 번 눈을 뜨셨는데 그것은 아드님의 목소리를 들었을 때뿐이었다. 퇴근한 남동생이 "엄마, 저 왔어요." 하고 귀에 대고 부르면 눈을 번쩍 뜨시는 것이었다. 혼수상태에 빠지기 전에 어머니는 유언처럼 딸들에게, 특히 내게 "너희들은 어디까지나 복현이 울타리 노릇을 잘 해라."였다. 어머니에게는 아들만이 당신의 인고의 삶의 이유였고 목적이었음을 새삼스럽게 인정하여야 했다. 그래서인지 남동생은 어머니의 심각한 상태를 믿으려 하지 않았다. 곧 어머니가 자리를 털고 일어나실 거라고, 자기를 보는 어머니는 정상이라고 우겼다.

어머니의 이승에서의 마지막 밤을 내가 지켰다. 그냥 곤히 잠드신 상태여서 이삼일은 더 버티실 것처럼 보였다. 5월 13일 아침에 동생도 방에 들어와 보고 출근했고 나도 사촌 여동생에게 부탁하고 늦게 강의하러 학교로 왔다. 그러나 정오가 지나서 임종의 낌새를 알아차린 사촌 여동생이 남동생에게 연락하여 어머니는 아드님의 품에 안겨서 오후 2시에 운명하셨다. 향년 79세였다.

삼성의료원 영안실에 모인 어머니의 친척들이 고인을 추모하면서 내린 결론은 어머니가 여장부라는 것이다. 충청도 제천의 부농의 외딸로 태어나 학교 문턱에도 가보지 못하셨지만 영특하고 손재주가 좋아 바느질이며 음식이며 못하는 것이 없었단다. 세월을 잘못 만나 서른 살에 혼자가 되었지만 억척스럽게 육 남매를 키워내셨다. 체구는 작고 목소리도 나긋나긋했지만 철의 심장을 가진 외유내강의 여장부! 당신이 세운 원칙을 고수하며 자존심이 강하였던 분. 당신이 없이 살아서 어려운 사람들에게 너그러웠던 분. 남에게 폐를 끼치기 싫어했던 분. 흉보는 것과 이간질을 제일 싫어하셨던 분이라는 것이었다. 어머니는 우리 형제들 사이에 다툼이 있어도 중간에서 이말 저말 듣기만 했지 일체 간섭을 하지 않으셨다. 고인에 대한 덕담을 나누면서 우리는 그런 어머니가 자랑스러운 동시에 부끄러웠다. 더 잘 모시지 못한 불효가 납덩이처럼 무겁게 내려앉았다. 그러나 어쩌랴. 이제는 영영 떠나신 것을. 평생 그리워하시던 아버지 곁으로 가신 것을 위안으로 삼을 수밖에.

삼성그룹의 CEO였던 남동생 덕분에 운구행렬은 장엄하였다. 캐딜락 운구차가 지날 때 고속도로 옆에 흐드러지게 핀 밤꽃, 아까시꽃들이 활짝 피어 환송하는 듯했다. 날씨도 구름만 낀 채 바람이 시원하게 불었다. 모든 것이 어머니의 배려 같았다. 자식들 마다 간직할 추억거리를 만들어주시고 떠나신 어머니! 하관할 때는 오히려 눈물이 나지 않았다. 파란만장했던 인생을 마감하고 아버지 옆에 나란히 묻히셨기 때문이다.

문과대학장 시절

2003년 6월에 국제교육원장이라는 보직을 사임하고 1년간의 연구년을 가졌다.

교수로 있는 동안에 처음 갖게 된 휴식 기간이었다. 고기도 놀던 물에서만 논다던가. 처음 주어진 한가한 시간을 어떻게 보내야 하는지 난감하였다. 하여간 매일 연구실에 나와 음악 듣고, 책 읽고, 묵혀두었던 일기장을 들추어보는 것으로 시간을 보냈다. 집에서는 쉬는 기분이 들지 않았다. 눈만 돌리면 할 일이 보여서 집에 있기가 싫었다. 밥하고 빨래하고 치우는 일이 항상 눈에 뜨이기 마련이니까.

지난 수십 년 동안 나의 생활은 학교와 집으로 국한되었다. 학회나 바깥 활동을 할 시간적인 여유가 내게는 없었다. 학생들 가르치는 것 외에도 총장님의 국제관계 업무를 맡아서 십여 년 동안 했기 때문에 바깥 세상에 관심을 가질 마음의 여유가 없었다. 그러다가 생전 처음 안식년을 갖게 되니 강의하지 않아도 되고, 보직으로 인한 업무에서 해방되니까 처음에는 무중력 상태에 있는 것처럼 무기력해졌다. 그런 나를 학교 밖으로 끌어내준 것이 여고 동창들이었다.

나는 수십 년 동안 회비만 내고 동창회 모임에 참석하지 못했다.

동창들은 한 달에 한 번씩 만나서 식사하거나 여행을 다니거나 맛집 기행을 하였다. 시간 여유가 생기니까 나도 그들과 어울려 생전 처음 남해를 거쳐 보길도를 다녀왔고, 동해안 일주와 제주도까지 여행하였다. 친구들과 어울린 여행이어서 참 재미있었다. 체면치레 할 필요도 없고 친구들과 깔깔거리며 맛있는 음식을 찾아다녔다. 세상에 이런 세계도 있다니! 정말 신나고 재미있었다.

　친구 따라 강남 간다고 친구의 권유로 캄보디아로 자선 활동하러 다녀오기도 하였다. 나는 앙코르 와트의 예술적 아름다움보다 먼지가 풀풀 나는 길 가에서 구걸하던 사지가 절단된 어린아이들과 해골들로 만들어진 탑을 보고 기겁을 했다. 정말 무참했다. 그리고 고아원을 방문했을 때는 코를 찌르는 악취에 구토를 하며 벌거벗은 어린이들을 보니 6·25전쟁 때 겪었던 참상이 되살아나서 눈물이 났다. 가난과 굶주림으로 점철된 비극적인 전쟁의 참상을 극복하고 산업화에 성공한 우리나라의 기적 같은 발전과 성취를 돌아보는 계기가 되기도 하였다.

　전쟁에 아버지를 잃어버린 나는 친정어머니의 교육열이 아니었다면 아마도 남의 집 가정부가 되었을 것이다. 어머니의 선견지명 덕택으로 공부할 수 있었던 행운과 함께 초등학교부터 대학에 이르기까지 장학금으로 공부를 할 수 있었던 행운에 감사한다. 그분들 중의 한 분이 2004년 4월 뇌졸중으로 쓰러지셨다. 경희대학교의 설립자인 조영식 학원장님이다. 충격이 컸다. 그 해 2월 학원장님은 알제리로 여행 떠나시기 전 당시 외교부 장관이던 반기문 씨와 나를 신라호텔로 저녁 초대를 하여 허심탄회한 말을 많이 나누었는데 그게 마지막이 되었다.

1년 쉬고 나서 2004년 8월 나는 문과대학장이라는 직책을 맡게 되었다.

국제교육원처럼 밤낮으로 바쁜 보직은 아니어서 마지막 봉사라고 생각하고 기꺼이 맡았다. 학장으로서의 내 첫 과제는 학생들의 취업률을 높이는 것이었다. 학생들의 눈높이에서 그들이 원하는 것을 지원하고 싶은 게 내 소망이었다. 나는 대학의 임무가 학문 연구 못지않게 젊은이들이 사회에 나가 제 할 일을 성실하고 최선을 다해 수행하는 생활인으로 훈련하는 것이라고 생각했다. 인성교육과 직무수행의 솔선수범이 최우선 과제였다.

그래서 나는 학생들과 상담을 많이 하였다. 취업이나 유학에 필요한 추천서를 부탁한 학생들을 거절한 적도 없다. 대개의 경우 유복하거나 공부와 이성 문제가 없는 학생들은 교수를 찾아오지 않는다. 그들은 교수들을 만나지 않아도 아무 문제가 없기 때문이다. 나는 가난한 학생들에게 특별히 애정이 갔다. 등록금이 없는 학생들에게 어떻게 해서라도 장학금을 얻어주려고 노력했다. 지금도 나는 나 자신의 연구보다 학생 지도에 더 열정을 쏟았던 지난날들이 후회되지 않는다. 어차피 영문학은 내게 생활의 방편이었을 뿐이다. 그저 원서로 된 남의 책을 읽어 번역하여 전달하는 역할만 하였던 나는 교수의 세 가지 의무인 연구, 강의, 봉사 중에서 나머지 두 가지에 더 많이 노력을 기울였다고 할 수 있다.

딸 유진 이야기

정년퇴직을 하고 집에 있게 되니 거듭 생각나는 게 내 딸과 아들에 대한 미안함이다.

나는 집안일보다 학교 일에 더 많은 시간과 열정을 쏟으며 살아왔다. 그래서 어렵게 낳은 딸과 아들이었지만 자식들에게 많은 사랑과 관심을 쏟을 여유가 없었다. 다행히 애들은 별 탈 없이 잘 자랐다. 딸 유진은 잔병치레 한 번 하지 않고 착하고 온순하고 천성적인 여자이고, 서른여덟 살에 낳은 아들 구연은 딸보다는 잔병치레는 많았지만 그렇다고 건강 문제로 크게 속 썩인 일은 없었다.

나는 일 년 열두 달 방학도 없이 아침 8시에 출근하여 거의 저녁 5시까지 학교에 머물러 있어야 했다. 애들이 어렸을 때 놀이동산에도 같이 가지 못하고 남편이 홀아비처럼 혼자 데리고 다니는 경우가 많았다. 아이들의 간식을 챙겨주지도 못했고 공부방에 올라가서 어깨 한 번 두드려주지 못했다. 애들의 성적이 올라가고 내려가는 데도 신경을 쓰지 못했다. 아니 안 했다고 해야 맞을 것이다.

공부가 인생에 전부가 아니라는 나의 믿음 때문에 아이들을 다그치지도 않았다.

애들은 그렇게 생각한 엄마를 존경했다던가? 엄마의 이름만 들어도 "안 교수 애들은 공부를 잘 하겠구나."라고 사람들이 말하는 자체만으로 엄청난 스트레스를 받았단다. 그런데도 둘 다 재수하지 않고 제 실력으로 모두 대학에 진학을 했으니 그저 고마울 따름이다.

돌이켜보면 유진에게는 미안한 마음이 더 많다. 결혼 생활을 유지하기가 너무 힘이 들어 혼자 유학을 떠났었다. 딸이 돌잔치를 하던 해였다. 그러나 막상 딸이 없는 유학 생활은 견디기가 힘들었다. 공부에 집중할 수가 없을 만큼 딸이 보고 싶었다. 매일 술을 마셔야 잠이 들 정도로 불면증과 우울증에 시달렸다. 결국 나는 남편과 딸을 벨기에로 초청해서 같이 살게 된 다음에야 공부에 몰두할 수 있었다. 그렇다고 딸과 놀아줄 시간적 여유는 없었다. 세 살짜리 딸을 말도 통하지 않는 벨기에 유아원에 보냈고 집에 와도 같이 놀아주지 못했다. 어쩌다 떼를 부리면 위층에 우는 소리가 들릴까 봐 화장실에 가둔 적도 있었다. 나는 딸이 머리를 길게 기르고 싶어 했는데도 머리 빗겨줄 시간이 없다고 항상 짧게 잘라주었는데 그게 무척 불만이었다고 한다.

딸은 착해서 남을 배려하고 남에게 양보도 잘하였다. 자기가 좋아하는 장난감도 친구들이나 남동생에게 양보하였다. 초등학교 다닐 때는 친구들 집에 가면 엄마가 가방을 받아주고 간식을 챙겨주는 친구들이 부러웠다고 한다. 엄마가 챙겨주지 못한 탓으로 딸은 어려서부터 자기 일은 혼자 하는 데 익숙해졌다.

경희초등학교를 거쳐 석관중학교에 들어갔을 때는 내가 미국 대학으로 안식년을 가 있는 동안에 딸이 초경을 시작했다. 그때는 사전 지식이 없어 너무 무서웠다고 한다. 겨우 할머니한테 얘기해서 약국에 가서 패드를 사왔다고. 중학교에 진학해서는 성격이 밝아지고 적극적으로 친구들도 사귀게 되었는데 아마도 엄마의 직업을 이해하게 되어서인지도 모르겠다. 담임선생님이 하루는 엄마가 직업이 있는 사람 손을 들라고 했단다. 딸은 손을 들었고 선생님이 어디 다니시느냐고 묻자 대학교수라고 대답했더니 반 친구들이 와아~ 하고 소리 지르는 바람에 대학교수가 꽤 괜찮은 직업인 줄 알았다고 했다. 딸은 점차 공부에 관심을 갖게 되고 성적도 좋아져서 석관중학교 졸업하고는 대일외고 일어과에 입학했다.

그러나 대일외고는 혼자 공부해서는 성적 관리가 안 되는 곳이었다. 소위 치맛바람이 세서 좋은 과외수업을 받게 하기 위해 엄마들이 극성을 부려야 되는 곳이었다. 나는 그럴 경제적 여유도 없었다. 다른 엄마들처럼 고액 과외 같은 것은 엄두도 내지 못했다. 딸은 언어에는 재능이 있지만 수학에서 항상 점수를 까먹었다. 나는 딸에게 공부를 강요하지 않았다. 그냥 여자답게 건강하게 자라기만 바랐던 것 같다. 다른 엄마들은 아이가 고3이 되면 완전히 상전으로 모신다고들 제자들이 와서 얘기하였지만 나는 딸이 고등학교 3학년 때에도 휴일이면 설거지를 시켰다. 내가 공부 잘한다는 구실로 부엌 일이 서툴러서 시집와서 고생했던 기억 때문에 미리 훈련을 시켜야겠다고 생각했었다. 그래서인지 몰라도 딸은 집에 있는 날이면 쿠키와 피자도 굽고, 김치전도 만들어 식구들에게 시식을 시켜주었다.

본인의 표현으로는 고등학교 생활은 최악이었단다. 모두 잘 살고 공부 잘하는 애들만 모여서인지 이기적이고 공부 이외의 학교생활에 대해서는 관심들이 없어서 친구들도 사귀지 못했다고 했다. 딸은 다행히 재수는 면하고 경희대학교 중어중문과에 입학했으나 중국어에는 흥미를 느끼지 않는 듯했다. 3학년을 마치고 미국 보스턴 근처에 있는 Salem State College에 미국 친구가 교수로 있어서 그곳으로 어학연수를 보냈다.

1996년 10월에 미국의 Ball State University에 개천절 특강 초청을 받고 가는 길에 Parker 교수도 만날 겸 보스턴에 도착해서 딸이 머무는 기숙사에 들렀다. 딸은 살도 찌고 의외로 친구들을 많이 사귀었다. 주말이면 친구들에게 잡채와 김밥, 김치전을 만들어 주는 등 친구들을 많이 사귀었다고 했다. 딸이 1년 연수를 마치고 귀국해서 하는 말이 생전 처음 엄마의 힘을 빌리지 않고 모든 것을 혼자 결정하는 일이 힘들었지만 많이 배우고 독립심도 생겨서 연수의 순기능을 실감하였다.

98년도는 한국의 IMF로 경제 사정이 최악이었다. 대학 졸업자들도 취업이 되지 않아 사회적 문제가 되었다. 다행히 딸은 워커힐 식당에 파트타임 임시직에 취업이 되었다. 우연히 내가 아는 그 식당의 매니저에게서 딸의 얘기를 들었다. 다른 여학생들은 그릇들을 주방에 갖다 놓기만 했는데 딸은 설거지통에 넣고 고무장갑을 끼고 직접 그릇들을 씻더란다. 그래서 인상적으로 보았는데 나중에 내 딸이라는 사실을 알았다고 한다. 그래서인지 몇 달 후에 임시직이지만 취업이 되었다.

1년 후인가 워커힐에서 저녁 약속이 있어서 그곳에 가서 딸이

유니폼을 입고 카운터에 서 있는 모습을 보았다. 165cm의 키에 46kg밖에 안 되는 체중과 작은 얼굴을 가진 애가 손님들 안내를 하는 모습이 보기 좋기도 하고 안쓰럽기도 했다. 3년쯤 근무하다가 남자친구를 사귀었다. 중국 복단대학을 졸업하고 파라다이스그룹에서 일하고 있다고 했다.

남편은 집안 문제로 처음에는 반대를 하였다. 나는 젊은 청년이 일하면서 1억 가까운 돈을 저축했다는 말을 듣고 단번에 허락했다. 그 정도면 처자식 굶지 않게 하리라는 확신이 들었기 때문이다. 상견례 자리에도 계모가 나타나지 않아서 우리 가족은 당황하였지만. 알고 보니 사위될 사람의 아버지는 계모와 이혼 소송 중이었던 것이다. 딸은 2003년 2월 15일에 결혼식을 하고 자기들이 미리 장만한 아파트에 살림을 차렸다.

사위는 출장이 잦은 직장에서 근무하는 까닭에 결혼 3년이 되도록 임신이 안 되었다. 딸은 아기를 갖고 싶어 했다. 어미인 나를 닮아서 임신하기가 힘들 뿐만 아니라 자궁내막염으로 연이어 두 번 수술을 했다. 솔직히 나는 딸이 아기에게 집착하지 않기를 바랐다.. 대학원 석사를 마치고 계속 공부하기를 원했다. 공부에 흥미가 생긴 것이 대견하기까지 했다.

그러나 딸은 체외수정에 실패하자 다시 도전하였다. 출근하기 전 7시에 병원에 가서 주사를 맞는 등 힘든 과정을 내색도 하지 않고 견디어냈다. 그리고 2006년 내 생일 저녁 가족 모임에서 임신 사실을 알렸다. 아! 얼마나 감사했던지! 나도 모르게 눈물이 흘렀다.

그것도 쌍둥이라니…. 태몽도 두 번이나 내가 꾸었다.

　가냘픈 딸이 쌍둥이를 태중에 품고 지낸 임신 기간 내내 살얼음판을 걷는 기분이었다. 다행히 입덧이 심하지 않아 무엇이든지 잘 먹었고 태아들도 잘 자랐다. 둘 다 딸이라고 했다. 별과 하늘이라는 태명을 가진 두 아기는 8개월째 접어들자 한 녀석의 체중이 늘지 않는다고 하였다. 하늘이는 3kg인데 별이는 1.5kg밖에 안 된다는 것이다. 그래서 37주가 되기 전인 2007년 7월 13일 충무로에 있는 제일병원에서 수술을 하기로 결정하였다. 내가 정년퇴임을 한 다음에 수술 날짜가 정해져서 다행이었다.

　손녀들이 태어난 날 이후로 나는 '손녀 바보'가 되었다. 내 일상생활의 중심에 손녀들이 있게 되었다. 정년퇴임 이후에 몇 달 동안 불면증과 함께 시작된 우울증이 손녀들의 출생으로 치유되었다. 아파트 옆동으로 이사 온 딸네 집에 하루에도 서너 번 드나들며 손녀들이 자라는 모습을 보는 게 유일한 즐거움이었다.

　남편과 나의 노년이 쓸쓸하지 않게 해준 엔돌핀이 손자와 손녀들이라는 사실을 뒤늦게 깨닫는다. 젊어서는 직장 생활이 우선이었고 앞만 보고 달려왔던 숨 가쁜 날들이었다. 그러나 정년퇴임을 하고 고희를 넘기고 나니 내가 가장 잘한 일은 착하고 성실하게 자라준 딸과 아들이 있다는 사실이다. 요즘 젊은 청춘 남녀들이 여러 가지 이유로 싱글을 고집하는 현상을 보면 안타깝다. 아무리 힘들어도 결혼해서 아이들을 낳아야 불완전한 인간들이지만 나름대로 원숙해진다고 믿기 때문이다.

아들 구연 이야기

아들 구연이는 딸보다 키우기가 힘이 들었다. 장난은 심하지 않았지만 조금씩 다치거나 넘어져서 애를 태웠다. 편식도 심하고 잔병치레도 딸보다 많아 병원 출입이 잦았다. 그래도 유치원이나 초등학교에 가서는 키가 제일 크고 얼굴이 흰 편이어서 쉽게 눈에 띠었다.

석관초등학교를 거쳐 월곡중학교에 들어가고부터는 부모의 통제가 먹히지 않았다. 큰 말썽은 부리지 않았지만 PC방에 가 있는 녀석을 아빠가 찾아 나서기 일쑤였고 조립식 장난감을 좋아해서 용돈만 생기면 사와서 공부를 제쳐두고 밤잠을 반납하고 조립에 정신이 팔리곤 했다. 중학교에서 IQ가 제일 높다고 선생님들은 과학고에 보내라고 하였지만 성적은 그냥 상위권에 머물 뿐이었다. 그렇다고 나는 아들이나 딸에게 공부하라고 강요하지 않았다.

석관고등학교에 진학해서 이과반에 들더니 고2때 학생회장이 되어서 친구들과 어울려 돌아다니기 바쁘기만 했다. 게다가 3학년 1학기 마치고 문과반으로 옮겨서 애를 태웠다. 그런데 모의고사에서 문과 전체 톱을 하였다. 그해 아들은 경희대학교 수시모집에서 경제학과에 합격을 하였다. 교수의 직계 자녀인 까닭에 4년 동안 등록금 면제를 받았다. 그러나 본인이 선택한 전공인데도 적성에 맞지 않는다고 방황을 하였다. 1학년 때는 시험에 백지를 내서 과락을 하여 남편이 불같이 화를 내기도 하였다. 공부도 하지 않고 밤낮으로 친구들과 어울리거나 게임을 하는 아들을 보다 못한 남편은 자진 입대하는 서류를 제출하고 말았다.

아들은 꽃샘추위가 기승을 부리던 1998년 3월 24일 춘천 102 보충대로 입대하였다. 늦둥이 아들을 군대에 보내야 하는 나는 다른 엄마들과 다를 게 없었다. 아침부터 눈물을 찔끔거리며 같이 춘천으로 갔다. 바람이 사방에서 불어와 더욱 을씨년스러웠던 그날 남편과 나는 아들에게 감자부침, 막국수를 먹여 1시에 대기 장소로 갔다. 한국의 청년이라면 모두가 겪는 통과의례지만 내 아들이 머리 깎고 거수경례하고 돌아서는데 가슴이 미어졌다.

아들이 군인으로 있는 동안에는 캠퍼스에서 군복 입은 젊은이들만 보면 나도 모르게 돌아서서 한동안 지켜보는 습관이 생겼다. 인제로 처음 면회 간 생각이 난다. 옛 일기장을 들추니 7월 18일 첫 면회를 갔던 날이 소상히 기록되어 있다.

7시 50분 서울, 춘천, 양구, 인제로 향하는 47번 국도를 달려 오후 1시 덕산리 부대에 도착하였다. 산 너머 또 산, 산, 산. 아득한 산악지대이다. 면회를 신청하고 40여 분 기다렸다. 다른 병사들은 나오는데 아들이 오지 않아 조바심이 났다. 햇볕 아래 흰 모래가 깔린 영내를 목발을 짚고 나올 아들을 기다렸다. 마침내 내 앞에 불쑥 나타난 아들은 잘 생기고 늠름한 장병이었다. 울지 않으려 했는데도 안도감과 반가움이 겹쳐 눈물이 났다. 4시간 동안 김밥, 통닭, 빵, 옥수수 그리고 그 자리에서 주문한 탕수육과 물만두를 아들은 후딱 먹어치웠다. 아들이 외박을 하고 싶어 해서 신청했더니 대대장 김태호 대위가 직접 나와서 21일 정식 휴가를 주겠다고 했다. 6시에 병사가 아들을 데리러 왔다. 얼결에 보내고 나니 또 막막해진다. 다음 주에는 볼 텐데…. 오후 6시에 인제를 출발하자 비가 내리기 시작했다. 홍천을 거쳐 서울로 가는 길이 너무 막혀 다시 덕소로 들어가 서울로 향했지만 빗속에서 남편은 길을 잃었다. 헤매다가 집에 오니 밤 12시였다. 꼬박 6시간을 달린 거였다. 그래도 아들을 만나고 와서 기쁜 하루였다.

그리고 몇 달이 지나 아들이 소속된 2사단 17연대 3대대 500명 병사들에게 인성 수련을 통한 충, 효, 예를 학부모 입장에서 특강해달라는 공문을 받았다. 아들이 입대한 해가 1998년 IMF여파로 가정 경제의 붕괴로 인한 인명사고가 많이 났었다. 통상적으로 6월이면 반공을 주제로 예비역 장성들이 특강을 했는데 사병들의 자살 사건이 잇따르자 부모의 입장에서 사병들의 마음을 보듬어주는 말을 해달라는 것이었다. 남편과 나는 9중대 병사들에게 수박 12통과 통닭 튀김 등 간식거리를 사서 초여름 더위가 시작된 6월 11일 인제로 떠났다. 하룻밤을 부대에서 마련해준 숙소에서 자고 다음날 부대로 찾아갔다.

아침 8시 부대 안의 교회에 모인 5백여 명의 사병들을 보니 가슴이 탁 막혔다. 새까맣게 그을린 얼굴들이 눈만 깜박거리며 나를 보고 있었다. 착각인지 모르지만 모두가 작고 조그맣게 보였다. 그들을 향해 거창한 연설을 할 수가 없었다. 그저 모두 끌어안아 주고만 싶었다. 말을 시작한 지 10분쯤 되었을까 하나, 둘씩 눈이 감기는 것이 보였다. 훈련이 고단한데 엄마 같은 잔소리가 재미가 있을 리가 없지. 한 시간 정도 장병들에게 엄마에게 장병들이 얼마나 소중한 아들인가를 잊지 말라고 횡설수설하였다. 그리고 아들이 묵고 있는 병영을 가보았다. 열악하기 그지없었다. 땅굴을 면한 정도라고나 할까. 분단된 조국에서 태어난 아픔을 고스란히 몸으로 겪는 대한민국의 아들로 태어난 청년들이 안쓰럽기만 하였다. 그래서 군대를 다녀온 학생들과 그렇지 않은 학생들을 보면 차이가 났다. 캠퍼스에서 보는 예비역들은 당당하고 담대하게 보인다.

내 아들도 군대를 다녀오고 나서는 많이 달라졌다. 미래의 목표에 대해서 구체적으로 고민도 하고 성적 관리에도 신경이 많이 쓰는 듯했다. 그러나 본인의 적성에 맞지 않는 전공 때문에 고민하는 아들에게 나는 외국 연수를 권유했다. 다행히 대학 동창이 런던에서 사업을 하고 있어 아들은 오전에는 영어공부, 오후에는 동창이 소개해준 DP점에서 알바를 했다. 아들 말로는 학교에서 배운 영어보다 DP점에서 배운 영어가 훨씬 도움이 되었다고 말했다.

2002년이 내 회갑년이었다. 남편과 나는 아들도 만날 겸 보름 동안 유럽여행을 하였다. 아들이 어학연수를 받고 있는 런던을 시발점으로 하였다. 듬직한 아들과의 여행이라서 더 즐거웠다. 사업하는 대학 친구 부부의 차에 동승하여 파리를 거쳐 베를린과 동독을 지나 폴란드의 Sopot까지 갔다. 독일의 Leipzig를 지나 폴란드 국경을 넘는데 산업 생산물을 가득 실은 차들과 사람들이 탄 자가용들이 즐비해서 오래 기다려야 했다. 14시간 동안 달리는데 숲들이 우거져 숲의 바다 같다는 생각이 들었다.

Poznan이라는 지방의 모텔에 숙박을 했는데 세면대의 마개도 없었고 화장지의 질도 형편없었다. 그러나 그 다음날 발틱 해를 따라서 달려 호박(ember)의 원산지라는 Sopot에 도착하여 친구는 물건을 샀다. 오후 8시쯤 떠나서 길가에 있는 모텔에 들었다. 온통 꽃으로 장식되어 있고 옥외에 있는 오븐에서 구워내는 소시지의 구수한 냄새가 인상적인 곳이었다. 값도 저렴하고 묵게 된 방도 그림처럼 예뻤다. 저녁 만찬은 정원에 있는 식탁에서 푸짐한 감자요리를 즐겼다. 그 집이 너무 마음에 들어 명함을 갖고 와서 일기장에 붙여놓았을 정도다. 그 모텔 하나로 인해 폴란드의 인상을 지금도 아름답게 간직하고 있다.

다음날 독일에 들어섰다. 점심 요기를 위해 들른 식당에서 남편이 손가방을 놓고 나와 한 시간이 지나서야 그 사실을 알고 사색이 되어 다시 되돌아가보니 다행히 누가 카운터에 맡겨 놓았다. 역시 독일이구나 하고 생각했다. 이런 사소한 경험들이 그 나라에 대한 이미지를 결정하게 된다는 사실을 다시 느꼈다.

저녁 8시쯤 암스테르담에 도착하여 한국식당을 찾아 헤맸으나 찾지 못했다. 게다가 불법주차를 했다고 경찰이 와서 차에 커다란 쇠뭉치를 달아 놓았다. 친구가 경찰서를 찾아가 벌금을 내는 사이에 허기에 지친 우리는 거리에서 기다릴 수밖에 없었다. 암스테르

담의 인상은 별로 좋지 않았다. 더구나 우리가 기다린 곳이 공교롭게도 창녀촌이어서 여자들이 쇼윈도에서 갖가지 포즈를 하고 있는 광경을 보게 되었다. 겨우 풀려나 밤늦게 중국 식당에서 허기를 면하고 보름달이 따라오는 착각 속에서 공포에 떨며 새벽 두시 반이나 되어 로테르담에서 방을 구했다.

우리는 유랑극단 단원처럼 엿새 동안을 아침부터 밤까지 차를 타고 달렸다. 점차 익숙해져서 도버해협을 건넜다. 구연이가 사는 윔블던에 도착하니 날씨가 무더웠다. 그날 밤 구연이가 일하는 DP점의 주인인 인도 사람을 초대하여 저녁 식사를 대접하였다. 그는 인사치레인지 모르지만 아들이 근면하고 일을 잘한다고 칭찬해주었다.

영국에서의 첫 일정은 영문학 전공자답게 셰익스피어의 생가가 있는 Stratsford-upon-Avon을 방문하였지만 전 세계에서 모여든 관광객들 사이에서 제대로 볼 수가 없었다. 바로 워즈워스의 고향 Grasmere까지 차를 몰았다. 정말 호수와 나무와 집들이 아름다운 곳이었다. 바람도 서늘해서 조망대에서 바라보니 산과 호수와 들판이 그가 쓴 시들의 배경과 같았다.

여행 기간이 휴가철이어서 가는 데마다 방이 없어서 다시 Cumberland에 와서 식사를 하는데 통유리 너머 들판에는 토끼들이 뛰어다니고 있었다.

워즈워스의 시 「결의와 독립(Resolution and Independence)」에서 "풀밭은 빗방울로 빛나고 들판에는 토끼들이 즐겁게 뛰어다닌다."는 구절과 너무도 비슷했다. 우리는 밤 11시가 되어 Blackpool이라는 휴양지에 도착하여 겨우 잠자리를 마련했다. 런던에서는 엘리엇의 「황무지」의 배경이 된 Richmond와 Kew라는 유원지를 둘러보았다.

런던의 더위는 견디기 힘들었다. 몇 십 년 된 낡은 지하철에는 선풍기가 없었고, 아들과 같이 묵었던 호텔에도 선풍기조차 없었다. 그에 비해 우리나라의 지하철 시설은 물론 에어컨이 얼마나 시원한지 새삼스럽게 발전된 나라에 대한 긍지를 느꼈다.

아들은 연수를 마치고 귀국하자 많이 변한 것 같았다. 본격적으로 자신의 미래를 걱정하기 시작하고 강의 시간에도 빠지지 않았다. 역시 군대 다녀온 예비역들의 태도는 다른 데가 있었다. 그런데도 직장 문제에 대해서는 구체적으로 분야를 정하지 않은 듯했다. 2005년 졸업을 하고 나서야 삼성그룹의 입사시험 준비를 한다고 하였다. 다행히 시험에 합격하였다. 그리고 바로 삼성 BP화학에 응시하여 합격을 하였다. 시험 운은 억세게 좋은 녀석이다.

직장에 다니며 여자를 사귀기 시작하더니 하루는 마음에 드는 여자를 만났다고 하였다. 은행에 다니는 아가씨라는 것이다. 우선 조건은 OK다. 요즘 맞벌이가 대세가 아닌가.

그 아가씨와 일사천리로 진행되어 상견례를 하게 되었다. 인상이 서글서글하고 붙임성이 있어서 다행이었다. 양친도 계시고 1남 3녀의 셋째 딸로 가족관계도 마음에 들었다. 그래서 결혼 날짜도 빨리 잡았다.

내가 결혼했을 때는 보석반지 하나도 받지 못했다. 금목걸이도 예식 끝나고 바로 전당포에 잡혔을 만큼 가난했다. 나는 평생 동안 끼어본 적이 없는 다이야 반지를 며느리에게 예물로 주고 싶었다. 그 반지를 사주기 위해 2007년 12월 열흘 예정으로 막내 여동생이 사는 미국 새크라멘토를 방문하였다. 동생의 회갑을 축하하는 목적도 있었지만 동생의 도움으로 4천 불을 주고 1캐럿 다이아 반지와 다른 예물들을 장만하여 귀국했다.

마침내 2008년 1월 27일 청담동 웨딩홀에서 아들의 결혼식을 했다. 예식이 시작되어 아들이 입장하는 모습을 본 순간부터 눈물이 나기 시작했다. 아무리 멈추려 해도 눈물이 계속 흘러나와 미장원에서 부쳐준 속눈썹이 떨어졌다. 주마등같이 스치는 힘들었던 지난날들이 눈물샘을 자극했던 것이다. 신혼여행을 간 아들이 전화했을 때도 눈물이 났다. 왜 그렇게 허전하고 상실감이 드는지 나 자신을 주체할 수가 없었다.

2월 말에 평생직장이었던 경희대학교에서 정년퇴임을 하였다. 시원섭섭하다는 말이 적절한 표현일 텐데도 무력감에서 헤어나지 못했다. 아들의 결혼과 정년퇴직이 맞물려서인지 시도 때도 없이 눈물이 났다. 밤이 되면 술을 마시고 수면제를 먹어야 잠이 들었다. 서너 달이 지나서야 비로소 안정을 찾을 수 있었다. 앞에서 얘기했듯이 나의 우울증을 치료해준 특효약은 고물고물 자라는 쌍둥이 외손녀들이었다. 바로 옆동에 사는 손녀들을 하루에도 몇 번씩 달려가 같이 시간을 보냈다. '사람이 꽃보다 아름다워'라는 노래가 있듯이 정말 '아기는 꽃보다 아름답다' 체중 미달로 태어나 인큐베이터 신세를 졌던 큰손녀도 하루하루 달라지는 모습을 지켜보는 재미는 그 무엇과도 바꿀 수 없는 기쁨이었다.

게다가 며느리도 1년 만에 임신하여 2010년 5월 1일 아들을 출산하였다. 지금도 손자가 태어나던 그날 축복처럼 빛나던 태양과 서늘한 바람에 흔들리던 진홍빛 철쭉꽃들이 눈에 아른거린다. 얼마나 행복하던지 산책길에서 나도 모르게 소리 높여 환호했다. 태어난 다음날에 제자의 결혼 주례가 있었는데 주례를 마치자마자 택시를 타고 병원으로 달려갔다. 손을 씻고 경건한 마음으로 손자를 안았을 때의 짜릿한 감동은 지금도 잊히지 않는다. 갓 나온 아기가 또 얼마나 잘생겼는지! 애비 어미의 좋은 점만 골라 닮아 보는 사람마다 "그 녀석 잘생겼다"고 할 만큼 인물이 훤했다. 나는 더 이상 바랄 게 없었다. 젊은 날의 고생을 참고 살아온 덕분에 가족이라는 완벽한 그림을 완성한 것이다.

국제영어대학원대학교 총장 취임

64학번 영문과에 윤균이라는 동기생이 있었다. 인물도 훤하게 잘생기고 공부도 제법 하는지 항상 옆구리에 시사영어 잡지인 『타임지』를 끼고 다녔다. 말도 별로 안 하고 혼자 다니는 것 같았다. 나중에 들으니 그는 '여호와의 증인'이라는 종교를 믿게 되어 거기에 심취되어 취직도 못하고 가정교사 생활을 했다고 한다. 그런데 전두환 정권 때 가정교사 제도를 없앴다. 그는 생활의 방편으로 영어회화 테이프를 만들어 같은 여호와의 증인들에게 나누어주고 길에서 팔게 했는데 이게 히트를 쳤다. 그렇게 떼돈을 벌어 올림픽공원 앞에 9층짜리 빌딩을 짓고 그곳에 '현대 영어사'라는 회사를 세웠다. 그리고 자회사를 만들어 주로 신자들인 직원들을 뽑아 돈을 억수로 벌었다.

그 당시에 윤 회장은 나와 박경일 교수를 초대하여 건물 구경을 시켜주면서 돈이 너무 벌려 장롱에 쌓아놓고 산다고 말했다. 그리고 영문과에 등록금을 내지 못하는 학생 여섯 명에게 등록금을 대주기도 했다.

2002년 그는 정원 100명을 뽑아 등록금을 받지 않고 영어 석사 학위를 주는 국제영어대학원대학교를 설립하고 나더러 총장으로 오라고 수차 권고했다. 그러나 나는 경희대에서 정년퇴직을 할 것이고 내 전공이 영문학이라 영어학은 모른다고 거절했다. 그러나 초대 이사로 선임되어 학교 사정을 제일 많이 아는 내가 이사회에서 학교 운영에 관한 얘기를 제일 많이 했다. 다른 이사들은 대학원 운영에 관해서 경험이 없었기 때문이다. 그런데 3대 총장이 네 번째 다시 하기로 이사장과 약속했다는 말을 들은 초대 총장이 이사회에서 이의를 제기하는 바람에 윤 회장은 총장 선임에 관해 많은 고민을 하게 된다.

2014년 당시 나는 척추협착증과 함께 오른쪽 어깨의 회전근계가 파열되어 통증이 너무 심해서 7월 15일에 수술을 하고 어깨띠를 두르고 회복에 집중하고 있었다. 윤 회장은 매일 전화로 내게 총장직을 맡아달라고 졸랐다. 아무리 거절해도 설득하는 바람에 나는 할 수 없이 2년만 근무할 테니 그동안에 적임자를 찾으라고 말했다. 나는 오른쪽 어깨에 띠를 메고 2014년 8월 28일에 취임식을 하였다. 내가 74세였다.

막상 취임식을 하고 학교의 재정 형편을 들으니 기가 막혔다. 주로 영어교사들이 입학을 하였는데 등록금을 내지 않으니 재단에서 1년에 20억 원 이상 보내주어 운영을 하였다. 나는 교수들과 직원들을 모아 놓고 나는 이런 학교는 처음 본다. 어떻게 등록금을 한 푼도 내지 않고 공부를 하느냐? 세계에 이런 학교는 없다. 앞으로는 수익자 부담 원칙으로 대학원을 운영하겠다고 선언하였다.

초창기부터 있던 교수들은 극구 반대를 하면서 받더라도 3, 4년 후부터 받자고 주장했다. 그런데 공교롭게도 그즈음에 교육부 감사가 나왔다. 개교하고 처음 받는 감사라고 했다. 교수들은 이 학교의 위상이 3내지 4등은 간다고 하더니 교육부 감사 결과는 44개 대학원대학교 중에 중간에 속해 있었다. 개원 초부터 가르치던 교수들은 같은 과목을 계속 가르치고 연구 논문도 쓰지 않았다. 그런데도 연봉이 당시 8천 만 원이어서 놀랐다. 경희대에서 내가 받은 것보다 거의 두 배가 많았다.

영어 전공 학생이 오지 않으니까 학교를 문 닫게 생겼다. 나는 직원들과 수시로 간담회를 하여 어떤 전공을 신설해야 하는지에 대해서 난상토론을 하고 팀장들을 다른 대학원대학교로 출장을 보내 그곳의 정보를 얻어 오게 하였다. 그래서 결정한 것이 베트남어통번역 전공과 영어통번역 전공을 신설하자는데 의견의 일치를 보았다. 아직까지 우리나라에는 베트남어 동시통역 석사과정이 어떤 대학에도 신설되지 않고 있었다. 그래서 직원들을 베트남에 출장을 보내 현지 사정을 살펴보도록 했고 실력 있는 베트남어 교수를 영입하기 위해 서너 번 지원자들을 면접하여 우선 구본석 교수를 비전임으로 채용하였다.

예측한 대로 입시가 시작되자 우려한 대로 영어교육 전공 지원자는 거의 없었다. 한 학기에 서너 명 있을까 말까. 그래서 베트남통번역 전공 외에 영어동시통번역 전공을 더 신설하기로 하였다. 현재 내가 듣기에는 베트남어통번역 전공, 영어통번역 전공, 그리고 영어와 한류 콘텐츠 등 세 과목이 잘 운영되고 있다고 한다.

대학원의 재정 사정은 재단에서 지원이 끊겨서 학교의 운영비를 줄이기 위해 나는 내 연봉을 스스로 삭감했다. 그렇게 4년이 흘렀다. 2014년에 부임했으니 2018년에 임기가 끝난다. 그러나 직원들 모두가 손편지를 써서 유임해달라고 간곡하게 부탁하고 윤균 회장은 10년은 맡아주어야 한다고 말했다. 게다가 이사장이 췌장암에 걸려 투병하기 시작했다는 소식을 들었다. 나는 할 수 없이 두 번째 임기를 거절할 수가 없었다.

글쓰기 습작

 나는 평생 동안 대학에서 가르치고 설립자를 보좌하는 일 외에는 관심을 가져본 분야가 없었다. 가르치는 직업이 천직이라고 생각했고 항상 연구실 문을 열어놓고 학생들이 찾아와 상담할 때는 최선을 다했다. 특히 나처럼 가난해서 등록금을 내지 못해 걱정하는 학생들을 위해서는 어떻게 하든 장학금을 얻어주려고 노력했다. 당시에는 영문과 동창인 윤균 회장이 해마다 영문과 학생 여섯 명에게 장학금을 주었다. 그래서 등록금 낼 형편이 안 되는 학생들이 있으면 윤균 회장에게 부탁하곤 했다. 그는 군말 없이 도와주었다. 그리고 내가 조영식 학원장님을 가까이서 오랫동안 모셨기 때문에 직간접으로 학생들의 취업을 도와줄 수 있었다.
 그렇게 30여 년을 경희대학교에서 보내서인지 나는 집에 있는 것보다 내 연구실에 있는 게 훨씬 편했다. 언덕 위에 있어서 올라다니기는 불편했지만 2층 내 연구실에서 하늘이 청명한 날에는 남산타워가 보일 정도였다. 그래서 정년퇴임이 가까워 오자 연구실을 비워야 한다는 사실이 제일 아쉬웠다. 퇴직한 후에는 강의를 하지 않기로 했기 때문에 집에 있으니 마치 끈 떨어진 연처럼 아무것에도 흥미를 느낄 수가 없었다.
 그래서 서점에 가서 '나이 듦'에 관해 쓴 산문집을 몇 권 사서 읽기 시작하고 동시에 그동안 소홀했던 운동을 하기 위해 구립 레포츠센터에 등록해서 매일 가서 트레드밀에서 걷고 기계운동도 하였다. 그곳에는 온탕, 냉탕도 있어서 따뜻한 물에 몸을 담그면 묵은 피로가 풀렸다. 그리고 집에 오면 박완서 선생이나 다른 여성 작가들이 쓴 산문집을 읽었다.

그런데 지금까지 내가 살아온 여정을 돌이켜보면 오늘의 내가 있기까지 친정어머니를 비롯하여 몇 분의 도움이 있었기 때문에 지금의 내가 있게 된 것이다. 그래서 그분들에 대한 헌사를 써야겠다는 생각이 들었다. 그리고 30여 년 동안 가르치기 위해서 영어 논문과 텍스트만 읽었는데 이제부터는 한글 쓰기 공부도 해야겠다고 마음먹고 서재에서 생각나는 대로 습작하기 시작했다.

수필가로 등단하다

정년퇴직을 하고 막상 집에 있게 되니 그전에는 만날 사람들이 줄을 이었는데 이제는 갈 데도 없고 불러주는 데도 없었다. 퇴직하면 사람들이 왜 우울증에 걸리는지 알 것 같았다. 그러나 나는 주로 박완서 선생의 소설과 수필집을 사서 읽거나 그리고 옛날에 영어를 가르쳤던 류시화(안재찬) 시인의 산문집들을 사서 읽었다. 그러나 나는 그들처럼 글을 쓸 자신과 용기가 없었다.

그런 어느 날 비뇨기과 전문의로 있는 장성구 교수와 저녁 식사를 하게 되었다.

끝날 무렵에 그는 자신의 시집과 그의 시에 김동진 교수가 곡을 붙인 CD를 선물로 주었다. 충격이었다. 게다가 산문집도 출판했다고 했다. 집에 돌아온 나는 열등감과 자괴감이 들었다. 추석 연휴가 시작될 무렵이었다. 그래서 무조건 오늘의 나를 만들어주신 친정 엄마를 비롯하여, 조영식 총장님, 황순원 선생님, 박용주 선생님, 그리고 당시 유엔사무총장이 된 고향 후배이며 절친인 반기문 총장과의 인연에 대해서 무작정 쓰기 시작했다.

이상하게도 한 번 쓰기 시작하니까 컴퓨터에 앉아 몇 시간이고 쓸 수 있었다. 내가 생각해도 이상했다. 농부가 수확해 저장해놓은 창고에 무진장 먹을거리가 쌓이듯이 글이 써졌다. 그렇게 엄마, 조영식 총장님, 황순원 교수님, 박용주 교수님과 반기문 전 사무총장과의 이야기를 순식간에 썼다.

연휴가 길었던 그해 나는 수필 세 편을 써서 『문학시대』에 무작정 응모를 했다. 등단하려면 누군가의 추천을 받아야 한다는 사실도 몰랐다. 장 교수에게 물어보기라도 했으면 좀 쉬울 일임을 나중에 알았다. 그렇게 서너 달이 지났다. 속으로 "그러면 그렇지. 내가 무슨 글솜씨가 있다고 당선이 되겠느냐?"고 잊어버리려고 애썼다. 그런데 어느 날 전화를 받았다. 우희정 수필가였다. 혹시 그동안 다른 곳에서 등단을 했느냐고 물었다. 나는 아니라고 대답했다. 그래서 2016년 신년호에 「덕수와 영수」, 「콘수에그라 언덕에서」로 수필 신인상을 받고 등단했다. 그때는 내가 국제영어대학원대학교 총장으로 부임해 있었기 때문에 직원들이 떼로 몰려와서 꽃다발을 안겨주어서 민망하기도 했다.

그 후 몇 달이 지나서 나는 내가 쓴 원고를 가지고 소소리사에 가서 성춘복 선생님과 우희정 선생님을 만나 출판이 가능한지 물었다. 성 선생님은 내 원고를 훑어보시고는 '다른 이름으로 다시 나를 돌이키면'이라는 제목까지 그 자리에서 지어주셨다.

그렇게 어릴 때부터 꿈이었던 글쓰기가 내게 중요한 부분이 되었다. 글을 잘 쓰고 못 쓰고의 차이는 내게 중요하지 않았다. 나는 시간이 나는 대로 수필을 썼다. 3년 동안에 수필집을 두 권 출간했다. 첫 번째 책의 표제는 『다른 이름으로 다시 나를 돌이키면』이고 두 번째 책은 『이렇게 좋은 날에』이다. 그런데 그 이후로는 글 창고가 비었다.

동남아 크루즈 여행(결혼 50주년기념)

2019년 4월 어느 날 퇴근하자 남편이 신문 한 면을 장식한 크루즈 광고를 보여주며 "우리 결혼 50주년기념으로 크루즈 여행갈까?" 하고 물었다. 나는 때때로 일본 온천에라도 가자고 꼬셔도 나가기를 싫어하던 남편의 제안이 놀랍고 기뻤다. 이번 크루즈 여행은 열흘 동안 배를 타고 말레이시아, 페낭, 푸켓 등을 돌아오는 코스였다. 나는 앞집 부부가 지중해로 크루즈 여행을 갔는데 좋더라는 얘기를 들은 터라 몹시 가고 싶었다. 일찍 예약하면 깎아준다기에 나는 바로 예약을 했다. 그날 이후부터 움직이기 싫어하던 남편도 오후에 30분씩 나가 산책을 하기 시작했다. 다음은 크루즈 여행 기간에 썼던 일기를 간추린 것이다.

- 11월 29(금요일)

일주일 동안의 동남아 크루즈 일정을 시작했다. 기대와 걱정이 반반이다.

딸이 운전해서 오전 11시에 인천공항 제2터미널에 도착해보니 패키지 투어 일행이 35명이나 된다는 사실을 알았다. 직원은 내게 많아야 15명쯤 된다고 했는데….

딸이 비즈니스 클래스로 업그레이드 해주어서 먼저 체크인 해서 KAL라운지에서 시간을 보냈다. 오후 2시에 보딩을 했다. 돈이 좋다는 것을 좌석을 보고 실감했다. 넓고 큼직한 누워 잘 수 있는 좌석에는 칸막이까지 있었다. 딸의 배려가 새삼스레 고마웠다.

2:45 pm에 출발하여 8:15분 싱가포르 창이공항에 도착해 입국심사를 받는 순간부터 난관이 시작되었다. 남편과 내가 지문이 안 나와 진땀을 뺐다. 인원수도 많아 숙박 호텔에 도착해 607호에 배정 받아 올라가니 밤 11시. 녹초가 되었다 몰래 두 개의 팩 소주를 입에 털어 넣고 수면제를 먹고 잠자리에 들었다. 놀러온 게 아니라 고생하러 왔다는 생각이 들었다.

- 11월 30일(토요일)

싱가포르 관광: 보타닉 가든, 머라이언 파크, 마리나 베이샌즈 전망대 등.

배 이름은 Quantum of the Sea. 아침부터 날씨가 너무 더워 녹초가 되었다. 남편은 걷지 못해서 지팡이를 짚고도 자꾸 뒤로 처진다. 우리는 건성으로 돌아보고 그늘만 찾았다. 거리는 깨끗하고 거리의 곳곳에 꽃핀 나무들이 신선했다. 인원이 많아 인솔자 김여진씨가 고생한다.

  10만 톤의 거대한 배에 승선 수속을 하는데 공항의 입국 심사처럼 엄격했다.

  일체 술과 전기 기구는 반입 금지라서 우리 부부는 근심이 태산이다. 남편은 계단을 오르내리는 것을 너무 힘들어 했다. 배정된 방이 9층 517호였는데 미로를 헤매는 것처럼 찾지 못해 승무원에게 위치를 물어야 했다. 그리고 쉬지도 못하고 배의 구석, 구석을 가이드가 데리고 다니며 보여주었는데 우리 부부는 쓰러질 지경이었다.

  오후 5:30 14층 뷔페식당에서 식사. 관광객은 모두 3,500여 명, 승조원은 1,500명으로 작은 도시 같다. 이번 여행은 만국에서 모인 작은 지구촌이다. 잠자기 위해 shop에 가서 조니워커를 두 병을 샀으나 마지막 날에 준대서 실망. 할 수 없이 pub에 가서 양주 한 잔 사서 나누어 마시고 잠자리에 들었다.

  세 번째 날에는 8시에 쿠알라룸푸르에 도착했다.
    왕궁 - 국립모스크 - 메르데카 광장 - 술탄 압둘 사마드 빌딩 외관 - 페트로나스 쌍둥이 빌딩 외관 - 쇼핑 - 출항

  양주 한 모금으로 잠이 모자랐다. 고단해서 일찍 잠자리에 들긴 했지만 새벽 3시쯤 깨어 다시 잠들지 못했다. 남편도 덩달아 일어

나서 커피믹스를 타서 마셨다. 6:30 14층 뷔페식당에 가서 아침 식사를 했다. 우리 내외는 목하 배변 문제로 고생하고 있다. 이번 팀 중 최고령자인 남편이나 나는 관광보다 배변 강박증에 시달린다. 하선하여 쿠알라룸푸르를 관광하였다. 사방의 우거진 녹음이 인상적이고 토착적인 데가 많은 도시다.

  우리는 차에서 내리면 더위 때문에 그늘만 찾았다. 화장실은 모두 불결한 푸세식이다. 모스크와 왕궁의 겉만 보았다. 오히려 한식당에 가서 김치찌개를 먹으니 정신이 난다. 소주를 사서 가져온 보온병에 넣었다. 배로 돌아와 5:30 3층 식당에서 정찬을 했다. 같은 식탁에 앉은 부부와 말이 통해 포도주 한 병을 사서 나누어 마셨다.

  네 번째 날에는 오전 8시에 페낭에 도착하였다.
외불상 - 버마 사원 - 수상가옥 - 벽화마을 - 페낭대교

  잠을 거의 자지 못했다. 새벽에 깨면 소주를 조금씩 마시며 흔들리는 배의 진동을 느꼈다. 배는 쿠알라룸푸르에서 페낭으로 항해하고 있다. 망망대해에서 내가 타고 있는 큰 배가 움직이고 있다. 19세기에 침몰한 타이타닉호를 생각했다. 이만큼 살았으면 수장되어도 괜찮겠다는 생각도 들었다.

  페낭은 비서실에 있었을 때 페낭대학교 부총장이 방문해서 그 도시의 명성을 들었던 오래된 도시다. 특히 수상가옥과 벽화마을이 인상에 남는다. 한국의 70년대 같은 가난의 냄새가 곳곳에 배어있

다. 벽화마을에서 사진을 많이 찍었다.

여행 떠난 지 5일째다. 배에서 내려 필리핀의 푸켓으로 향했다. 햇살이 따갑다. 좁은 길 양편의 전봇대에 어지럽게 늘어진 전선들이 눈에 뜨인다. 열대지방의 숲과 꽃들이 우기인데도 눈이 물들 정도다. 한 시간 정도 버스로 이동해서 왓할공 사원을 둘러보았다. 가는데 마다 현지 가이드가 설명하는데 이곳 가이드는 성의가 없다. 그리고 한식으로 점심을 먹었다. 역시 나는 토종이다 김치찌개가 맛있었다. 삼겹살에 소주 두 잔을 마시니까 외국에 있다는 사실조차 잊게 한다. 이번 여행의 최대 난제는 소주를 확보하는 것이다. 두 병을 사서 물병과 보온병에 나누어 담았다. 들킬까봐 겁이 났지만 이번 여행 중에 제일 잘한 일이다.

배를 타러 가는데 비가 내리기 시작했다. 이제껏 날씨가 맑았다. 다행히 우산이 있어 페리호를 타는데 남편도 오늘은 잘 걸어서 첫 번째 배를 타서 일찍 내렸다. 방이 너무 추워 관리실에 전화를 해서 20도에서 25도로 올렸더니 견딜만해졌다. 오늘의 하이라이트는 누가 뭐래도 전신마사지였다. 남편도 만족해한다.

마지막 날인 오늘은 온종일 배 안에서 보냈다. 나는 혼자 5층, 6층을 다니며 인테리어를 감상하고 6층 도서실이 있는 선미의 의자에 앉아 거대한 배가 일으키는 물보라를 바라보았다. 끝 간 데 없는 바다 위에 떠서 거대한 몸체를 앞으로 밀고가는 그 힘과 물의 요동은 장관이었다.

남편도 늦잠 자고 둘이 7시에 14층 뷔페에 가서 식사를 했다. 남편의 위는 무쇠로 만들어졌나 보다. 엄청 많이 먹었는데도 소화는 문제가 없다. 8층에 있는 부부가 발코니가 있는 방에서 바다를 보라고 초대했다. 일인 당 50만 원이 비싼데 그만한 가치가 있었다. 다른 사람들은 저녁에도 공연을 보려고 몰려다니는데 우리 부부는 둘만 남아 세끼를 해결했다.

내일이 마지막 날이다. 나는 물 뜨러 다니느라고 서너 번 9층과 4층을 오르내렸다. 11월 30일 산 조니워커 양주 두 병을 찾았다. 이제는 짐이 되어 성질이 난다.

아침 여덟 시에 하선 수속. 야경투어를 하고 창이공항으로 이동하여 22:30 창이국제공항을 향해 출발했다. 가장 긴 하루였다. 하선 수속을 하는데 남편의 지문이 안 나와 다른 방으로 데려가 애가 탔다. 게다가 일행 중 하나가 검사 직원에게 무례하게 굴어 경찰서로 이첩되어 모든 사람이 20여 분 차에서 기다리다가 현지 가이드가 우리를 데리고 다니며 센토사 섬에 케이블카를 타고 갔다. 나중에는 나도 발가락이 아파 걷기가 불편했다. 저녁은 샤브샤브를 먹고 리버 보트 타고 야경을 보고 저녁 8시에 공항으로 이동했다. 남편은 손가방도 들지 못한 만큼 지쳤다. 저녁 간식도 간신히 먹고 밤 10시에 보딩을 했다. 면세점에 들를 기운도 없어 환전해 간 돈도 한 푼 쓰지 못했다.

남편과 나는 여행 체질이 아니다. 귀국한 다음날부터 몸살이 나서 며칠 앓았다. 전신이 통증으로 움직일 수가 없었다. 다음날 출근도 못하고 누워 있었다.

  연말을 바쁘게 보내고 2020년 새해를 맞았다. 몇 년 전부터 차례를 아들네 집에 가서 지낸다. 설날 새벽 6시 남편과 같이 지하철을 타러 아파트를 나섰다. 별로 춥지도 않았다. 그런데 남편의 걸음걸이가 이상했다. 나는 걸음이 빨라 앞서 가다가 뒤돌아보면 남편이 한쪽 다리를 질질 끌며 왔다. 그러다가 아파트 입구에서 꽈당 하고 넘어졌다. 같이 가던 젊은이들 몇이 남편을 일으켜 주었다.

  나는 그를 부축하여 간신히 집으로 돌아와 아들에게 남편의 상태를 설명했다.

  아들은 차례를 지내고 오후에 와서 남편을 모시고 경희의료원 응급실로 갔다. 오른쪽 어깨뼈가 부서져서 인공관절수술을 해야 한다는 진단이 나왔다. 남편은 즉시 입원했다. 새해부터 불운이 우리 집에 닥친 느낌이 들었다. 수술을 받고 여러 가지 검사를 한 결과 파킨슨이라는 진단을 받았다. 게다가 혈당이 400까지 올라가고 걷지 못해 코로나 팬데믹 기간에 한 달 정도 입원을 해서 간병인의 도움을 받아야 했다.

  집에 돌아온 그는 걷는 게 불편해 집안에만 있게 되고 할 수 없이 요양보호사의 도움을 받게 되었다. 나는 출퇴근으로 바빠서 딸 유진이가 남편의 뒷바라지를 많이 했다. 먹을 것 사오랴, 병원에 데려가랴, 약 사다 나르랴 등등. 요양보호사가 아무리 밖에 나가 걷자고 해도 남편은 그런 모습을 남에게 죽어도 보이기 싫다고 소파에만 앉아서 TV를 보거나 책을 읽었다.

내가 잠든 시간에는 홈쇼핑 물건을 사는 게 그의 취미이자 일거리가 되었다. 게다가 밤이면 나 모르게 요양보호사를 시켜 소주를 사다 숨겨 놓고 마시고 자서 아침에 보면 얼굴이 벌게져있기 일쑤였다. 솔직히 나는 남편과 대화를 거의 하지 않았다. 환자라면 낫기 위해서 걸어야 하는 데도 한 번도 요양보호사와 걷기 연습도 하지 않고 마치 석고상처럼 소파에 앉아서 텔레비전만 보고 있는 남편이 어디가 예쁘겠는가?

남편의 돌연사

2000년 설날에 넘어져서 수술 받은 뒤에도 두 번이나 넘어져 뼈가 부러져서 두 번 더 수술을 받았다. 남편이 걷지도 못하고 집에만 있으니까 내가 스트레스가 쌓여 도망가고 싶을 정도였다. 게다가 8년 동안 총장으로 출퇴근하다가 2022년 8월에 임기가 끝나 집에 있으니까 스트레스가 더 쌓였다.

세끼 밥을 해주는 게 나 같은 노인에게는 죽을 맛이었다. 딸이 자주 식사를 주문해주기도 하고 직접 와서 해주기도 했지만 항상 할 수 있는 일이 아니었다. 더 스트레스 받는 일은 나는 고기 종류를 싫어하고 야채 위주로 먹는데 남편은 고기 위주로, 더 나쁘게 말하면 파스타, 햄버거 등 건강에 좋지 않은 음식만 좋아했다.

남편이 세상을 하직하던 날 저녁에도 그는 갑자기 유니짜장면을 먹자고 했다. 나도 밥하기가 싫은데 잘 되었다고 시켜서 먹었다.

그와 나는 잠자는 시간도 다르다.

  나는 밤 열시 반 정도에 잠자리에 들고, 그는 밤 12시에 자기 방에서 소주를 몇 잔 마시고 잔다. 그날 밤에도 나는 습관처럼 새벽 3시 반에 눈을 떴는데 거실의 불이 켜져 있었다. 남편이 가끔 안 끄고 자기 방에 들어가기 때문에 거실로 나왔더니 그의 전용화장실 불도 켜져 있었다.

  나는 화장실 앞에 갔다. 그가 변기에 앉아 있었다. 내가 "여보!" 하고 불렀지만 대답이 없어서 다시 "여보" 하고 부르며 그의 어깨를 건드렸다. 소스라치게 놀랄 정도로 그의 어깨가 얼음장 같았다. 졸도하기 직전이었다. 딸에게 전화했다. "아빠가 죽은 것 같아." 딸은 빨리 119를 부르라고 말했다. 119는 전화 걸자마자 몇 명이 달려왔고 그 다음에는 파출소와 그 외의 부서에서 여러 명이 집으로 왔다.

  나는 얼이 빠져 말도 나오지 않고 멍청하게 소파에 앉아 있기만 했다. 무언극을 보는 것 같았다. 딸과 사위, 그리고 아들도 황망하게 들어왔다. 내의도 입지 않은 채 변기에 앉아 있는 남편의 상태를 경찰 직원들이 사진 찍고 여기저기를 둘러보더니 아들에게 시신을 구급차로 빨리 병원으로 옮기라고 지시했다.

  경희의료원 영안실에 남편 사진을 갖다 놓고 아들과 딸은 장례에 필요한 절차를 알아보고 있었다. 다행히 아들과 며느리가 다니는 회사에는 상조회가 있어 직원의 식구가 사망하면 상조회 회원들이 와서 각 분야를 맡아 도와준다고 했다. 한 시간도 되지 않아 상조회 사람들이 왔다. 그들과 함께 장례지도사도 왔다. 50대 초반의 여자여서 놀랐다.

그 사이에 분향소가 차려지고 카톡으로 남편의 사망 소식을 들은 제자들이 오기 시작했다. 나는 멍청한 노인이 되어 아무런 생각도 나지 않았다. 제자들이 와서 분향을 하고 나에게 절을 하면 나도 맞절을 하였지만 그들의 이름이 생각나지 않았다. 그래서 "너, 누구니? 몇 학번이니?" 내가 입버릇처럼 제자들에게 말했나 보다. 중학교 2학년인 손자는 할머니의 질문을 알아듣지 못해 며느리에게 물었단다. "할머니가 손님들에게 왜 저런 질문을 해요?" 며느리가 할머니는 대학교 교수였기 때문에 많은 제자들의 이름을 다 기억할 수가 없어서 물어보는 것이라고. 장례식 이후에 손자는 자기도 할머니처럼 공부 잘해서 교수가 되고 싶다고 말했다고 아들이 전해주었다.

나는 3년 전에 남편의 병이 위중해지자 선산에는 자리가 없다고 하여 충주 선산과 서울의 중간에 있는 일죽의 공원 묘원에 평장묘를 사라고 아들에게 말했다. 그리고 어느 추운 겨울날 아들과 같이 그곳을 답사했다. 봉분이 있는 언덕이 아니라 평평한 땅에 묘가 마당 한가운데 있었다.

장례식 날은 추웠다. 그 전날까지는 가을 기온이 온화해서 좋았는데 그날은 영하로 내려가서 모두 두꺼운 패딩 코트를 입어야 했다. 속으로는 "살아서도 까칠하더니 죽어서도 힘들게 하네."라고 구시렁거렸다. 매장하기 전에 먼저 화장터에 가서 화장을 한다고 했다. 장례지도사는 화장하는 모습은 보기 힘들다며 나를 구석으로 데려가서 두 눈을 가렸다. 속으로 고마웠다. 화장이 끝나자 식당에 가서 점심을 먹었다. 나는 소주만 거의 한 병을 마셨다. 그래도 취기가 오르지 않았다. 일죽에 있는 매장지로 향하는데 서쪽으로 붉은 해가 지고 있었다. 속으로 남편은 생전에 저렇게 붉게 타오른 적이 있었던가? 참 불행한 사람이었다는 생각이 들었다. 재를 담은 흰 종이를 일꾼이 파묻고 발로 밟았다. 저렇게 한 인생이 끝나는 거구나. 그런 생각을 하면서도 슬프지 않았다. 우리 애들도 울지 않았다.

며느리와 손주들은 먼저 보내고 나와 아들과 딸 셋이 우리집으로 와서 돼지 수육을 사다가 술을 마셨다. 아무도 울지 않고 그저 잘 끝나서 다행이라고, 그리고 장례식장에 손님들도 많이 다녀갔다고 아들이 말했다. 그리고 여든여섯 살까지 사셨으면 많이 사신 거라고, 게다고 병석에 오래 있지 않고 돌아가셔서 복이 많으신 거라고 딸이 말했다.

솔직히 지난 5년 동안 남편의 병간호를 하느라고 딸이 제일 많이 고생했다. 나는 출퇴근을 하고 있었기 때문에 전업주부인 딸이 남편의 시중을 많이 들어야했다. 남편이 요양병원에 6개월 있었을 때도 병원 음식을 입에 대지 않아 딸이 남편에게 빵과 치즈, 우유 등을 거의 매일 사다 주었다. 요양병원을 퇴원해서는 그 병원은 지옥이라며 죽어도 가지 않겠다고 여러 번 말했다. 나는 속으로 다시 걷지 못하고 아프면 요양병원 외에 갈 곳이 어디냐고 묻고 싶었다.

남편이 사망한 날은 11월 16일이다. 남편의 유품을 정리하면서도 우리 식구는 아무도 슬퍼하지 않았다. 그동안 남편이 나 모르게 밤에만 사 모은 새 옷들을 버리려고 10미터짜리 비닐봉투를 여러 장 샀다.

그렇게 두 달이 지났는데 어느 날부터 소화가 되지 않았다. 소화제도 소용없고 계속 더부룩해서 아무것도 먹고 싶지 않았다. 그리고 2월의 찬바람이 부는 창 너머를 보면 나도 모르게 눈물이 났다. 남편 생각이 난 것도 아닌데 이유 없이 자꾸 눈물이 났다. 남편이 생전에 내게 좋은 추억을 남겨준 것도 없는데….

내가 정상이 아니라는 사실을 알아차린 딸이 아들에게 연락해서 엄마가 아무래도 우울증에 걸린 것 같다고 세 식구가 같이 동해안으로 여행을 다녀오자고 제안을 한 모양이었다. 나는 회사에 다니는 아들이 어떻게 가느냐고 했더니 이미 반차를 냈다고 했다. 그래서 우리 세 식구는 2박 3일 동안 속초와 고성 근처의 켄싱턴 리조트 5층에 머물렀다. 그곳은 바닷물이 5층 방으로 밀려올 만큼 바다가 가까웠다. 내가 지하에 있는 사우나에 가서 시간을 보내는 동안 애들은 저녁 먹을 것을 사러 나갔다.

내가 기억하기로는 그날 밤처럼 세 식구가 솔직하게 그동안 살아온 얘기를 한 적이 없었던 것 같다. 나는 결혼하면서부터 외벌이가 되었다. 남편이 운영하던 조그만 공장이 문을 닫고부터 일자리를 구할 생각은 하지 않고 집에만 있었다. 그게 평생을 간 것이다. 대신 나는 아침 일찍 출근하여 저녁 늦게까지 일하는 경우가 많아서 아이 둘을 낳았지만 놀아준 기억이 별로 없다. 그날 밤 딸은 술을 마시고 자기들이 어렸을 때 얼마나 외로웠는지 엄마는 모른다며 울었다. 시어머니는 거리 귀신이 들린 것처럼 아침상만 치우면 나들이 차림으로 외출하고 남편은 자기 방에 누워서 텔레비전을 보거나 책을 읽었단다.

어느 여름날 오후 갑자기 천둥이 치고 소나기가 무섭게 내렸는데도 남편은 나와 보지 않아서 네 살 아래인 남동생과 자기가 주방의 식탁 밑으로 기어들어 갔다면서 엉엉 울었다. 그리고 우리가 살던 수유리 근처에 있던 아카데미하우스에 어린이들을 위한 수영장이 있었다. 더운 여름날 나는 남편에게 애들을 그 수영장에 데리고 가서 놀다 오라고 말하고 출근을 했다. 남편이 데리고 가긴 했는데 애들 혼자 수영복을 입느라고 시간이 많이 걸렸단다. 남매가 수영장에 들어가 얼마 놀지도 못했는데 아빠가 집에 가자고 해서 그냥 나왔다는 것이다. 애들에 대한 배려가 전혀 없었던 남편이었다. 나도 울면서 미안하다고 애들을 껴안아 주었다. 그날 밤 우리는 거의 잠을 자지 않았다. 겉으로는 몰랐지만 나의 자식들이 상처가 많았다는 것을 처음 알았다. 그러나 나는 아침 일찍 출근해서 밤이 늦어 퇴근하는 경우가 많았기 때문에 애들의 외로움을 알지 못했다.

다음날 아침에는 아들이 운전해서 바닷가를 오랫동안 드라이브했다. 바람은 찼지만 푸른 바다 위를 나는 갈매기들을 보며 속이 트이는 듯했다.

애들이 대게를 먹고 싶다고 했다. 나는 돈이 아깝지 않았다. 예쁘게 꾸며진 식당에 가서 함께 먹었다. 다음날 집에 왔는데도 나는 여전히 소화가 되지 않아 경희의료원 가정의학과에 가서 진료를 받았다. 내시경을 찍고 CT도 찍으라고 했다.

그 다음 주에는 정신과에 수면제를 타러 갔는데 의사를 보자마자 눈물이 쏟아졌다. 김 박사는 지금 내 마음 상태가 좀 오래갈 거라며 우울증 약을 처방해주었다. 나는 아직도 약을 먹고 있다. 솔직히 남편이 그립거나 보고 싶지는 않다. 그런데도 비가 오거나 바람이 많이 불 때 넓은 통유리창을 내다보면 너무 외롭다. 사람들은 나더러 자꾸 나가라고 한다. 아니면 댄스 동아리에 들어가 춤을 배우라고 한다. 그러나 나는 새벽에 스포츠센터에 가서 샤워를 하고 집에 오면 나가기가 싫다.

그래서 이 글을 쓰기 시작했다. 나의 첫사랑이었던 남편과 나는 왜 행복하게 살지 못했는지, 왜 나는 일밖에 몰랐는지, 그래서 아이들이 어렸을 때 놀아주지 못했음을 반성한다. 나름대로는 열심히 살아왔다고 생각했는데 가족들과의 관계에 있어서, 특히 아이들을 잘 보살펴주지 못한 엄마여서 너무 미안하다.

남편이 떠난 지 벌써 10개월이 된다. 그가 사망했을 때는 찬바람이 겨울을 재촉했는데 어느새 해가 지나 9월의 달력이 걸렸다. 사람들은 개똥밭에 굴러도 이승이 좋다고들 말한다. 나는 가능한 한 매일 산책을 하려고 노력하고 있다. 돌아오는 길에 작은 카페에 들어가서 내가 좋아하는 라테 한 잔을 사갖고 집으로 와서 조금씩 마신다.

커피를 마시고 침대에 누워 책을 읽거나 아니면 서재에서 글을 쓴다. 솔직히 내가 무슨 큰 공적을 세운 일도 없고 평생 학교에서 주어진 강의와 보직을 열심히 했다는 것과 제자들과의 관계가 친구처럼 가깝다는 사실 외에는 평범한 선생이었을 뿐이다. 금년에도 81학번 제자들이 스승의 날에 만나서 나를 위로하는 모임을 가졌다. 그들의 모임 이름이 '안사모'란다. 그중 강한규 전 대한항공 기장을 했던 제자는 해마다 스승의 날에 내게 시를 써서 보내면 조성근 군이 AI의 도움을 받아 작곡을 해서 보내준다. 오늘 새벽에도 눈을 뜨자마자 버릇처럼 휴대폰을 켰더니 성근이가 작곡한 노래가 나왔다. 나도 모르게 눈물이 났다. 내가 얼마나 행복한 교수인가를 새삼스럽게 실감한다.

아래 강한규의 시를 인용한다.

안영수 교수님께

가을처럼 그리운
안영수 교수님
언제나 우리들에게
따뜻한 담벼락 되어주셔서
감사합니다.
옹기종기 모여 앉아
그때처럼 우리는
행복합니다.
부디 가을처럼

따스하소서
우리도 교수님과 함께
목련이 피는 꿈을 꾸고
교수님 손을 잡고
벚꽃길을 따라
선동호를 걷고 있습니다.
지금처럼 건강하소서
언제나 행복하소서　　　(2024년 11월 5일)

계관시인 안 교수님께

선생님은 우리에게
1981년 봄을
선물하셨습니다
꽃처럼 사는 것은
기다리는 것임을
가르쳐주시며
장미를 사랑하려면
가시도 사랑해야 하는 것을
은유로 말씀하셨습니다
시로 세상을 노래하고 슬픔에도 침묵하는
영혼의 노래를
꽃과 바람의 언어로 가르치셨습니다
이별도 기쁨도 슬픔도

노래해야 하는 숙명
선생님은 우리의 계관시인입니다
선생님께 2025년 봄에
월계관을 바칩니다.　　　　　　　(2025년 5월 12일)

연보

1997~1997. 언어교육원 원장
1997 ~2003. 국제교육원 원장
1997. 12. 24 두산아파트로 이사
1998. 3. 24 아들 구연 입대(춘천 102보충대)
1998. 4. 13 딸 유진 워커힐 첫 출근
1998. 7 미국 LA, SAT II conference 참가
1998. 11. 캐나다 오타와대학 특강
1999. 4 독일 Hamburg 한국유럽학회 참가
1999. 3. 27(음력) 친정엄마 별세
1999. 7 벨기에 브뤼셀 11차 세계 대학 총장 회의 참석
     오스트리아, 헝가리 방문
2000. 7. 호주 여행
2001. 4 일본 니가타 대학 특강
2002 7. 회갑기념 유럽 여행
2004~2007. 경희대학교 문과대학장
2004. 4 충주여고 자랑스러운 동문인상 수상
2004. 11 경희대학교 총동문회 공로상 수상
2007. 7. 13 쌍둥이 외손녀 출생
2008. 1. 8 아들 구연 결혼
2008. 2. 23 경희대학교 정년퇴직
2010. 5. 1 친손자 세영 출생
2014. 6. 30 친손녀 하영 출생
2014. 8. 국제영어대학원대학교 제4대 총장 취임
2016. 2. 반기문 유엔사무총장 초청 뉴욕 방문
2018. 8. 국제영어대학원대학교 총장 연임
2022. 8. 국제영어대학원대학교 퇴임